决胜全面小康：
从脱贫攻坚到乡村振兴

宋洪远 陈 洁 等 编著

科学出版社

北 京

内 容 简 介

本书是农业农村部农村经济研究中心2019年承担完成的农业农村部重大调研课题的成果报告。全书以全面建成小康社会、脱贫攻坚与乡村振兴三个发展议程间的相互关系为中心议题和概念框架，基于黑龙江、河北、甘肃、浙江、湖北、湖南等地区的一线调研，聚焦全面建成小康社会"三农"领域的短板和弱项，提出决胜全面建成小康社会的对策和建议；聚焦脱贫攻坚的重点地区和突出问题，提出决战脱贫攻坚、推进持续减贫的政策和措施；聚焦乡村振兴的目标任务和总体要求，分析从脱贫攻坚到乡村振兴面临的矛盾和问题，提出实现两者有机衔接的思路和建议。

本书可供高校经济管理专业师生及"三农"领域的读者参考、使用。

图书在版编目（CIP）数据

决胜全面小康：从脱贫攻坚到乡村振兴 / 宋洪远等编著. —北京：科学出版社，2020.8

ISBN 978-7-03-065715-2

Ⅰ. ①决⋯ Ⅱ. ①宋⋯ Ⅲ. ①农村小康建设-研究-中国 Ⅳ. ①F323.8

中国版本图书馆 CIP 数据核字（2020）第 133158 号

责任编辑：陈会迎 / 责任校对：贾娜娜
责任印制：张 伟 / 封面设计：图阅盛世

科 学 出 版 社 出版
北京东黄城根北街 16 号
邮政编码：100717
http://www.sciencep.com

北京虎彩文化传播有限公司 印刷

科学出版社发行 各地新华书店经销

*

2020 年 8 月第 一 版 开本：720×1000 B5
2020 年 8 月第一次印刷 印张：16 1/4 插页：1
字数：330 000

定价：152.00 元
（如有印装质量问题，我社负责调换）

导言：让农村发展成为中心议题

呈现在读者面前的这本书，是农业农村部农村经济研究中心 2019 年上半年承担完成的农业农村部重大调研课题的成果报告。为方便读者阅读此书，首先简要介绍本书的框架结构和主要内容。

本书共由五部分构成：第一部分为综合篇。第一章是农村全面建成小康社会进展评估分析报告；第二章是贫困地区脱贫攻坚与乡村振兴有机衔接研究报告。第二部分为专题篇，包括深度贫困地区持续减贫政策研究、贫困地区脱贫摘帽有关问题研究、贫困地区脱贫攻坚长效机制构建研究、脱贫攻坚与乡村振兴管理机制衔接研究等四篇报告。第三部分为调研报告，包括浙江和河北两省两县一村全面建设小康社会的调研报告，以及黑龙江和甘肃两省四县脱贫攻坚与乡村振兴有机衔接调研报告。第四部分为数据分析，主要是对黑龙江、湖北、湖南三省四县 422 个农户调查数据的统计分析。第五部分为案例研究，主要是对 22 个脱贫攻坚案例的做法与实践进行的总结。

本书的内容主要包括五个方面：第一，扼要介绍全面建成小康社会、脱贫攻坚与乡村振兴三个发展议程之间的相互关系，这是本书的中心议题和概念框架；第二，重点分析全面建成小康社会在"三农"领域的短板和弱项，提出决胜全面建成小康社会的对策和建议；第三，聚焦脱贫攻坚的重点地区和突出问题，提出决战脱贫攻坚、推进持续减贫的政策和措施；第四，明确乡村振兴的目标任务和总体要求，分析、评价启动实施阶段的进展情况；第五，深入分析从脱贫攻坚到乡村振兴面临的矛盾和问题，提出实现两者有机衔接的思路和建议。

一、全面小康与脱贫攻坚和乡村振兴之间的相互关系

2002 年党的十六大提出"全面建设小康社会"，党的十七大和十八大在目标要求上逐步深化，从经济、政治、文化"三位一体"统筹建设拓展到经济、政治、文化、社会、生态文明"五位一体"全面推进，党的十九大明确提出到 2020 年全面建成小康社会，这是"两个一百年"奋斗目标的第一个一百年奋斗目标。2015

年 11 月中央扶贫开发工作会议提出实施脱贫攻坚,《中共中央 国务院关于打赢脱贫攻坚战的决定》提出,到 2020 年实现"贫困地区农民人均可支配收入增长幅度高于全国平均水平,基本公共服务主要领域指标接近全国平均水平。确保我国现行标准下农村贫困人口实现脱贫,贫困县全部摘帽,解决区域性整体贫困"。2017 年党的十九大提出实施乡村振兴战略,2018 年中央一号文件和《乡村振兴战略规划(2018—2022 年)》对实施乡村振兴战略做出了部署和安排,要按照产业兴旺、生态宜居、乡风文明、治理有效、生活富裕的总要求,加快推进农业农村现代化,促进城乡融合发展。

全面建成小康社会、脱贫攻坚与乡村振兴三个发展议程不同,但彼此又相互关联。从党的十九大到 2020 年是决战决胜脱贫攻坚、启动实施乡村振兴战略的历史交汇期。从全面建成小康社会的目标要求看,既要全面打赢脱贫攻坚战,又要实现乡村振兴开好头、起好步,还要做好脱贫攻坚与乡村振兴有机衔接和战略转型。

无论是实现全面建成小康社会的目标要求,还是做好脱贫攻坚与乡村振兴有机衔接工作,从当前的情况看,都还有一些问题和矛盾需要研究解决。要全面建成小康社会,主要是补上"三农"领域的短板和弱项;要决胜脱贫攻坚,主要是聚焦重点地区扶贫过程中的突出问题;要实现乡村振兴开好头、起好步,主要是建立制度框架和政策体系;要顺利实现脱贫攻坚与乡村振兴战略的转型,主要是做好两大战略的有机衔接。本书就是聚焦上述矛盾和问题,展开研究和逻辑分析。

二、补上全面建成小康社会"三农"领域的短板弱项

小康不小康,关键看老乡。从农村全面建成小康社会的进程看,我国农业农村各方面快速发展。2012~2018 年,现行标准下的农村贫困人口累计减少 8239 万人,贫困发生率由 10.2%下降到 1.7%[①];2015~2018 年,全国粮食总产量连续四年超过 13 000 亿斤(1 斤=500 克),有力支撑了"饭碗牢牢端在自己手上";2018 年农村居民人均可支配收入达到 14 617 元[②],按不变价格计算,是 2010 年的 1.92 倍,年均实际增速 8.5%,高于城镇居民增速。总体来看,我国农村基础设施建设不断加快,公共服务全面提升,居住环境明显改善,乡村治理体系逐步健全,农民群众的物质财富更加富足,精神文化活动日益丰富,城乡统筹发展持续推进,为如期全面建成小康社会奠定了坚实的基础。

从农村全面建成小康社会的目标要求看,还存在一些短板和弱项。一是深度

---

① 《扶贫开发持续强力推进 脱贫攻坚取得历史性重大成就——新中国成立 70 周年经济社会发展成就系列报告之十五》,http://www.stats.gov.cn/ztjc/zthd/sjtjr/d10j/70cj/201909/t20190906_1696324.html [2019-08-12]。

② 数据来自《中国统计年鉴 2019》。

贫困地区尤其是少数民族地区和边疆地区脱贫难度大；二是农村基础设施供给依然不足，公共服务水平还比较低；三是生态环境保护和治理的资金投入短缺，体制机制不健全；四是部分地区农村基层文化设施严重短缺，一些地区的文化大院、文化广场等文化场所利用率不高；五是一些地区村集体财政保障不足，部分村两委①干部队伍力量薄弱；六是农民收入增速趋缓，城乡居民和农村居民之间收入差距不断扩大；七是粮食生产成本上升、比较效益下降，粮食安全仍然存在隐患；八是农村人才、土地等资源要素流失严重，农村发展资金投入严重不足。

决胜农村全面建成小康社会，必须坚持"党的领导、以人为本、因地制宜、农民主体、和谐共生"五大基本原则，正确处理"目标任务与手段措施、政府作用与市场作用、顶层设计与基层探索、城市发展与乡村发展"四大关系，着力防范"粮食安全、食品安全、逆城镇化、农村文化流失、乡村生态环境恶化"五大风险，切实完成"建立健全农民增收长效机制、推进农业供给侧结构性改革、强化市场引领激发乡村活力、推进农村文化小康建设、完善农村基层社会治理"五大任务。

三、聚焦重点地区和突出问题决战决胜脱贫攻坚

深度贫困地区是脱贫攻坚的难中之难、坚中之坚，主要分布在我国西南和西北地区，覆盖24个州（市）209个县，自然环境条件差、基础设施落后、经济发展水平低、社会发展滞后，脱贫难度较大。截至2019年4月初，"三区三州"②仍有172万建档立卡贫困人口，占全国贫困人口的12.5%，贫困发生率8.2%③，远高于全国平均水平。近些年来，国家高度重视深度贫困地区脱贫攻坚工作，从政策制定到具体实施，从路径探索到经验分享，从衣食住行到文化教育，从传统产业到特色产业，都对深度贫困地区倾心倾力，取得了显著成效。确保到2020年全面完成脱贫攻坚任务，从当前的情况看，深度贫困地区依然存在农业基础设施落后、农村公共服务薄弱、产业发展动力不足、边疆地区安全稳定和脱贫致富任务重等突出问题，亟须进一步加大支持力度，加快解决深度贫困地区脱贫问题。

经国家评估检查验收，2016~2018年，全国已有433个贫困县、10.24万个贫困村摘帽脱贫。调查结果表明，脱贫人口对目前的生活状况表现出了很高的满

---

① 村两委是村党支部委员会和村民委员会的简称，习惯上前者简称村支部，后者简称村委会。
② "三区"是指西藏、新疆南疆四地州和川滇甘青四省藏区；"三州"是指甘肃省临夏回族自治州、四川省凉山彝族自治州和云南省怒江傈僳族自治州。
③《习近平在解决"两不愁三保障"突出问题座谈会上的讲话》，http://www.gov.cn/xinwen/2019-08/15/content_5421432.htm[2019-08-15]。

意度。从当前的情况看，贫困地区脱贫摘帽后仍面临长期持续减贫的任务，既要统筹应对由健康、年龄等因素导致的慢性贫困和由经营、市场、自然灾害等因素导致的暂时性贫困问题，又要统筹应对不断扩大的相对收入贫困和日益凸显的教育、卫生等多维贫困问题，还要统筹应对儿童、妇女、老年人、残疾人等特殊贫困群体的个体贫困和整体经济社会发展水平相对较低的区域性贫困问题。

巩固脱贫攻坚成果，防止返贫，亟须建立稳定脱贫长效机制。一是完善贫困识别和动态监测调整机制，逐步将非贫困户中的低保户、残疾户、重灾户、大病重病户等"贫困边缘户"纳入监测范围；二是构建开发性社会保障体系，建立健全防止返贫的保障机制，筑牢民生安全保障网；三是构建绿色保护和开发机制，让绿水青山变成金山银山，提升贫困地区发展能力；四是优化驻村干部管理机制，把提升乡村的自我发展能力和内生动力作为对驻村干部的重要考核内容，提升基层党组织治理能力；五是完善财政资金管理办法，拓宽贫困地区融资渠道，赋予县级政府更多的资金支配权。

四、建立乡村振兴的制度框架和政策体系

为了实现"两个一百年"奋斗目标，破解不平衡、不充分发展难题，顺应亿万农民对美好生活的向往，党的十九大做出了实施乡村振兴战略的重大决策。自提出实施乡村振兴战略以来，从2017年到2019年，中央先后召开两次农村工作会议和一次工作推进会议，先后印发两个中央一号文件和《乡村振兴战略规划（2018—2022年）》，习近平总书记先后在三个重要场合发表了三次重要讲话，部署实施乡村振兴战略。为贯彻落实中央决策部署，31个省（自治区、直辖市）党委和政府印发了有关政策文件，制订了省级层面的乡村振兴规划，从理念到行动、从政策到措施、从项目到资金，基本完成了乡村振兴的顶层设计。

按照实施乡村振兴战略的目标任务和总体要求，到2020年，乡村振兴要取得重要进展，制度框架和政策体系基本形成。

从构建制度框架的要求看，一是巩固和完善农村基本经营制度，坚持家庭经营的基础性地位，实行承包地所有权、承包权、经营权"三权分置"，培育各类新型农业经营主体，促进小农户与现代农业发展有机衔接；二是深化农村土地制度改革，完善征地制度，切实做好承包地、集体经营性建设用地、宅基地"三块地"改革，激活农村土地要素；三是推进农村集体产权制度改革，明确农村集体经济组织的基本性质，完善农村集体产权权能，探索农村集体经济的有效实现形式；四是完善农业支持保护制度，统筹利用"国际国内两个市场、两种资源"，构建完善的农业支持保护体系；五是建立实施乡村振兴战略的领导责任制，实行中央统

筹、省负总责、市县抓落实的工作机制，建立市县党政领导班子和领导干部推进乡村振兴战略的实绩考核制度，将考核结果作为选拔、任用领导干部的重要依据。

从完善政策体系的要求看，一方面是建立落实"四个优先"的政策导向。一是优先考虑"三农"干部配备，把优秀干部充实到"三农"战线，把精锐力量充实到基层一线，注重选拔熟悉"三农"工作的干部充实地方各级党政班子；二是优先满足"三农"发展要素配置，坚决破除妨碍城乡要素自由流动、平等交换的体制机制壁垒，改变农村要素单向流出的格局，推动资源要素向农村流动；三是优先保障"三农"资金投入，坚持把农业农村作为财政优先保障领域和金融优先服务领域，公共财政更大力度向"三农"倾斜，县域新增贷款主要用于支持乡村振兴，并且要安排一定比例的地方政府债券资金用于支持农村人居环境整治、村庄基础设施建设等重点领域；四是优先安排农村公共服务，推进城乡基本公共服务标准统一、制度并轨，实现从形式上的普惠向实质上的公平转变。

另一方面，要建立健全城乡融合发展的体制机制。一是建立健全有利于城乡要素合理配置的体制机制，在乡村形成人才、土地、资金、产业、信息汇聚的良性循环；二是建立健全有利于城乡基本公共服务普惠共享的体制机制，健全全民覆盖、普惠共享、城乡一体的基本公共服务体系，推进城乡基本公共服务标准统一、制度并轨；三是建立健全有利于城乡基础设施一体化发展的体制机制，加快推动乡村基础设施提档升级，实现城乡基础设施统一规划、统一建设、统一管护；四是建立健全有利于乡村经济多元化发展的体制机制，完善农企利益紧密联结机制，推进乡村经济多元化和农业全产业链发展；五是建立健全有利于农民收入持续增长的体制机制，拓宽农民增收渠道，持续缩小城乡居民生活水平差距。

五、做好脱贫攻坚与乡村振兴有机衔接工作

当前我国农村正处在决战决胜脱贫攻坚与实施乡村振兴战略的历史交汇期，各地正按照中央的部署和要求，一方面全力推进脱贫攻坚；另一方面积极推动实施乡村振兴战略。在推进脱贫攻坚与乡村振兴衔接方面，开展了一些初步的探索和实践。调研发现，富裕县、怀安县等贫困县均已开始研究启动规划战略政策衔接工作；来凤县、麻江县等贫困县着力构建乡村产业体系，探索实施产业扶贫与产业振兴衔接；湘西土家族苗族自治州（以下简称湘西州）、黔东南苗族侗族自治州（以下简称黔东南州）等贫困地区全面改善农村生态环境，做好生态扶贫与生态振兴衔接；富裕县、龙山县等贫困县强化乡村文化建设，推动文化扶贫与文化振兴衔接；恩施土家族苗族自治州（以下简称恩施州）、黔东南州等贫困地区着眼各类人才的引进和培养，推进教育智力扶贫与人才振兴衔接；湘西州、富裕县等

贫困地区构建完善的乡村治理体系，抓好组织扶贫与组织振兴衔接。

调研结果显示，在脱贫攻坚与乡村振兴衔接工作中，还面临一些突出的矛盾和问题。在资金使用衔接方面，目前贫困地区资金投入缺口大，财政资金整合不够，一些地区出现了贫困村与非贫困村、贫困户与非贫困户之间的悬崖效应；在产业发展衔接方面，普遍存在产业规划衔接不畅、三产融合发展水平低、产业项目短期化倾向明显、产业发展资源环境约束趋紧、易地扶贫搬迁后续产业扶持不足等问题；在督查考核衔接方面，目前督查考核过多过繁，形式主义较为严重，容错机制不够完善；在人才队伍衔接方面，驻村工作队伍不稳定、产业发展人才不足、基层治理人才短缺等问题较为突出；在工作机制衔接方面，县级党政一把手难以正常调整，农村基层干部待遇明显偏低，激励机制有待完善。

做好脱贫攻坚与乡村振兴有机衔接，既是贫困地区巩固脱贫成果的迫切需要，也是农村地区长远发展的客观要求，更是促进区域协调发展的必然选择。一是明确贫困地区持续减贫与乡村振兴的工作职责衔接，将持续减贫工作纳入乡村振兴考核体系，扶贫部门重点聚焦兜底贫困人口和边缘贫困人口的持续减贫问题；二是做好脱贫攻坚与乡村振兴的项目资金衔接，保持中央对贫困地区的资金投入和扶持政策稳定，进一步加强财政资金统筹整合使用，拓宽脱贫地区投融资渠道；三是加大对贫困地区产业发展的扶持力度，研究制订2020年后贫困地区乡村振兴专项规划，支持贫困地区新型经营主体发展，培育新产业、新业态，切实做好易地扶贫搬迁的后续帮扶工作；四是完善乡村振兴监督考核机制，建立完善的考核评价体系，加大各类监督检查整合力度，健全容错纠错机制；五是完善乡村振兴干部队伍管理机制，坚持并完善跨省帮扶机制，研究制定驻村工作队有序撤回和完善第一书记帮扶机制的实施办法；六是完善乡村振兴领导体制和工作机制，坚持五级书记抓乡村振兴的领导体制，完善党政一把手调整机制，提高基层干部待遇水平，激发各级干部实施乡村振兴战略的积极性、主动性。

值此图书出版之际，作者特别感谢中央农村工作领导小组办公室副主任、农业农村部副部长韩俊同志对课题研究给予的指导和鼓励，衷心感谢各有关调查市县的有关同志对开展课题研究给予的大力支持和帮助，感谢中国农业科学院农业经济与发展研究所有关同志给予的配合与帮助，最后还要特别感谢科学出版社马跃同志为本书出版付出的辛苦和努力！由于研究任务的时间紧迫，加上作者学识有限，书中内容难免会有不妥之处，恳请各位同仁批评指正。

宋洪远

2019年12月

目 录

第一部分 综 合 篇

第一章 农村全面建成小康社会进展评估分析报告 ……………………… 3
 第一节 农村全面建成小康社会的进展和成效 …………………… 4
 第二节 农村全面建成小康社会的短板和弱项 …………………… 10
 第三节 决胜农村全面建成小康社会的对策和建议 ……………… 18

第二章 贫困地区脱贫攻坚与乡村振兴有机衔接研究报告 …………… 25
 第一节 做好贫困地区脱贫攻坚与乡村振兴有机衔接的重要意义 …… 25
 第二节 做好贫困地区脱贫攻坚与乡村振兴有机衔接的任务和要求 …… 27
 第三节 做好贫困地区脱贫攻坚与乡村振兴有机衔接的探索和实践 …… 29
 第四节 贫困地区脱贫攻坚与乡村振兴有机衔接面临的矛盾和问题 …… 34
 第五节 做好贫困地区脱贫攻坚与乡村振兴有机衔接的政策建议 …… 39

第二部分 专 题 篇

第三章 深度贫困地区持续减贫政策研究 ……………………………… 47
 第一节 深度贫困地区的发展现状及其特点 ……………………… 47
 第二节 深度贫困地区脱贫攻坚的做法及其成效 ………………… 49
 第三节 深度贫困地区持续减贫和发展面临的主要问题 ………… 52
 第四节 加快区域经济社会发展，实现深度贫困地区持续减贫 …… 56

第四章 贫困地区脱贫摘帽有关问题研究 ……………………………… 60
 第一节 贫困地区脱贫摘帽完成情况 ……………………………… 60
 第二节 贫困地区脱贫摘帽有关措施落实情况 …………………… 62
 第三节 贫困地区脱贫摘帽后面临的主要问题 …………………… 65
 第四节 进一步巩固脱贫摘帽成果、接续推进乡村振兴的建议 …… 70

第五章　贫困地区脱贫攻坚长效机制构建研究 ……………………… 75
  第一节　脱贫攻坚的主要经验、做法和成效 ……………………… 75
  第二节　贫困地区摘帽后相对贫困问题的表现形式 ……………… 77
  第三节　脱贫攻坚长效机制构建需要考虑的几个问题 …………… 81
  第四节　构建 2020 年后贫困地区脱贫攻坚长效机制的建议 …… 86

第六章　脱贫攻坚与乡村振兴管理机制衔接研究 ……………………… 90
  第一节　继续坚持五级书记一起抓的工作机制 …………………… 90
  第二节　调整与完善驻村工作队伍管理机制 ……………………… 91
  第三节　进一步扩大财政资金统筹使用范围 ……………………… 93
  第四节　优化完善监督考核机制 …………………………………… 95

第三部分　调研报告

第七章　浙江省德清县农村全面建成小康社会调研报告 …………… 99
  第一节　德清县全面建成小康社会的条件与优势 ………………… 99
  第二节　德清县全面建成小康社会的进展及成效 ……………… 101
  第三节　德清县全面建成小康社会的做法与措施 ……………… 104
  第四节　德清县全面建成小康社会的规划与愿景 ……………… 108
  第五节　德清县农村全面建成小康社会的经验与启示 ………… 109

第八章　河北省怀安县精准扶贫引领全面小康调研报告 …………… 113
  第一节　怀安县的基本情况 ……………………………………… 113
  第二节　怀安县全面建成小康社会的主要做法和进展成效 …… 114
  第三节　怀安县农村全面建成小康社会的短板弱项 …………… 117
  第四节　关于贫困地区全面建成小康社会的几点建议 ………… 120

第九章　浙江省德清县三林村小康建设调研报告 …………………… 123
  第一节　三林村概况 ……………………………………………… 123
  第二节　以"村企互动"长效合作机制推动乡村发展 ………… 124
  第三节　村企互动推进农村小康社会的"三林经验" ………… 125
  第四节　村企互动推进农村小康社会取得的成效 ……………… 128

第十章　黑龙江省富裕县脱贫攻坚与乡村振兴有机衔接调研报告 … 130
  第一节　富裕县基本情况 ………………………………………… 130
  第二节　富裕县脱贫攻坚的总体状况 …………………………… 130
  第三节　富裕县乡村振兴的进展情况 …………………………… 134
  第四节　脱贫攻坚与乡村振兴有机衔接的有关问题与建议 …… 136

第十一章　黑龙江省依安县脱贫攻坚与乡村振兴有机衔接调研报告 …… 148
- 第一节　依安县基本情况 …… 148
- 第二节　脱贫攻坚总体效果 …… 149
- 第三节　产业扶贫与产业振兴衔接的路径探索和思考 …… 150
- 第四节　关于项目资金衔接的路径探索和思考 …… 153
- 第五节　关于督查考核衔接的问题与建议 …… 155
- 第六节　关于干部队伍衔接的探索与思考 …… 158
- 第七节　关于工作机制衔接的探索与思考 …… 160
- 第八节　关于防止返贫问题的思考建议 …… 161

第十二章　甘肃省临夏州东乡县、广河县脱贫攻坚与乡村振兴有机衔接调研报告 …… 164
- 第一节　甘肃省临夏州东乡县和广河县基本情况 …… 164
- 第二节　东乡县和广河县脱贫攻坚的成效与做法 …… 165
- 第三节　深度贫困地区脱贫攻坚与乡村振兴有机衔接面临的问题 …… 170
- 第四节　深度贫困地区脱贫攻坚和乡村振兴有机衔接的基本思路与政策措施 …… 172

第四部分　数据分析

第十三章　脱贫攻坚与乡村振兴有效衔接的农户分析报告 …… 177
- 第一节　农户样本分布情况 …… 177
- 第二节　农户收入调查情况 …… 178
- 第三节　农户家庭基本情况 …… 181
- 第四节　"两不愁三保障"情况 …… 184
- 第五节　致贫原因和扶贫效果 …… 187
- 第六节　扶贫政策评价 …… 189
- 第七节　乡村振兴认识 …… 193
- 第八节　村庄环境变化 …… 194
- 第九节　小结 …… 195

第五部分　案例研究

第十四章　案例报告 …… 199

第一部分 综 合 篇

第一章　农村全面建成小康社会进展评估分析报告

党的十九大报告提出,"从现在到二〇二〇年,是全面建成小康社会决胜期"[①]。小康不小康,关键看老乡。从全面建设小康社会的总体进程看,农业仍是"四化同步"的短腿,农村仍是全面建成小康社会的短板。从全面建设小康社会的地区差异看,东、西部发展差距较大,中西部地区特别是贫困地区发展相对滞后。按照中央农村工作领导小组办公室、农业农村部的部署,农业农村部农村经济研究中心于2019年组织开展了农村全面建成小康社会问题研究,调研组先后赴浙江省德清县、河北省怀安县进行实地调查,通过与当地县、乡、村三级干部座谈,走访农民、合作社、企业等,初步了解了农村全面建成小康社会的进展情况,分析了农村地区全面建成小康社会面临的形势任务和短板与弱项,提出了补齐短板、增强弱项,推进农村全面建成小康社会的对策建议。

自古以来,小康社会就是中华民族不懈追求的理想社会状态。据载,"小康"一词最早见于《诗经·大雅·民劳》:"民亦劳止,汔可小康。"意思是:老百姓太辛劳了,该稍微休息了。成书于西汉时期的《礼记·礼运》将"小康"描述成和大同社会相近的一种社会状态。到了近代,人们对"小康"的认识更进一步,将"小康"视为通往"大同"的中间环节。

中华人民共和国成立后,中国共产党带领全国人民探索国家建设道路,大力发展经济建设,逐步形成了"四个现代化"思想。1964年第三届全国人大提出20世纪末实现工业、农业、科技和国防四个现代化的战略目标,1975年第四届全国人大重申了这一目标。1979年12月6日,邓小平同志在会见日本首相大平正芳时提出"小康之家",以此来诠释我国要实现的四个现代化是不同于西方的现代化,并指出我国20世纪的目标是实现小康。党的十二大将该目标确定为从1981年到2000年工农业年总产值翻两番,人民的物质文化生活达到小康水平。党的十一届

[①] 习近平:《决胜全面建成小康社会 夺取新时代中国特色社会主义伟大胜利》(党的十九大报告单行本),北京:人民出版社,2017年10月。

三中全会以后，我国经济建设的战略部署大体分三步走。第一步，实现国民生产总值比 1980 年翻一番，解决人民的温饱问题。这个任务已经基本实现。第二步，到 20 世纪末，使民生产总值再增长一倍，人民生活达到小康水平。第三步，到 21 世纪中叶，人均国民生产总值达到中等发达国家水平，人民生活比较富裕，基本实现现代化。[①]

到 2000 年，我国国内生产总值（gross domestic product，GDP）达到 100 280.1 亿元，按不变价格计算比 1980 年增长了 5.55 倍；全国居民人均可支配收入 3721.3 元，按可比价计算比 1980 年增长了 2.80 倍[②]。经过党和全国人民的共同努力，我国经济社会得到很大发展，人民生活总体上达到了小康水平，但当时的小康"还是低水平的、不全面的、发展很不平衡的小康"。在此背景下，2002 年党的十六大首次提出"全面建设小康社会"，要集中力量，全面建设惠及十几亿人口的更高水平的小康社会，实现中国特色社会主义经济、政治、文化全面发展。从此，"全面建设小康社会"成为我国到 2020 年要实现的宏伟蓝图。2007 年党的十七大对全面建设小康社会提出了更高的要求，提出"实现人均国内生产总值到二〇二〇年比二〇〇〇年翻两番"。

2012 年，根据我国经济社会发展的实际进程，党的十八大提出到 2020 年全面建成小康社会的新要求和新愿景："实现国内生产总值和城乡居民人均收入比二〇一〇年翻一番"[③]，要求落实经济建设、政治建设、文化建设、社会建设、生态文明建设"五位一体"总体布局。"全面建设小康社会"调整为"全面建成小康社会"，一字之改标志着全面建设小康社会进入冲刺阶段。2017 年党的十九大号召"决胜全面建成小康社会，夺取新时代中国特色社会主义伟大胜利"，党的十九大报告指出"从现在到二〇二〇年，是全面建成小康社会决胜期"，我国将开启全面建设社会主义现代化国家的新征程。

第一节　农村全面建成小康社会的进展和成效

中华人民共和国成立以来，中国共产党在带领人民开展现代化建设的进程中逐步提出、发展和完善了建设小康社会的目标任务。2012 年党的十八大提出到

[①]《沿着有中国特色的社会主义道路前进》，http://www.gov.cn/test/2007-08/29/content_730445.htm[2019-08-09]。
[②] 数据来自《中国统计年鉴 2018》。
[③] 胡锦涛：《坚定不移沿着中国特色社会主义道路前进　为全面建成小康社会而奋斗》，北京：人民出版社，2012 年 11 月。

2020年全面建成小康社会的新要求。党的十八大之后，为全面落实经济建设、政治建设、文化建设、社会建设、生态文明建设"五位一体"总体布局，党和国家出台了一系列政策措施，协心戮力，促进现代化建设各方面工作协调发展，在努力实现全面建成小康社会目标的进程中不断取得新的进展，成效显著。

2018年，我国GDP达到900 309亿元，按不变价计算，是2010年的1.78倍；全国居民人均可支配收入28 228元，按可比价计算，是2010年的1.86倍[①]。在2019年和2020年，全国GDP和居民人均可支配收入的年均实际增速（扣除价格因素后）只需分别达到6.11%和3.75%，即可实现"两个翻一番"的目标。从目前的经济发展态势和居民收入增长情况看，到2020年全面建成小康社会的目标是完全能实现的。全面建成小康社会最艰巨、最繁重的任务在农村。经过多年的不懈努力，我国农业农村各方面快速发展，取得了历史性成就，为确保全面建成小康社会的目标如期实现奠定了坚实基础。

一、脱贫攻坚成效显著，农村全面建成小康社会的底线任务有望如期完成

农村贫困人口全部脱贫是全面建成小康社会的基本标志，也是底线任务。中央从实现全面建成小康社会奋斗目标出发，明确到2020年我国现行标准下农村人口实现脱贫，贫困县全部摘帽，解决区域性整体贫困的任务。党的十八大以来，中央把脱贫攻坚工作纳入"五位一体"总体布局和"四个全面"战略布局，全面打响脱贫攻坚战，采取超常规举措，以前所未有的力度推进脱贫攻坚。党的十九大明确把精准脱贫作为决胜全面建成小康社会必须打好的三大攻坚战之一，作出了新的部署，脱贫攻坚取得了决定性进展。一是农村贫困人口大幅减少，贫困发生率显著降低。截至2018年末，全国农村贫困人口减少到1660万人，2012年以来累计减少8239万人，平均每年减贫1300多万人；贫困发生率从2012年的10.2%下降至1.7%，累计下降8.5个百分点。课题组调研的河北省怀安县，截至2018年底，贫困发生率已降到5.03%，全县158个贫困村中已退出72个，2019年已实现全部脱贫。二是贫困县贫困村脱贫摘帽速度加快。2016年全国有28个贫困县摘帽，2017年摘帽125个县，2018年摘帽283个县。截至2018年，已有超过一半的贫困县完成摘帽，其余396个贫困县在2020年前也已脱贫摘帽。全国12.8万个贫困村，截至2017年底脱贫6万个，到2018年底贫困村退出率达80%[②]。

---

① 《2018年国民经济和社会发展统计公报》，http://www.stats.gov.cn/tjsj/zxfb/201902/t20190228_1651265.html [2019-02-28]。

② 数据来自历年国家统计局公布的《全国农村贫困监测调查报告》。

三是贫困地区农村居民收入增幅高于全国农村平均水平。党的十八大以来，贫困地区农村居民收入年均名义增长12.1%，实际增长10.0%，增速比全国农村平均水平高2.3个百分点。2018年贫困地区农村居民人均可支配收入相当于全国农村平均水平的71.0%，比2012年提高了8.9个百分点，与全国农村平均水平的差距进一步缩小。

二、农村经济持续发展是农村全面建成小康社会的坚实基础

2004年以来，连续16个中央一号文件都以"农"为主题，出台系列支农、强农、惠农政策和持续推进农村改革，极大地促进了农业发展、农村繁荣和农民增收。一是农业综合生产能力显著增强。粮棉油糖、畜产品、水产品等产量快速增加，保障并丰富了国民的物质生活。特别是粮食生产保持在较高的水平，2018年全国粮食总产量13 158亿斤，已连续4年超过13 000亿斤，有效支撑了"饭碗牢牢端在自己手上"。二是农村发展活力不断增强。随着经济发展，农业产值比重和农业劳动力比重均呈下降趋势。2018年我国第一产业的产值比重下降到7.2%，第一产业劳动力比重下降到26.1%。但农村创业创新活力却在增强，截至2018年底，各类返乡下乡创新创业人员累计达780万人，农村新产业、新业态不断涌现，为农业农村发展增添了新活力和持久动力。三是农村居民人均可支配收入持续增加。2010~2018年，农村居民人均可支配收入从6272.4元增加到14 617元，按可比价计算，2018年是2010年的2.33倍，年均增速11.15%，虽然近年来农民收入增速有所放缓，但2019年已实现提前翻一番的目标。工资性收入成为农民收入的最主要来源，2018年农村居民人均工资性收入占人均可支配收入的比重为41.0%，超过经营净收入4.3个百分点。农村经济持续发展和农民收入快速增长有力地推进了农村全面建成小康社会进程。从地方实践看，课题组调研的浙江省德清县立足各村实际，按照"控制总量、用优增量、盘活存量、释放流量、实现减量"的要求，发挥"多规合一"优势，盘活农村要素，坚持深化改革、产业发展、主体培育多管齐下，加快推动美丽资源向美丽经济转变，做到了"村村都有产业""人人都能创业"，有效激活了农业农村发展活力。2018年浙江省德清县人均地区生产总值达到12.3万元（17 878美元），城镇、农村居民人均可支配收入分别为54 990元和32 617元，均明显高于全国平均水平。河北省怀安县作为国家级贫困县，通过积极培育特色种养业、探索电商扶贫和乡村旅游、推进扶贫车间建设、发展光伏扶贫等手段，加快构建现代产业体系，有效破解了农民增收致富难题。

三、农村社会建设成效显著，是农村全面建成小康社会的有力支撑

党和政府非常重视农村社会建设，投入力度不断加大，农村民生显著改善。一是农村基础设施建设力度不断加大，农民生活更加方便。农村饮水状况大幅改善。截至2018年底，农村居民有管道供水入户的户比重为79.7%，65.3%的户所在自然村实现了饮用水集中净化处理。2018年底，99.6%的乡镇、99.5%的建制村通了硬化路，99.1%的乡镇、96.5%的建制村通了客车[1]；农村地区有99.9%的户所在自然村通了公路，99.7%的户所在自然村通了电话，98.1%的户所在自然村能接收有线电视信号，95.7%的户所在自然村已通宽带[2]，农村道路和网络建设成效明显。二是农村公共服务全面提升，医疗、养老、教育等社会保障体系不断完善。医疗是农民最关心的民生问题，随着医疗体制改革逐渐深化，城乡居民医保制度整合稳步推进，基本医疗保障能力显著提高，2018年参加基本医疗保险的有134 459万人，其中参加城乡居民基本医疗保险的有89 736万人，参加新型农村合作医疗保险的有13 038万人，参保率稳定在95%以上，基本实现全民医保[3]。新型农村合作医疗保险的人均补助标准逐年提高，到2018年达到490元/人，政策范围内门诊和住院费用报销比例分别稳定在50%和75%左右，有效降低了农民的医疗负担。农村最低生活保障能力明显增强，低保标准稳步提高，2018年农村低保对象1903万户、3520万人，年平均标准4833元/人，约占农村居民人均可支配收入的33.1%。农村养老难问题正在逐步解决，以居家养老为基础、社区服务为依托、机构养老为补充的多层次养老服务体系在逐渐构建。2018年全国城乡居民基本养老保险基础养老金最低标准提高至每人每月88元。农村义务教育阶段"两免一补"政策全面推广，减轻了农民家庭的教育负担。截至2019年3月，全国92.7%的县实现义务教育基本均衡发展，让更多农村孩子享受到了更好、更公平的教育。课题组调研的浙江德清县高度重视民生社会事业，全县户籍人口基本养老、基本医疗保险参保率分别达95.9%和99.2%，老年人意外伤害保险参保率达100%，建成5家区域性综合型居家养老服务中心，幸福邻里中心实现县域全覆

---

[1]《农村经济持续发展 乡村振兴迈出大步——新中国成立70周年经济社会发展成就系列报告之十三》，http://www.stats.gov.cn/tjsj/zxfb/201908/t20190807_1689636.html[2019-08-07]。

[2]《沧桑巨变七十载 民族复兴铸辉煌——新中国成立70周年经济社会发展成就系列报告之一》，http://www.stats.gov.cn/ztjc/zthd/bwcxljsm/70znxc/201907/t20190701_1673373.html[2019-07-01]。

[3]《2018年全国基本医疗保障事业发展统计公报》，http://www.nhsa.gov.cn/art/2019/6/30/art_47_1476.html[2019-06-30]。

盖，城乡居民最低生活保障标准提高到每人每月810元，通过统一城乡社会保障标准，增强了人民的幸福感和获得感。

四、农村民主法治建设加快，是农村全面建成小康社会的制度保障

一是村民自治得到普及。1979年广西实施村委会选举后，全国许多地方陆续出现了村委会之类的村民自治组织。1982年《中华人民共和国宪法》确认了村委会作为基层群众自治组织的法律地位。从1983年开始，在民政部门的推动下，中国广大农村开始了村委会的选举工作。1987年《中华人民共和国村民委员会组织法（试行）》颁布，1998年正式颁布实施《中华人民共和国村民委员会组织法》，村民委员会主任、副主任和委员由村民直接选举产生。进入21世纪后，新农村建设为村民自治的活跃提供了契机，村民自治的重心下沉到村民小组或者自然村。二是乡村治理体系逐步完善。2017年党的十九大提出加强农村基层基础工作，健全自治、法治、德治相结合的乡村治理体系，农村自治的内容更加丰富。实际上，21世纪的多个中央一号文件都提出了要探索不同情况下村民自治的有效实现形式。村民通过创设各种民主参与制度来加强对村干部的监督，如设立村民理事会、村民议事会、村民监事会之类的组织，要求村政务公开、财务公开等。村民自治的主体已从最开始的村民委员会、村民小组扩大到农民合作社、协会、农村公共服务组织、公益性社会志愿组织、新乡贤等主体，村民自治主体多元化推进了乡村治理民主协商，提高了农民的村庄归属感、认同感，有利于农村社会稳定。一些经济发达地区已经开始探索新型的乡村治理模式。浙江省德清县三林村与浙江大学合作成立（三林）数字乡村研究院，利用数字化手段去夯实乡村治理。例如，开展"互联网+党建"活动，将大数据与虚拟技术应用在党建管理与党课学习中，推进党在基层的思想教育工作；通过互联网开展"三务公开"与"村务监督"，构建基于互联网社群理念的乡村治理结构和村民自治机制，从而提升乡村治理决策的科学性、精准性和高效性。

五、农村文化事业日渐繁荣，是农村全面建成小康社会的文化底蕴

党的十八大以来，我国先后实施了文化信息共享、农家书屋和农村电影放映等下乡工程，农村文化建设不断推进，农村文化事业取得了长足发展，为丰富农

民群众文化生活提供了有力支撑。第三次全国农业普查结果显示，我国96.8%的乡镇有图书馆、文化站，11.9%的乡镇有剧场、影剧院，41.3%的村有农民业余文化组织。截至2018年底，全国共有农家书屋58.7万个，向广大农村配送图书超过11亿册。2018年农村居民人均文化娱乐消费支出280元，约占城镇居民人均文化娱乐消费支出的22%。第三次全国农业普查结果显示，初中文化程度的农村居民占42.5%，高中或中专文化程度的农村居民占11%，大专及以上的农村居民占3.9%，农村居民文化素质明显提升。在农村精神文明建设中，一些地方已探索出较为成熟的做法。例如，浙江省德清县紧紧围绕"文化礼堂、精神家园"的目标定位，按照"产村人文"融合发展思路，普遍建设村文化礼堂，把文化礼堂作为"身有所栖"的文化场、"心有所寄"的乡愁地、"共建共享"的活动馆，推动"文化走亲""文化进城"，打造属于农民自己的精神家园。河北省怀安县通过推进文化强县建设，让农民群众的精神文化生活更加丰富，县财政出资建立孝善养老基金，以户为单位按季发放，子女分100元、200元两个档次缴纳赡养金，政府按10%比例进行补助，借此解决老人生活经费来源问题，弘扬孝德之风。

六、农村生态文明建设不断加强，是农村全面建成小康社会的重要前提

农村生态文明建设是改善人居环境的重点内容，其最终目的是使农民群众居住环境更加整洁、生活条件更加优越。近年来生态文明理念在国民中日益普及，"绿水青山就是金山银山"的生态文明观逐渐深入人心，生态文明建设在党的十八大被纳入"五位一体"总体布局，环境保护和生态文明建设进入了新的历史发展时期。一是农业绿色生产得到大力发展，化肥、农药使用量零增长行动自2015年起有序推进，2018年全国农用化肥施用量（折纯量）比2015年下降6.1%，农药使用量下降15.7%，农业资源环境约束得到缓解。二是农村人居环境明显改善。第三次全国农业普查结果显示，90.8%的乡镇生活垃圾集中处理或部分集中处理，73.9%的村生活垃圾集中处理或部分集中处理，17.4%的村生活污水集中处理或部分集中处理。浙江省德清县禹越镇把良好的村庄生态环境作为全面小康的基本条件，坚持以景区标准统筹推进美丽乡村的建设、管理和提升，切实做好城乡生活垃圾分类全覆盖，做好"一张蓝图绘到底"的村庄整体规划，开展"一把扫帚扫到底"的全域环境整治，建立"一把尺子管到底"的长效管理机制，在全镇绘就了一幅天蓝、地净、水绿、村美的江南画卷。

七、城乡统筹发展持续推进，是农村全面建成小康社会的直接体现

2002年党的十六大提出统筹城乡发展思想后，我国实施了一系列以统筹城乡经济社会发展为主题的"三农"政策，在减轻农民负担、增加农民收入、改善民生等方面取得了较好的成效，农民的钱袋子更加殷实。2010~2018年，农村居民人均可支配收入每年的实际增速都要快于城镇居民人均可支配收入，到2018年城乡居民人均可支配收入倍差为2.69，比2010年下降了0.3，城乡收入差距持续缩小，收入分配格局明显改善。2010~2018年，城镇居民家庭和农村居民家庭的恩格尔系数分别从35.7%下降到27.7%、41.1%下降到30.1%，前者的下降速度略低于后者。在社会保障等公共服务供给方面，江苏、浙江等经济发达地区早已探索出城乡一体的实践道路。例如，浙江省德清县深入推进户籍制度改革，附着在户籍背后的医保、低保、养老、住房保障等33项城乡差异政策实现全面并轨，城乡统一的社保服务基本实现。

第二节 农村全面建成小康社会的短板和弱项

全面小康社会要求经济更加发展、民主更加健全、科教更加进步、文化更加繁荣、社会更加和谐、人民生活更加殷实。要在坚持以经济建设为中心的同时，全面推进经济建设、政治建设、文化建设、社会建设、生态文明建设，促进现代化建设各个环节、各个方面协调发展，不能长的很长、短的很短。五位一体，相互联系，相互促进，缺一不可。经过多年努力，我们五大建设领域都有了前所未有的长足发展，但按照经济富裕、政治民主、文化繁荣、社会公平、生态良好的全面小康社会要求，仍然有许多亟须补齐的短板。在农村基础设施和公共服务供给、农村生态建设、文化建设、基层组织建设等方面还存在一些短板和弱项，面临不少硬任务，在农民增收、粮食安全、农业质量效益提升、城乡资源要素均衡配置等方面还面临一些风险和隐患，需要积极应对。特别是相比于城市，我国贫困地区尤其是深度贫困地区全面小康的成色较浅、质量较低，是全面建成小康社会的突出短板，亟待提高。

一、深度贫困地区脱贫难度大，全面小康底线任务依然较重

贫困地区是全面建成小康社会的薄弱地区，也是需要重点推进的区域。党的十九大明确将脱贫攻坚作为决胜全面建成小康社会的三大攻坚战之一。习近平总书记反复强调"全面建成小康社会，最艰巨最繁重的任务在农村、特别是在贫困地区"[1]，"绝不能让一个少数民族、一个地区掉队，要让13亿中国人民共享全面小康的成果"[2]。农村贫困人口脱贫是全面建成小康社会的基本标志。经过多年的改革发展，我国绝大部分地区已经从传统的落后农业社会进入了全面进步的现代社会。但地区发展不均衡，贫困地区发展滞后，农民收入水平仍较低，贫困地区依然是我国经济社会发展的短板，经济发展、基础设施和公共服务、农民收入与生活、社会面貌等各方面都明显落后于全国其他地区。尤其是深度贫困地区，受自然、历史及经济等条件制约，整体上仍处于较低的发展水平，如期摘帽面临的问题和挑战仍较多，全面建成小康社会的底线任务艰巨。一是自然条件恶劣，生态脆弱。脆弱的自然生态条件是造成深度贫困地区农业经济不发达的根本原因，深度贫困地区多数地理位置偏远、山大沟深、自然灾害频繁，长期以来产业发展和扶贫脱贫障碍重重。二是扶贫产业发展动力不足。在产业结构、市场体系、科技水平及经营主体等方面都存在或多或少的发展制约，因此整体产业发展动力不足，影响扶贫效果。三是贫困人口受教育水平低，思想观念保守。深度贫困地区地理位置偏远、信息滞后、教育资源缺乏，造成人口受教育水平低、信息获取渠道少，如四川凉山彝族自治州（以下简称凉山州）11个贫困县办学条件指标达标率不足5%。四是边疆地区安全稳定和脱贫致富任务重。少数民族地区和边疆地区在深度贫困地区中占有较大比例，这两类地区由于诸多历史问题和现实因素，尤其在当前深受国际环境变化的影响，民族分裂主义、极端民族主义和恐怖主义严重影响了这两类地区的经济发展和社会稳定。

二、农村民生领域短板突出，影响全面小康均衡发展

缩小城乡差距是全面建成小康社会的重大任务。习近平总书记曾指出："全面

---

[1] 《习近平：坚决打赢脱贫攻坚战》，http://cpc.people.com.cn/xuexi/n1/2017/1103/c385474-29626301.html [2017-11-03]。

[2] 《人民网评：打赢脱贫攻坚战，让各族群众都过上好日子》，http://opinion.people.com.cn/n1/2019/0411/c1003-31025427.html[2019-04-11]。

建成小康社会突出的短板主要在民生领域，发展不全面的问题很大程度上也表现在不同社会群体民生保障方面。"[1]城乡差距大，最直观地体现在基础设施和公共服务方面。首先，农村基础设施供给依然不足。在饮用水安全方面，还有极少部分农民没有喝上安全水，很多地区的农村水源地保护存在划定难、监管难问题，安全隐患较大。在电力供应方面，农村地区已经基本实现通电，但是部分欠发达地区存在电网薄弱、电压质量不高等问题，难以满足当地经济社会发展的实际需要。在公路通畅方面，乡村道路建设质量较差，危险桥涵多、安全防护少，"油返砂""畅返不畅"现象时有发生，贫困地区道路通达、通畅任务仍然艰巨，剩余不通硬化路的村镇大多处于山大沟深的困难地区，投资大、建设难度大，仍有不少乡村没有通客运，部分地区通了客运也难以持续运营。在住房安全方面，通过农村危房改造，已基本达到安全住房标准，但建设标准低、使用面积小，距小康社会还存在一定差距，出现了家里农具没有地方放、过年孩子回老家没有地方住的现象，部分乡镇危房改造后新旧连体问题突出，存在安全隐患。在网络普及方面，城乡差距仍然较大，2017年农村互联网普及率为34%，仅为城镇的一半。在物流体系方面，农村缺超市的问题突出，农贸市场和批发市场缺少专业的储存场所，销售场所简陋的情况也不鲜见。在人居环境方面，截至2017年末，全国74%的农村生活垃圾已经进行集中处理或部分集中处理，但是开展集中回收后，所有垃圾向县城处理中心集中，部分地区出现了垃圾处理中心处理能力不足的问题；全国农村污水集中处理或部分集中处理的村庄占比仅为17.4%，处理设施存在严重不足，新一轮改厕工作尚处于起步阶段，目前农村卫生厕所普及率不到50%。

其次，农村公共服务水平还较低。相比于基础设施，农村教育、医疗、社会保障等公共服务供给不足问题更为突出。在教育方面，城乡义务教育质量差异明显。一方面，一些落后的农村地区教育质量堪忧，农村的中小学生纷纷流向城镇地区；另一方面，农村教师学历层次、职称层次普遍偏低，待遇较低，城乡之间教师合理流动困难，不合理流动现象严重。此外，农村学前儿童接受正规学前教育的比例较低，部分偏远农村孩子存在上学难的问题。在医疗卫生方面，农村地区的医疗水平和服务能力偏低，不能满足当地群众的看病需求。在河北怀安调研发现，绝大多数大病患者首诊选择在省市医院，县级医院由于服务水平和能力的问题只能提供大病患者的中、后期服务，服务水平和质量不高。此外，农村医疗卫生的"兜底"功能脆弱，我国部分村庄的卫生室简陋，医疗设备条件差，不能为农民提供基本的医疗服务，还有一些村医在家中行医，这边医药针剂、那边锅碗瓢盆的现象普遍存在，医疗安全得不到保障；一些乡镇卫生院的人才流失严重，村医老龄化问题突出；新农村合作医疗筹资难，特别是欠发达地区，报销额度小，健康保障水平低。在社会

---

[1] 习近平：《习近平谈治国理政》（第二卷），北京：外文出版社，2017年11月。

保障方面，一方面，各地区之间的社会保障水平差异大，从最低生活保障标准来看，东部最高，中部次之，西部最低，但总体处于低水平运作状态，与城镇相比存在较大差距；另一方面，社会保障制度有待完善，最低生活保障制度、新型农村合作医疗、医疗救助和新型农村社会养老保险等制度建立相对较晚，制度建设尚不完善，农村社会保障的新老衔接、城乡衔接和地区衔接还缺乏制度保障。

三、生态环境保护力度不大，影响了小康社会可持续发展

良好的生态环境是农村的最大优势和宝贵财富，由于过去生产力水平低，为了多产粮食不得不毁林开荒、填湖造地，很多地区的生态环境遭到了严重破坏。习近平总书记深刻地指出："生态文明建设就是突出短板。在三十多年持续快速发展中，我国农产品、工业品、服务产品的生产能力迅速扩大，但提供优质生态产品的能力却在减弱，一些地方生态环境还在恶化。"[1]守住生态保护红线，推动乡村自然资本加快增值，是全面建成小康社会，甚至实现农村发展"弯道超车"的有效路径。但生态环境保护是打基础、惠长远的长期系统工程，需要以高度的红线意识和持久的发展耐心，才能守住生态保育的初心，抵制资源消耗型产业带来的利益诱惑。在当前很多地方仍然存在生态环境保护建设缓慢的现象，影响了小康社会的成色与可持续性。一是农业农村发展中的环保投入资金短缺。例如，我国当前农业面源污染排放仍然巨大，占据污染总量的"半壁江山"，但其治理投入却是九牛一毛。2008~2016年，中央财政累计投入农村环保专项资金（节能减排资金）仅375亿元。与工业企业相比，农村从财政渠道得到的污染治理和环境管理能力建设资金非常有限。在政策支持、资金投入、能力建设等方面，农业面源污染治理都远远滞后于工业和城镇的环境保护。二是农业资源利用率提高速度慢。国家统计局数据显示，近十年来我国农业用水量一直占供水总量的62%左右，但真正被农作物吸收的不到30%，大水漫灌、超量灌溉等现象仍比较普遍，农田高效节水灌溉面积占有效灌溉面积比重偏低，仅为50.6%。近年来，我国化肥、农药利用率有所提高，但仍然偏低，与欧美发达国家和地区相比还有很大的差距，欧美主要国家和地区粮食作物氮肥利用率在50%~65%，比我国高15~30个百分点，欧美发达国家和地区小麦、玉米等粮食作物的农药利用率在50%~60%，比我国高15~25个百分点。三是农村环境保护体制机制不健全，环保为经济发展让路的现象还较为普遍。在当前全面建设小康社会、脱贫攻坚等工作推进中，只提

---

[1] 《建设生态文明，关系人民福祉，关乎民族未来》，https://www.sohu.com/a/223583144_114731[2018-02-23]。

出了"坚持保护生态，实现绿色发展"等原则性要求，没有明确实施要求，没有考核量化指标，加上农村环保监管体系不健全，导致在一定程度上出现了"越落后，改革越慢；改革越慢，就越落后"的情况，全国生态环境保护建设由于经济发达程度不同而差异显著。调研发现，在浙江省德清县等发达地区，已率先走出了"绿水青山变金山银山"的发展模式，以更严格的标准统筹推进美丽乡村的建设和管理，生态保护和经济效益实现双赢；但在欠发达地区，特别是贫困地区仍存在"重产业、轻环保"的路径依赖，畜牧业追求规模效益，大型养殖场纷纷落户，相关粪污处理设备建设却跟不上，都处于正在建设中。

四、农村精神文化生活匮乏，影响了全面小康社会精气神

全面建成小康社会，精神文明建设不能缺位，物质文明需要和精神文明协调发展，全面建设小康社会需要先进文化的支撑。由于农村文化建设经费投入不足、地方政府重视程度不够、文化建设思路不清、手段不明等多方面的原因，整体上我国农村文化建设还比较滞后，与农民群众的精神文化需求还不相适应。一方面，部分地区农村基层文体设施严重短缺。很多乡镇没有大型的文体活动场所，乡镇文化站没有独立办公场所和必需的设备设施，文化馆、图书馆设备陈旧老化，村庄文化活动室缺少必备的音响、摄影摄像等设备，特别是西部老少边穷地区，农村文化建设呈现"投入少、活动少、渠道窄、形式旧"的基本特征。另一方面，很多地区的文化大院、文化广场、文化剧院等文化空间场所成为摆设，没有真正利用起来。这主要是由于只关注硬件设施的改善，忽视了文化活动的队伍建设、内容创建、形式内容，文化活动空间的打造没有跟上，农村基层文化组织比较松散，影响力不足，普通农民的参与度不高。目前农村基层文化组织多以自娱自乐为主，绝大部分农村群众的文化娱乐活动主要是看电视和打牌，精神文化生活十分匮乏。此外，传统文化挖掘利用不够，扭秧歌、舞龙舞狮、赛龙舟、猜灯谜等传统文化活动不断减少，一些民间艺术存在失传风险，乡村艺术家越来越少。

乡风文明建设滞后除了表现在设施、活动等外显方面外，也表现在思想、管理等内部方面。一是农村陈旧落后的思想观念有待进一步转变。一些农民的思想观念落后，缺乏健康的精神追求，缺乏创业精神，特别是部分青年农民缺乏艰苦创业、勤劳致富、遵纪守法的思想与精神。有的地方陈规陋习较为严重，也存在好吃懒做、赌博等不良风气，容易引发家庭矛盾，影响社会安定，同时影响了文明乡风的形成。二是一些农村基层干部对乡风文明建设重视不够，没有将其放到应有的位置，把主要精力都放在抓经济发展上，认为只要经济发展上去，乡风自然就会文明，有的认

为乡风文明建设是软指标，工作没有深入去抓，流于形式，因而成效不够显著。

五、农村基层组织建设滞后，全面小康社会的组织保障仍需加强

基层组织是党联系群众的纽带和桥梁，是人民群众认识党、了解党的窗口，是团结带领广大党员干部和人民群众完成各项任务的可靠保证。加强基层组织建设，既有助于提高党的执政能力和巩固党的执政地位，更有助于缓解社会矛盾，构建社会主义和谐社会，增强群众的获得感、幸福感、安全感。党的十八大报告提出，要加强基层服务型党组织建设，加强党员队伍教育管理，充分发挥基层党组织推动发展、服务群众、凝聚人心、促进和谐的作用。在城镇化发展背景下，原有相对封闭、单一、同质性的乡土社会结构被打破，取而代之的是更加开放的现代乡土社会，农村基层治理环境正面临快速的变化，迫切需要基层组织干部提高管理能力和水平，创新基层组织管理方式，但部分地区的基层组织建设没有跟上快速变化的形势，基层党组织的核心地位和堡垒作用难以发挥。一是村集体没有财政保障。发展壮大农村集体经济是加强农村基层组织建设的重要载体，基层组织没有经济积累，其凝聚力、号召力、战斗力和服务能力就相对薄弱。但是受地理、区位和资源条件限制，很多村集体基本没有收入，基本办公经费都需要上级拨付。例如，河北省怀安县在光伏扶贫项目的支持下，贫困村有一定的村级集体经济收入，而非贫困村则基本没有农村集体经济收入，农村基层组织力量普遍较为薄弱。二是村两委干部队伍严重弱化。农村基层干部、村两委干部作为组织者，在推动基层治理中起着决定性作用。但很多地区的村干部收入较低，普遍为1000~3000元/月，远低于外出打工者的收入，缺乏对村干部和致富带头人的激励机制，影响了村干部队伍的稳定性，农村两委班子目前普遍存在年龄老化、知识结构不合理等问题。部分村庄选举存在家族势力干预问题，难以实现公平、公正选举干部。三是部分党员干部服务意识薄弱。一方面是群众工作不够耐心细致，不愿意深入了解民众需求，不能有效解决民众反映的突出问题，还经常责怪农民素质低、不讲道理；另一方面是村级事务公开透明程度不够，民众参与度低、知晓率低，农民普遍感觉缺乏集体归属感。一些干部缺乏担当精神，创新性开展工作的能力不足。

六、农村居民收入增速趋缓，持续提升小康成色难度大

增加农民收入是全面建成小康社会的关键所在。"十三五"规划明确提出，到

2020 年 GDP 和城乡居民人均可支配收入比 2010 年翻一番。随着我国全面建设小康社会事业的稳步推进，农村居民收入水平持续提高，总体上可以实现翻番目标，但是局部地区部分农村居民的收入水平还很低，农民未来持续增收难度还比较大。一是农民收入增速趋缓。近年来农村居民人均可支配收入增速持续放缓，实际增速由 2014 年的 9.2% 下降到 2018 年的 6.6%。农村居民收入增速放缓由我国农村居民收入结构及其影响因素的变化所致。2015 年以来，我国农村居民工资性收入比重开始超过经营性收入比重，2018 年达到 41.02%，但是受宏观经济下行压力影响，近年来进城务工人员流动趋缓，工资增长势头不断放缓，农民工资性收入增长压力较大；经营性收入目前虽然还是农民收入的一项主要来源，但比重持续下降，2018 年下降到 36.66%，在国际农产品价格下行、国内农业生产成本提高的天花板效应和地板效应的双重挤压下，依靠传统农业实现持续增产增收的难度较大；农民财产性收入比重微乎其微，短期内快速增长的可能性较低；随着政府部门在"三农"领域持续加大投入力度，农民转移性收入比重由 2013 年的 17.48% 增长到了 2018 年 19.98%，但是继续增长的难度依然很大。二是城乡居民收入绝对差距仍在扩大。实现共同富裕是社会主义的本质要求，缩小城乡收入差距是全面建成小康社会的内在要求。虽然近年来城乡居民相对收入差距持续缩小，但是城乡居民收入绝对差距依然在持续扩大。2018 年我国农村居民人均收入水平为 14 617 元，仅为城镇居民的 37%。三是农村居民内部之间的收入差距持续扩大。农村居民收入中最高收入 20% 人群与最低收入 20% 人群的人均可支配收入比由 2013 年的 7.41∶1 扩大到了 2018 年的 9.48∶1。根据国家统计局数据，2017 年农村收入最低 20% 人群的人均可支配收入水平为 3302 元，仅比国家确定的实际收入贫困线标准高出了 300 多元，还不到全国人均可支配收入水平的 1/4。我们调研的浙江省德清县农村居民人均可支配收入已达到 32 617 元，而河北省怀安县仅为 14 617 元，不到前者的一半，因此加快提高中西部地区特别是贫困地区农村居民收入水平是全面建成小康社会的一项突出任务。

七、粮食安全风险隐患犹存，全面建成小康社会的基础仍需夯实

"民以食为天"，粮食安全不仅关系到人民温饱问题，也是实现经济发展、社会稳定、国家安全的重要基础，是全面建成小康社会的基础性任务。如果粮食安全出了问题，将严重影响我国全面建成小康社会的成色和质量。在全面建成小康社会的进程中，我国粮食安全保障水平得到有效提升，实现了基本自给，但仍处于紧平衡状态，人多地少的基本国情决定了保障国家粮食安全时刻需要警钟长鸣，

任何时候都不能轻言粮食已经过关。近年来,种粮收益持续偏低,农民种粮积极性下降,暴露出粮食安全基础仍不稳固,粮食安全隐患依然存在。一方面,粮食生产成本持续上升。2012~2017年,国内三种粮食(稻谷、小麦、玉米)每亩(1亩≈666.67平方米)生产成本由770.23元增加到866.01元,上升了12.4%;大豆每亩生产成本由578.2元增加到668.8元,上升了15.7%。另一方面,随着粮食市场化改革的推进,玉米取消了临时收储,价格随行就市,稻谷、小麦最低收购价逐步下调。2014~2017年,全国稻谷平均每亩现金收益由801元下降到718元,降幅10.4%;小麦由602元下降到532元,降幅11.6%;玉米由729元下降到426元,降幅41.6%;大豆由354元下降到237元,降幅33.1%。粮食生产成本上升,收益持续偏低,严重影响了农民种粮和主产区抓粮的积极性,不仅经济发达地区粮食面积大幅减少,中西部不少地方土地抛荒现象也明显严重。例如,我们调研的某贫困村共有耕地1700多亩,其中抛荒500多亩。据国家统计局数据,近年来粮食特别是谷物,播种面积和产量均有所下降。2016~2018年,全国粮食播种面积减少了3288万亩,下降1.8%。其中谷物播种面积2015年以来连续3年减少,累计减少5310万亩,降幅3.4%。谷物产量连续3年下降,2018年全国谷物产量61 004万吨,比2015年下降1.3%。同时,近年来我国粮食去库存进度快于预期,特别是临储玉米库存大幅下降,谷物总体已呈现产不足需的格局,在农民种粮和地方抓粮积极性下降的情况下,粮食生产滑坡的隐患凸显,粮食安全面临的风险正在加大。

八、农村资源要素流失严重,小康社会提质增速元气不足

当前已到决胜全面建成小康社会的关键时刻,补齐农村短板建设、全面提质增速,任务繁重,需要大量的人才、资金、土地等资源要素支撑。然而,随着我国进入快速城镇化轨道,各种资源要素纷纷涌向城市,且长期处于从农村到城市单向流动状态,城乡分割的二元经济结构没有从根本上得到改变,城乡资源要素配置依然不均衡,农村资源要素流失现象十分严重。一是人才流失严重。截至2018年底,我国常住人口的城镇化率达到59.58%,户籍人口城镇化率仅为43.37%,相差16.21个百分点。根据国家统计局发布的《2018年农民工监测调查报告》,进城务工人员总量为2.88亿人,其中"80后"新生代进城务工人员占全国进城务工人员总量的51.5%,大专及以上学历进城务工人员占比继续提高,进城务工人员城镇归属感较为稳定,有38%的进城务工人员认为自己是所居住城镇的本地人。越来越多的年轻、有文化的进城务工人员稳定地向城市流动,常住村民平均年龄

在65岁以上，空心村、老龄化问题严重，农村人口承载力和吸引力渐弱。例如，河北省怀安县，全县空置率超过50%的行政村占比达到15%，其中西沙城乡北庄堡村60岁以上人口占比接近50%，20~50岁的人口中外出占比超过80%，常住人口年龄结构分布与户籍人口分布严重脱节。二是耕地持续流失。随着农村第二产业、第三产业的快速发展和农村城镇化进程的加快，耕地占补平衡的矛盾日益突出，耕地占用情况很难完全得到改善，占补平衡时，存在占多补少、占优补劣、基本农田上山下滩的现象。据测算，耕地质量等级较高的1~3等面积所占比例不足1/3。同时，农村建设用地难保障，长期以来，建设用地指标仍然优先用于城市发展，农村地区发展产业的用地紧缺。此外，农村土地出让收益也多是"取之于乡，用之于城"，直接用于农村建设的比重较低。三是农村资金投入不足。一方面，农村发展资金不足，农村居民贷款难。资金短缺始终是农村发展的瓶颈。近几年，各级政府加大了对农业领域的资金投入，但仍存在财政支农总量不足的问题，2018年国家财政用于农业支出的资金占财政总支出的比重仅为9.4%。同时，由于农民可抵押担保物少、生产风险大的问题，农民贷款难度大，手续繁杂且周期短、金额小，农民的融资渠道以自筹、民间借贷为主，很少能从银行拿到贷款，个人投资能力有限。此外，由于用地难、用工难、融资难及诸多制度门槛的问题，农村对于工商资本下乡的吸引力不足，外资投入量少。另一方面，农村资金大量外流。根据《中国统计年鉴》和《中国金融年鉴》的数据计算，1994~2003年，仅通过农村信用合作社和中国邮政储蓄银行从农村流出的资金就超过8000亿元；2007年中国农业银行、中国农业发展银行、农村信用合作社、中国邮政储蓄银行四类机构在县域吸收的储蓄存款总额在12万亿元以上，当年全部涉农贷款大约为5万亿元，农村外流资金在7万亿元左右。近年来，随着农村外出务工人口数量持续上升，农村外流资金规模预计会更大。

第三节　决胜农村全面建成小康社会的对策和建议

党的十九大报告提出，"从现在到二〇二〇年，是全面建成小康社会决胜期"[①]。从我国全面建成小康社会的整体进程看，农业还是"四化同步"的短腿，农村还

---

① 习近平：《决胜全面建成小康社会 夺取新时代中国特色社会主义伟大胜利》（党的十九大报告单行本），北京：人民出版社，2017年10月。

是全面建成小康社会的短板。在决战决胜阶段，只有补齐短板、增强弱项、发扬长处、防范风险、全面推进，才能让农村全面建成小康如期实现。

一、坚持五项基本原则

农村全面建成小康社会是一项全局性、系统性的工程，必须从农村实际出发，因地制宜、稳扎稳打，在决战决胜阶段须遵循以下基本原则。

一是坚持党的领导，保障优先发展。农村全面建成小康社会，必须毫不动摇地坚持和加强党对农业农村工作的领导，健全党管农村工作的领导体制机制，加强党在社区、乡镇及农村地区的基层组织建设，确保党在农村工作中始终总揽全局、协调各方，为实现农村全面小康提供坚强、有力的政治保障。

二是坚持以人为本，实现共享发展。践行共享发展理念，顺应农村居民对美好生活的向往，把广大农民群众的利益和诉求作为所有工作的出发点和落脚点，实现农村居民和城市居民的共同富裕，城市支持乡村、工业支持农业，做到农村不同群体、不同阶层、不同地区的所有个体都能享受改革发展带来的收益和成果。

三是坚持因地制宜，确保全面推进。我国农村的地理、民俗、经济、社会发展水平千差万别，所处的发展阶段也不一样，要实现全面建成小康社会的总体目标，需要因地制宜、补短板、强弱项，集中解决突出问题，切不可一刀切。同时，实现全面小康要科学制定适合当地农村经济、政治、文化、社会、生态等各方面发展的目标任务，一项都不能少，全面推进。

四是坚持以农民为主体，激发动力、活力。农村全面建成小康社会，要最终落脚到农民的幸福感、获得感、满足感。农民是农村全面建成小康社会的建设者和受益者，要尊重农民意愿，建立政府、村集体、村民等各方共谋、共建、共管、共评、共享机制，激发农民群众的积极性、主动性、创造性，为全面建成小康社会提供强大动力支撑。

五是坚持和谐共生，践行绿色发展。坚持绿色发展是农村全面建成小康社会的必由之路。加快转变农业发展方式，坚持走低投入、高产出、低消耗、能循环、可持续的发展道路，强调农业经济系统、自然系统、社会系统实现和谐、可持续发展，通过绿色增长来增加农村的绿色福利和绿色财富。

二、正确处理四大关系

农村全面小康是中国全面小康的重要组成部分。全面建成小康社会，重点在农村，难点在农民，焦点在农业。在农村全面建成小康社会，要从建设中国特色社会主义现代化国家的战略全局出发，正确处理好以下四大关系。

一是确定好目标任务与手段措施的关系。小康社会是邓小平同志在 20 世纪 70 年代末 80 年代初，在规划中国经济社会发展蓝图时提出的战略构想。随着中国特色社会主义建设事业的深入，内涵和意义不断地得到丰富与发展。党的十八大根据我国经济社会发展实际和新的阶段性特征，在党的十六大、十七大确立的全面建设小康社会目标的基础上，提出了一些更具明确政策导向、更加针对发展难题、更好顺应人民意愿的新要求，以确保到 2020 年全面建成小康社会。党的十九大提出协调推进"四个全面"战略布局，明确了新时代党和国家各项工作的战略目标和战略举措，其中全面建成小康社会，既是我们党确定的第一个百年奋斗目标，也是实现中华民族伟大复兴的关键一步。实现全面建成小康社会的目标，需要综合运用经济、行政、法律、思想引导等多种手段。这些手段的使用，需要结合各地实际情况，综合施策。这就需要各地认清自身发展所处的历史阶段和已有基础，合理选择达成目标的手段，科学制定分项目标，最终实现战略总目标。

二是处理好政府作用与市场作用的关系。政府与市场的关系是经济社会发展中不可回避的重要问题。中国改革开放以来最重要的一条成功经验就是在坚持社会主义制度下发展市场经济，不断理顺政府和市场的关系，使市场在资源配置中起决定性作用，更好地发挥政府作用。由于农业领域存在较强的外部性，存在较多市场失灵领域，在农村全面小康的道路上，更要正确处理好政府与市场的关系，让政府职能与市场经济体制的要求相适应。要坚持不懈地推进农业农村市场化改革，创新完善农村基本经营制度、放开市场盘活农村资源要素、培育农业农村市场经济主体，同时要完善政府宏观调控，发挥政府在规划引导、政策支持、市场监管、法治保障等方面的积极作用，促进农业农村经济持续、健康、快速发展。

三是把握好顶层设计与基层探索的关系。习近平总书记指出："改革开放在认识和实践上的每一次突破和深化，改革开放中每一个新生事物的产生和发展，改革开放每一个领域和环节经验的创造和积累，无不来自亿万人民的智慧和实践。"[1]由于我国区域差距较大、发展不平衡，在农村全面建成小康社会的道路上，更要因地制宜，鼓励各个地区的群众解放思想、积极探索，鼓励不同区域进行差别化试点。同时，随着农村改革在经济、政治、文化、社会、生态等各领域不断深化，利益分化进程加快，改革的统筹性需求不断加强，因此必须加强顶层设计、规划引领，并与基层探索深化融合，只有这样农村全面建成小康社会才能实现上下结合、稳步推进。

四是协调好城市发展与乡村发展的关系。处理城市和乡村的关系是我国在工业化、城市化、农业现代化进程中面临的重大问题。改革开放以来，我国历史上

---

[1]《改革开放的历史经验与启示》，http://theory.people.com.cn/n1/2018/1130/c40531-30433614.html[2018-11-30]。

形成的城乡二元结构逐渐被打破,城乡融合发展成为主要趋势。在这一过程中,相对发达的城市和相对落后的农村,如何打破相互分割的壁垒,逐步实现生产要素合理流动和优化组合,促使生产力在城市和乡村之间合理分布,促进城乡经济和社会生活紧密结合与协调发展,逐步缩小城乡各方面差距,使农村居民和城市居民一样具有幸福感、满足感和获得感,是农村全面建成小康社会的重要内容。习近平总书记指出:"小康不小康,关键看老乡。"①城乡差距过大绝不是全面小康社会的基本特征,在全面建成小康社会的道路上,要充分发挥城市和乡村的优势,营造城乡居民各自安居乐业、和谐美好的幸福局面。

三、加快补齐四项短板

农村全面建成小康社会,涉及经济、政治、文化、社会、生态等多个方面,任何一个方面缺乏都会影响全面小康社会的成色和质量。因此,农村全面建成小康社会,当务之急就是要加快补齐以下短板。

一是确保完成脱贫攻坚任务,补齐贫困地区发展短板。坚决打赢精准脱贫攻坚战是决胜全面建成小康社会的底线任务。农村全面建成小康社会最大的短板和弱项就是农村贫困地区的发展及其贫困人口的脱贫。当前,我国脱贫攻坚战已经进入最艰难阶段,确保2020年现行标准下农村贫困人口实现脱贫,确保贫困县摘帽,让贫困人口和贫困地区同全国人民一道进入全面小康社会的任务还很艰巨。所以,深化精准扶贫、集中力量打赢脱贫攻坚战,补齐贫困地区发展短板,是农村全面建成小康社会的当务之急。

二是加大农村人居环境整治力度,补齐生态环境短板。改善农村人居环境,建设美丽宜居乡村,是农村全面建成小康社会的重要内容,事关广大农民根本福祉,事关农村社会文明、和谐。当前,我国东部地区、中西部城市近郊区等有基础、有条件的地区,人居环境质量得到全面提升,但是一些地处偏远、经济欠发达地区仍然存在农村生活垃圾处理体系不健全、农村户用厕所不卫生、农村粪污无法处理或无法资源化利用、农村生活污水乱排乱放等问题,严重降低了农村小康社会的质量。在全面建成小康社会的决胜期,必须强化各项举措,以农村垃圾、污水治理和村容村貌提升为主攻方向,加快补齐农村人居环境突出短板,为如期实现全面建成小康社会的目标打下坚实基础。

三是加大农村公共设施投入,补齐农村基础设施短板。与城市相比,农村基础设施一直都是发展短板,严重制约了农村全面小康社会的建设进程。与全面实

---

① 《习近平:小康不小康 关键看老乡》,http://theory.people.com.cn/n1/2017/0608/c40531-29327226.html[2015-11-23]。

现农业农村现代化相比,我国农村基础设施供给与现代农业发展需求还很不匹配,必须把基础设施建设重点放在农村,持续加大投入力度,加快补齐农村基础设施短板,促进城乡基础设施互联互通,推动农村基础设施提档升级。

四是着力健全农村社会保障体系,补齐民生领域短板。健全农村社会保障体系是农村全面建成小康社会的重要内容。要努力增加农村社会保障资金投入,切实保障农村困难群众基本生活。建立健全政府、社会、集体和农户共同负担的农村社保资金多元筹集机制。提高保障水平,促进新型农村合作医疗可持续发展,巩固新型农村社会养老保险制度,不断提高社会救助标准。

四、着力防范五大风险

防范化解农业农村重大风险是决胜农村全面建成小康社会的战略保障。在决战决胜阶段,必须强化忧患意识和底线思维,高度重视防范农业农村重大风险,为乡村全面振兴打下坚实的基础。

一是防范粮食安全风险,确保饭碗牢牢端在自己手上。粮食安全始终是关系我国经济发展、社会稳定和国家自立的全局性重大战略问题。党的十九大报告提出,"确保国家粮食安全,把中国人的饭碗牢牢端在自己手中"[①]。当前,我国粮食虽实现了年年丰收,但仍然面临着供求矛盾突出、增产边际成本增加、作物种植结构不合理、环境因素制约加剧等一系列挑战。对于我国这样一个拥有14亿人口的大国来说,未来粮食供求的结构性矛盾仍将存在。全面建成小康社会,必须树立科学的粮食安全观,稳定粮食面积和产量,增强高效协同的粮食安全保障能力,牢牢守住粮食安全的底线,防范化解潜在的粮食安全风险。

二是防范食品安全风险,坚守农产品质量底线。民以食为天,防范食品安全风险,既关系我国14亿人口的身体健康和生命安全,也是全面建成小康社会的必然要求。防范食品安全风险,要从农产品质量源头抓起。规范农业生产经营,引导生产经营者以健康与安全为准绳,规范农业生产主体的生产经营行为。加大有关农产品和食品安全法律法规及相关标准的宣传培训,增强公民自觉遵守法律法规、保护环境的责任意识。建立健全农产品及食品的可追溯体系,强化各环节责任,建立配套的奖惩机制。

三是防范逆城镇化风险,保障进城务工人员的基本权益。从长期来看,人口不断向城镇聚集是历史趋势。改革开放以来,我国工业化、城镇化的快速推进,使农民整体收入实现了由农业收入为主向非农工资性收入为主的历史性变革。工

[①]《权威发布:十九大报告全文》,http://sh.people.com.cn/n2/2018/0313/c134768-31338145.html[2018-03-20]。

资性收入的快速增长也为农民过上小康生活提供了重要的物质基础。然而，受宏观经济、结构变革等因素影响，我国进城务工人员未来的增收形势并不乐观，进城务工人员在城镇就业、住房、医疗、教育等公共服务与社会保障等方面的服务还不完善，如果不妥善处理好进城务工人员面临的上述问题，一旦发生大规模进城务工人员的失业与返乡潮，将对整个中国经济和社会造成巨大冲击。

四是防范农村文化流失风险，坚守农村道德底线。中国农村正发生着千年未有的大变革。随着工业化、城镇化的快速推进，农村大量年轻劳动力进入城市，农村老龄化、空心化成为常态。受此冲击，我国农村社会也发生着巨大变化。例如，农村传统文化处于无人传承的境地，留守农民的精神文化生活得不到有效满足，全社会对乡村文化价值的认识正发生着重大转变，导致了乡村文化的空心化、虚无感，缺少与现代文化的对接能力，农民的思想与道德伦理也在发生着重大转变。在农村全面建成小康社会的道路上，一定要牢牢守住农村文化道德底线，加强农村文化建设，改善农民精神文明风貌，提高其思想道德素质。

五是防范乡村生态环境恶化风险，坚持绿色发展。坚决打赢污染防治攻坚战是决胜全面建成小康社会的迫切需要。长期以来，我国以资源环境为代价支撑了农业的粗放式发展，从而造成了资源破坏、环境污染、水土流失、土地沙漠化等一系列问题。据有关数据统计，中国化肥年施用量占世界总量的30%，农药单位面积使用量比发达国家高出一倍，但化肥、农药的利用率仅有30%和40%，农膜造成的白色污染已成为中国乡村环境的一大灾难，农业用水的有效利用率仅为40%左右，远低于欧洲发达国家 70%~80%的水平。长此以往，逐渐恶化的乡村生态环境难以支撑农业的高质量发展，因此必须抢抓机遇，应对挑战，全面实施农业可持续发展战略，努力实现农业强、农民富、农村美。

五、切实推进五大任务

决胜农村全面建成小康社会，在补齐农业农村发展短板、防范农业重大风险的前提下，还要从农民持续增收、农业供给侧结构性改革、强化市场化引领、注重农村文化建设、完善农村基层治理等方面切实推进五大任务。

一是建立健全农民增收长效机制。拓宽农民增收渠道，实现收入多元化。积极推进农业现代化进程，延伸农业产业链条，创立特色农产品品牌，推动农村一、二、三产业融合发展，建立特色农业产业园，提高农民经营性收入水平。积极开展就业创业培训，提升农民职业技能，提升进城务工人员就业、医疗、社保等各项公共服务水平，提高农民工资性收入水平。加快推进农村集体产权制度改革，盘活农村资源要素，增加农民财产性收入。完善和发展农村金融市场，丰富农村居民金融交易性产品，优化农村金融服务功能，增加农民投资选择，实现收入来源的多元化、多样化。

二是深入推进农业供给侧结构性改革。落实"巩固、增强、提升、畅通"八字方针，加快降成本、去库存、补短板。以市场为导向，积极推动种养加一体化、农林牧渔相结合、粮经饲相统筹，优化产业结构、产品结构，保证供给质量。发挥政府作用，培育适度规模经营主体，发挥好技术培训、信息服务、监督引导等方面的作用，激发农村微观主体活力，促进农村第一、第二、第三产业融合，疏通城乡要素双向流动机制。

三是强化市场化引领，激发乡村活力。农村全面建成小康社会，要以农村改革为牵引，激活要素、激活主体、激活市场，创新持续发展机制，确保全面小康与乡村全面振兴有效衔接。按期完成农村集体产权制度改革任务，扎实做好农村承包地确权登记颁证工作，善始善终做好收尾工作。稳慎推进农村宅基地改革，重点围绕宅基地"三权分置"，拓展改革试点，丰富试点内容，探索适度放活宅基地和农民房屋使用权的有效途径。加大培育农业各类新型经营主体的力度，培育一批规模适度、生产集约、管理先进、效益明显的家庭农场，促进合作社规范发展，促进新型农业经营主体与小农户协同发展。

四是扎实推进农村文化小康建设。农村文化小康建设是农村全面小康的必然要求。要坚持协调发展，统筹城乡资源配置，加快农村公共文化服务体系建设。要坚持创新发展，创造性地提升农村文化传承弘扬能力，打造农村文化品牌。要赋予农村传统文化新的内容，促成其完成现代化转化，提升农村居民的道德文化水平，造就一批品德优良、勤劳能干、勇于创新的人才。要推进体制机制改革，完善农村文化管理机制，形成政府主导、多方参与、多元投入、协力发展的良好局面。

五是完善农村基层社会治理。随着我国农村基层社会结构发生历史性变化，必须创新和完善适应时代特征的农村基层社会治理方式。深化基层党组织的领导核心作用，加强党对"三农"工作的全面领导，把农业农村优先发展落到实处，确保农村全面建成小康社会的政治方向。加强村民自治组织建设，积极培育和发展农村基层社会组织，打造共建、共治、共享的社会治理格局。提高农民法治意识，向农民进行法治宣传教育，让法治思维深入人心。加强农村公共服务供给，强化农村基层公共服务功能，完善基层社会治理机制。

本章执笔人：谭智心、何安华、习银生、张斌、胡钰。课题牵头人：宋洪远。主持人：陈洁。课题组成员：习银生、谭智心、何安华、马凯、张斌、胡钰。

第二章　贫困地区脱贫攻坚与乡村振兴有机衔接研究报告

脱贫攻坚是党的十九大明确提出的决胜全面建成小康社会的三大攻坚战之一，是促进全体人民共享改革发展成果、实现共同富裕的重大举措。实施乡村振兴战略是党的十九大做出的重大决策部署，是决胜全面建成小康社会、全面建设社会主义现代化国家的重大历史任务，是新时代"三农"工作的总抓手。当前正处于两大战略的历史交汇期，《乡村振兴战略规划（2018—2022年）》提出要推动脱贫攻坚与乡村振兴有机结合、相互促进，2018年和2019年的中央一号文件都明确要求做好脱贫攻坚与乡村振兴衔接。按照中央农村工作领导小组办公室、农业农村部领导的部署，农业农村部农村经济研究中心与中国农业科学院农业经济与发展研究所开展了贫困地区脱贫攻坚与乡村振兴有机衔接专题研究，先后对黑龙江省富裕县及依安县、湖南省龙山县、湖北省来凤县进行了实地调查，与云南省迪庆藏族自治州（以下简称迪庆州）、贵州省黔东南州及剑河县、湖南省湘西州及龙山县、湖北省恩施州及来凤县、四川省凉山州、黑龙江省富裕县和龙江县、河北省怀安县的负责同志及部分领导和专家学者进行了座谈，组织力量开展研究，形成了如下综合调研报告。

第一节　做好贫困地区脱贫攻坚与乡村振兴有机衔接的重要意义

一、贫困地区脱贫攻坚与乡村振兴有机衔接是巩固脱贫攻坚成效的迫切需要

脱贫攻坚是乡村振兴的前提和基础，实施乡村振兴战略可以为脱贫攻坚提供

新的动力和保障。当前正处于脱贫攻坚与实施乡村振兴战略交汇的历史时期。到2018年底,全国832个国家级贫困县已有436个摘帽,其他许多贫困县也将陆续摘帽,这些地区在2020年底之前,既要巩固脱贫攻坚成效,又要稳步推进乡村振兴,2020年贫困地区全面完成脱贫攻坚目标任务后,都要全面实施乡村振兴战略。中央已经明确将实施乡村振兴战略作为新时代"三农"工作的总抓手,出台了《乡村振兴战略规划(2018—2022年)》,贫困地区在实践中如何将脱贫攻坚的经验用于乡村振兴,针对如何利用乡村振兴战略的政策措施巩固脱贫攻坚成果,还面临一些困难和问题,还没有形成清晰的思路和做法,迫切需要中央对脱贫攻坚与乡村振兴在政策支持、工作机制、组织保障等方面,针对如何做好有机衔接进行顶层设计,提供制度和政策指导。

二、贫困地区脱贫攻坚与乡村振兴有机衔接是贫困地区长远发展的客观要求

脱贫攻坚是实施乡村振兴战略的优先任务,只有实现现行标准下贫困人口如期脱贫,才能为实施乡村振兴战略,实现全面建成小康社会打下坚实基础。贫困地区实现脱贫后,还要持续发展,还要与全国其他地区一起,按照产业兴旺、生态宜居、乡风文明、治理有效、生活富裕的总要求,加快推进农业农村现代化,走中国特色社会主义乡村振兴道路,实现农业强、农村美、农民富的长期目标。在发展阶段和发展战略转换过程中,要搞好顶层设计,调整和完善相关政策措施,适应贫困地区长期发展和实现乡村振兴总目标的要求,做好贫困地区脱贫攻坚与乡村振兴有机衔接,是贫困地区长远发展的客观要求。

三、贫困地区脱贫攻坚与乡村振兴有机衔接是促进区域协调发展的必然选择

打赢脱贫攻坚战与实施乡村振兴战略,都是为了改善民生,实现共同富裕,都是为了全面建成小康社会,实现第一个百年奋斗目标。党的十九大做出了我国社会主要矛盾已经转化为人民日益增长的美好生活需要和不平衡不充分的发展之间的矛盾的重大论断。当前,贫困地区农村居民人均可支配收入仅相当于全国农村居民人均可支配收入的71%,深度贫困地区农村居民人均可支配收入只相当于全国农村居民人均可支配收入的66%,贫困地区依然是我国经济社会发展的短板,经济发展、基础设施和公共服务、农民收入与生活、社会面貌等各方面都明显落

后于全国其他地区。2020年贫困县整体脱贫摘帽后，贫困地区发展基础依然薄弱，总体发展水平仍然滞后，仍是我国经济社会发展不平衡、不充分表现最集中的区域。促进区域协调发展，实现共同富裕，是实施乡村振兴战略的重要任务。贫困地区既是实施乡村振兴战略的薄弱地区，也是需要重点推进的区域，做好贫困地区脱贫攻坚与乡村振兴有机衔接，是促进区域协调发展的必然选择。

第二节 做好贫困地区脱贫攻坚与乡村振兴有机衔接的任务和要求

一、2020年后贫困地区依然面临着长期持续减贫的任务

贫困地区脱贫摘帽后，区域性贫困还未消除，贫困地区生态脆弱问题依然突出，贫困人口返贫风险较大。在新的减贫形势下，贫困地区还要继续巩固脱贫攻坚成果，完善并稳定脱贫长效机制，增强脱贫人口自我发展能力和贫困地区内生发展动力，确保彻底消除绝对贫困，逐步缓解相对贫困。

一是需要统筹应对由健康状况、年龄等因素导致的慢性贫困和由经营、市场、自然灾害等因素导致的暂时性贫困问题。一方面，贫困地区摘帽后，仍有少部分缺劳动力、缺资源的绝对贫困人口，其中绝大部分是因病、因残的兜底贫困人口，基本没有劳动能力。据统计，我国农村贫困人口中患大病的有240万人，患长期慢性病的有900多万人，2020年后这部分人群仍需国家财政支持，防止返贫。另一方面，贫困地区往往处于生态环境较为恶劣的地区，自然灾害频发，因灾致贫、返贫的概率较大，加上经营能力较低，抵御市场风险能力较弱，包括已脱贫人口在内的部分边缘贫困人口可能因不可测事件发生而返贫、致贫。在逐步化解各类慢性贫困的同时，有效防止各种暂时性贫困将是未来减贫工作的重点任务。如果不能有效防范各类风险，疾病、教育、住房、婚姻等一次性大额支出也可能导致暂时性贫困变为慢性贫困。

二是需要统筹应对不断扩大的相对收入贫困和日益凸显的教育、健康状况等多维贫困问题。国家统计局数据显示，近年来全国20%低收入组农户与其他收入组农户的收入差距一直在拉大，如低收入组农户与中下收入组农户的人均可支配收入的比例，从2013年的1∶2.1扩大到2016年的1∶2.6，这将使2020年后提高低收入人群的收入和缩小低收入人群与社会其他群体之间的收入差距成为公共

政策和扶贫政策的重点与难点。在农村内部收入差距不断扩大的同时,业已存在的农村居民之间、城乡居民之间在教育、健康、社保等公共服务、基础设施和生活条件之间的差异也将更加凸显。我国贫困地区人口的人力资本总体质量较低,全国大部分的文盲集中于此,高中及以上文化程度占比仅为 11.5%;贫困地区的医疗水平也较低,贫困人口的营养健康状况堪忧,在 2013 年全国建档立卡数据库中,因病致贫的比例超过 40%。贫困地区在教育、医疗等公共服务供给方面的不足,将导致人力资本投资不足、自我发展能力减弱,进一步造成严重的贫困代际传递现象。

三是需要统筹应对儿童、老年人、残疾人等特殊贫困群体的个体贫困和整体经济社会发展水平相对较低的区域性贫困问题。随着贫困地区农村劳动力大量外流,农村老龄化、空心化问题不断凸显,留在农村的基本都是妇女、老人和儿童,其中贫困儿童的营养、教育问题近年来越发突出,农村老年人口的养老将是个潜在的大问题。另外,在脱贫攻坚政策的大力支持下,贫困地区的发展水平较之前已经有了非常明显的改善,但从全国来看,大部分贫困地区依然是全国经济社会发展水平较低的欠发达地区。特别是连片特困地区、老区边境、少数民族地区及深度贫困地区等特殊贫困区域,地理位置偏僻、自然条件较差、生态脆弱、经济资源和资本不丰富,存在民族、宗教等复杂因素,2020 年消除绝对贫困后,这些区域依旧存在发展滞后、与其他地区经济社会发展差距大等问题。

二、2020 年后贫困地区持续减贫与乡村振兴如何衔接

面对 2020 年后贫困地区减贫与乡村振兴的形势任务,需要明晰贫困地区减贫与乡村振兴工作的职责关系和职能划分,特别是要明确扶贫部门的职能调整方向,为贫困地区持续减贫与乡村振兴有机衔接提供制度保障。

一是在发展主体识别和目标定位上,需要理顺持续减贫与乡村振兴工作部门的职能关系。从持续减贫的目标要求来看,贫困地区的低收入群体是扶贫部门帮扶的主要对象,而乡村振兴则是全局性工作,不仅要考虑低收入群体的发展问题,还要考虑区域整体的经济、社会、环境、治理等多方面各类群体的发展问题。2015 年脱贫攻坚之前,扶贫部门的扶贫对象主要是有劳动能力的低收入人口,建档立卡之后部分无劳动能力的低保、五保人口也被纳入扶贫部门的贫困人口范畴。2020 年现行标准下贫困人口全部脱贫、贫困县全部摘帽后,贫困地区贫困人口与非贫困人口之间的差异、贫困村与非贫困村之间的差异将逐渐缩小,调整贫困线和完善贫困人口动态调整机制的问题日益凸显。扶贫部门需要重点做好贫困线的调整和贫困人口的动态识别工作,更加关注儿童、老年人等特殊贫困群体,如何将城

市贫困纳入未来的减贫体系也是扶贫部门面临的一项重大调整。与此同时，乡村振兴也需要与新型城镇化统筹推进，促进农业转移人口更好地融入城市。

二是在持续减贫和发展方式上，需要理顺扶贫工作部门和乡村振兴工作部门的职责分工。大多数国家将减贫机构设置为社会福利部、社会工作部、民政部等社会福利管理部门，以收入支持和社会救助作为减贫的主要政策工具，我国的扶贫机构是一个跨部门的组织机构，国务院扶贫开发领导小组涵盖了规划、预算、基础设施、农业、教育、卫生等多个部门，目前的具体成员部门超过47个，具有很强的统筹协调功能，以开发扶贫为主，可以有效应对不同维度的贫困状况。2020年之后，随着城乡融合发展的快速推进，城乡一体化的公共服务供给体系将不断完善，当前一些仅针对贫困户的教育、医疗等社会保障和公共服务政策将逐渐普惠化，实施"发展生产脱贫一批、易地搬迁脱贫一批、生态补偿脱贫一批、发展教育脱贫一批、社会保障兜底脱贫一批"等"五个一批"工程的扶贫方式将发生重大调整，其中产业扶贫、生态扶贫等扶贫方式与乡村振兴要求具有很大的重合性，相关部门的职能分工需要提前谋划。在落实相关普惠政策的基础上，扶贫部门要逐步调整、完善针对贫困人口的特殊性扶持政策，将扶贫工作纳入政府常规性职责中去，更有效地调动贫困人口的内生发展动力，让贫困人口共享乡村振兴的发展成果，更加突出社会扶贫的作用和地位，为企业、社会组织扶贫做好服务工作。

三是在监督和考核方式上，需要理顺扶贫工作部门和乡村振兴工作部门的互动关系。党的十九大提出实施乡村振兴战略以来，乡村振兴成为统筹农业农村工作的总抓手。在2020年全面脱贫之前，贫困地区乡村振兴的主要任务是保质保量地如期完成脱贫攻坚任务，需要以扶贫工作统筹推进其他各项工作任务，脱贫攻坚期间的监督考核工作主要由扶贫工作部门牵头，其他相关职能部门共同参与。2020年以后，随着扶贫工作逐步调整为政府部门的常规性职能，乡村振兴中其他工作任务的紧迫性、重要性将日益凸显，因此，需要调整、完善实施乡村振兴战略的监督和考核体系，进一步加强农业农村部等部门在监督考核评价方面的职能。

第三节 做好贫困地区脱贫攻坚与乡村振兴有机衔接的探索和实践

当前仍处于脱贫攻坚期，但贫困地区按照中央的部署，一方面全力推进脱贫攻坚，另一方面积极推动实施乡村振兴战略，在脱贫攻坚与乡村振兴有机衔接方面开展了一些初步的探索和实践。

一、进行规划战略与政策的衔接

贫困地区在全力打好脱贫攻坚战的同时，注重从规划、决策部署和政策方面做好与乡村振兴的有机衔接。一是规划战略的衔接。部分贫困地区开始启动乡村振兴规划的编制工作。富裕县成立了乡村振兴规划编制专门班子，由发展和改革局（以下简称发改局）牵头，农业农村局等相关部门配合，2018年底形成了《富裕县乡村振兴战略实施方案（2018—2022）》（征求意见稿），已开展了两轮意见征求，着手准备启动乡村两级的乡村振兴规划编制工作。2018年贵州黔东南州委、州政府印发了《关于推进乡村振兴战略的实施方案》。龙山县把脱贫攻坚规划作为乡村振兴规划的基础性规划，已经编制完成的乡村旅游规划、村庄建设规划、产业发展规划等，都是脱贫攻坚和乡村振兴的专项规划。二是政策措施的衔接。怀安县2018年安排财政资金7172万元，实施71个非贫困村"双基"提升工程，非贫困村生产条件和人居环境得到改善。龙山县逐步推进贫困户与非贫困户医疗报销比例均等化，逐步消除两个群体之间的攀比矛盾。其他许多贫困地区也在努力增加对乡村振兴的政策支持，加大投入用于农村人居环境治理和公共基础设施等建设。

二、探索产业扶贫与产业振兴衔接

贫困地区在做好产业扶贫的同时，以产业兴旺为目标，着力培育乡村产业体系，推动当地农村产业发展。一是积极培育主导产业。富裕县将粮食精深加工和养殖业作为立县的主导产业，引进世界500强企业益海嘉里集团，一期规划投资85亿元，年加工玉米180万吨、小麦60万吨、大豆20万吨，预计年产值超过100亿元，税收5.2亿元。引导推动牧原食品股份有限公司百万头生猪养殖、北京大北农科技集团股份有限公司生猪一体化、光明乳业股份有限公司万头生态牛场等项目建设，带动全域规模养殖转型升级。剑河县聚焦食用菌"一县一业"，通过食用菌工厂化种植、大球盖菇大田种植、林下仿野生食用菌栽种、"农文旅"一体化食用菌产业模式，带动农民就业增收。二是因地制宜发展特色产业。来凤县重点打造"三茶一果"特色产业，2018年特色产业基地47.3万亩。龙山县重点发展百合、柑橘、烤烟等传统优势特色产业，百合种植规模、产量及销量居全国第一位。黔东南州将食用菌、蔬菜、茶叶、花卉、三穗鸭、香猪、稻渔综合种养、蓝莓、中药材、油茶、烤烟、林下经济等作为重点特色产业。湘西州大力发展"两茶两果、一烟一药、一黄一黑"八大农业特色产业。怀安县积极培育蔬菜、菊花、马铃薯、基础母肉牛等特色种养业。剑河县发展食用菌、钩藤、小香鸡、生猪等产业。依安县发展杂粮种植、定制菜园和山羊、獭兔、野猪养殖等特色产业。迪庆州重点发展酿酒葡萄、中药材、特色畜禽、食用菌、青稞、蔬菜、木本油料等七大优势特色产业。这些特色产业既为脱贫攻坚发挥了积极作用，也为产业兴旺奠定了坚实基础。三是推动农村第一、第二、第三产业融合发展。黔东南州凯里市大力发展乡村休闲观光农业，探索出了云谷田园模式。麻江县探索出了蓝梦谷、药谷花海等各业态融合发展模式。湘西州组建"湘西馆""湘西为村"等农产品电子商务公共销售平台，2018年全州农村电商销售收入36亿元。四是发展壮大集体经济。2018年湘西州通过盘活现有资产、开发集体资源，以及发展物业经济、服务经济、特色经济、乡村旅游经济等方式，全面消除了集体经济"空壳村"。其中，经营性收入5万元以上的村达到1211个。来凤县整合资金2550万元，支持发展壮大村集体经济，集体经济"空壳村"全部消除，46个重点贫困村集体经济均达5万元以上。五是积极培育新型经营主体。黔东南州通过"龙头企业+合作社+基地"的模式，推动产业快速发展。来凤县全县已发展农民专业合作社791家，其中46个贫困村共建有农村合作社203家，带动贫困户15 300户。龙山县发展19家州级以上龙头企业、468个种养合作社或大户与8.9万名贫困人口建立了利益联结共享机制。六是加强农业人才培养与科技服务。2018年来凤县完成培育新型职业农民713人，特聘6名农业技术特派员，开展农村实用技术培训4585人次，搭建了马铃薯晚疫病监测预警平台。

三、做好生态扶贫与生态振兴衔接

贫困地区在推进生态扶贫的同时，以生态宜居为目标，全面改善农村生态环境，建设美丽乡村。一是落实生态补偿机制。截至2018年底，湘西州完成退耕还林420.2万亩，划定省级以上生态公益林、天然林保护面积1100万亩，落实生态补偿资金9.98亿元，全州近100万名群众受益。截至2018年底来凤县兑现集体所有公益林补偿60万亩506.12万元，贫困人口受益10 794户43 176人；兑现退耕还林5.68万亩710.68万元，贫困人口受益9125户323.75万元。二是积极开展农村人居环境治理。2018年富裕县在4个乡镇13个村进行生活垃圾处理试点，开展农村厕所改造整村试点，已完成260户，在44个贫困村建设村内公共浴室，开展村级小型污水处理站建设试点。龙山县推广农村垃圾分类减量处理，每个乡镇均修建了可回收垃圾收购站和垃圾焚烧炉，建立了专人保洁制度，2018年已完成 1.1 万个农村厕所的改造。2018 年湘西州推进美丽乡村示范创建三年行动计划，当年完成 100 个精品村、300 个示范村创建任务，建成农村户厕 9.47 万个、农村集中式污水处理设施 15 套、单户型污水处理设施 1200 套。2018 年怀安县新建改建农村公厕 20 个，改建农村户厕 13 226 个。三是开展农业面源污染防治。黔东南州集中精力整改畜禽废弃物无害化处理和库区网箱养殖问题，已划定禁养区 1738 个，禁养区面积 2679.79 平方千米。全面取缔清水江干流库区网箱养殖，实施大水面生态养殖。四是开展农业清洁生产。黔东南州抓好秸秆禁焚和综合利用，强化化肥、农药、农膜、农用包装物和实验室废弃物的管理与治理。湘西州秸秆还田推广面积 135.06 万亩，全面禁止天然水域投肥养殖，清除违规网箱养鱼 1.5 万口，推广可降解膜 150 吨，开展病虫害专业化统防统治 40 万亩。五是发展生态旅游产业。龙山县发展县域内休闲旅游产业，推进里耶古城、惹巴拉、乌龙山大峡谷等景区建设，里耶-乌龙山风景名胜区获评国家级风景名胜区，湖南乌龙山国家地质公园开园。富裕县发挥大湿地、大草原等自然资源优势，发展湿地生态游、休闲度假游，带动农民就业增收。

四、推动文化扶贫与文化振兴衔接

贫困地区在做好文化扶贫的同时，以乡风文明为目标，积极推动乡村文化发展。一是完善群众文化活动设施与服务。湘西州建成了 1291 个基层综合性文化服务中心。富裕县实现了村级文化活动广场全覆盖，配备了音箱、健身器材等文体设施。采取政府购买服务方式，选好草根文艺人，每人每年补助 2000~3000 元，带领群众开展文化活动。推动各种文化协会进行集聚办公，每个协会补助 1 万元。二是推进移风易俗。来凤县和龙山县对"无事酒"、婚丧陋习和天价彩礼等不良社会风气进行治理。富裕县创办"农民讲堂"等教育平台，开展"村里好人""美丽家庭"评选，修订、完善村规民约，开展红白理事会试点，开展文明村镇创建。三是挖掘乡村文化旅游资源。2018 年湘西州实施传统村落保护与整治项目 310 个，改造特色民居 1 万户，新获批 90 个中国传统村落。举办湖南省（秋季）乡村文化旅游节、湘西土家族舍巴节、苗族赶秋节、"四月八"跳花节、吉首鼓文化节等乡村文化旅游节庆活动。来凤县民族博物馆以土家族文化为主要展示内容，塑造旅游城市新形象。龙山县利用里耶镇里耶古城和秦简等特色文化，发展土家族古宅民宿旅游。黔东南州加快推进 100 个传统村落基础设施、文化传承、环境整治等项目建设，打造了一批传统村落旅游示范村寨和特色乡村旅游精品线路。挖掘工艺美术品、名贵饰品、服饰、文化艺术品、风味特产等特色风物，培育和建设了一批特色风物市场。

五、重视教育智力扶贫与人才振兴衔接

贫困地区在搞好教育智力扶贫的同时，着眼人才振兴，注重加强各类人才的引进和培养，为乡村振兴提供人力支撑。一是培养、引进党政人才。富裕县出台引进机关、事业、党委各类人才的办法，注重吸引家在富裕县、两地分居、有工作经验的有为青年、有志之士回家乡发展。二是培养致富带头人。怀安县加强农村党组织书记培训，组织外出观摩考察，培育乡村产业致富带头人。黔东南州鼓励扶持大学生、退伍军人、返乡人员等到村领办创办经营主体，激发农村内生动力与活力。恩施州以"尖刀班"组织模式，集结优质人才进行优化配置，带领农民脱贫攻坚和乡村振兴。龙山县注重引进培育有"领头雁"性质的企业，带动当地产业人才的发展。富裕县实施"四培养"工程，把党员培养成致富能手，把致富能手培养成党员，把致富带头人培养成村干部，把村干部培养成致富带头人，鼓励乡土人才带领村民共同致富，并逐村建立项目库，列出资源优势、发展规划、合作方式和预期效益，广泛联系企业家与产业项目对接，引导其投资兴业。三是培养新型职业农民。黔东南州围绕乡村旅游、餐饮、种养殖等方面专业知识，对村两委、致富能人、种养大户等进行培训，培养一批能创业、能发展、能带动的新型职业农民。

六、抓好组织扶贫与组织振兴衔接

贫困地区在强化脱贫攻坚组织保障的同时，以治理有效为目标，构建完善的乡村治理体系，提升乡村治理水平。一是加强基层党组织建设。湘西州推进基层党支部阵地建设规范化、支部建设标准化、管理服务精细化、组织生活正常化、工作制度体系化建设，截至2019年5月，向贫困村、集体经济薄弱村等村党组织派出第一书记1640名，179个软弱涣散农村（社区）党组织全面实现晋位升级，村级组织运转经费提高到村均每年15万元，村党组织书记年均报酬提高到2.4万元。龙山县在保障村支书年报酬4万元的前提下，公开选聘一批45岁以下，有一定文化，会电脑的村级秘书和辅警，为乡村振兴提供支撑。怀安县着力把讲政治、有能力、敢担当的优秀人才推选进村两委班子。富裕县制订了《加强村党组织书记队伍建设实施方案》，通过村内挖潜、机关选派、离岗返聘、跨村兼职、社会招聘等方式选优配强村党组织书记，通过实行村党组织书记工资待遇"基础工资+绩效工资+创收奖励"制度、推进村书记和村主任"一肩挑"、建立村书记报酬动态增长机制、发放离职村书记生活补贴、推进村书记养老保险体系建设、落实政

治待遇、选拔优秀村书记进入乡镇班子等政策，使得村书记干有激情、退有保障。二是加强农村基层治理。来凤县推行村医村教进班子、农民办事不出村、法律顾问进乡村"三位一体"基层治理方式和律师进村、律师进信访大厅、律师进疑难信访案件"律师三进"基层治理新举措，党委领导、政府负责、社会协同、公众参与、法治保障的"一统三治"基层治理体系粗具雏形。湘西州推进网格化服务管理，建立城乡—州级—县市区级—乡镇（街道）—村（社区）五级网格平台，推进农村社会治安防控体系建设，通过网格化平台办理各类事项 8.2 万余件。三是创新乡村治理方式。湘西州全面推行"湘西 e 路通"信息化服务平台，以党务村务公开窗等方式，对办事流程、财务数据等进行阳光公开，建立村权监督微信群 1856 个，推进党内监督与群众监督深度融合。

第四节　贫困地区脱贫攻坚与乡村振兴有机衔接面临的矛盾和问题

当前正处于脱贫攻坚与实施乡村振兴战略的历史交汇期，在脱贫攻坚与乡村振兴有机衔接工作中，还面临一些突出的矛盾和问题。

一、财政资金整合衔接问题

资金投入是贫困地区脱贫攻坚和乡村振兴的基本保障。但当前资金投入及整合仍存在一些突出问题。一是资金投入缺口大。贫困地区基础设施与公共服务仍然比较落后，无论是脱贫攻坚还是乡村振兴，都需要大量的资金投入。贫困地区财力普遍不足，县级财政负担重，需要中央财政转移支付才能维持运转，一些扶贫项目及公共基础设施项目需要县级配套资金投入，要补齐脱贫攻坚和乡村振兴的短板还存在较大的资金缺口。湘西州反映，民族地区地广人稀，生活垃圾、污水处理困难多，资金需求量大，目前的投入远不能满足需要。剑河县反映，山区贫困村工程性缺水和季节性缺水问题突出，工程建设难度大，运行成本高，要全面解决问题还需大量投入。龙山县反映，深度贫困地区基本集中了所有财力推进脱贫攻坚，在没有专项资金支持的情况下，乡村振兴难以快速推进。二是财政资金整合不足。国家支持贫困县统筹整合使用财政涉农资金，资金整合范围逐步扩大，整合力度不断加大，并取得了很好的效果。贫困地区普遍反映，财政资金使用限制仍然较多,统筹整合难度大。怀安县反映,目前涉农资金使用渠道限制过严,有些项目无经费保障,不利于脱贫攻坚和乡村振兴有机衔接。龙山县反映,以县级为单位实行财政资金整合难度大,一些山区贫困村镇由于资金不足无法同步搬迁,每隔几年都要在防汛期后为保证道路通达而重新修路,造成资金使用浪费。扶贫整合资金在投入对象和方向上有明确要求与规定,一些乡村振兴项目在现行管理体制下不能使用扶贫整合资金。依安县 2018 年涉农财政资金总额为 24 013 万元,其中专项扶贫资金 9800 万元,占 40.8%,可由县级整合使用,被称为"切块的钱"。其余涉农资金共计 14 213 万元,占 59.2%,需专款专用,县里没有统筹整合使用权限,被称为"戴帽的钱"。三是出现悬崖效应问题。许多地方反映,整合财政资金大多只能投向贫困村、贫困户,不能用于非贫困村基础设施建设,造成贫困村与非贫困村、贫困户与非贫困户之间出现了悬崖效应,引发了一些矛盾。一方面,村庄之间发展不平衡,非贫困村基础设施建设明显滞后于贫困村。例如,2018 年依安县 54 个贫困村平均每村享受财政涉农资金 277.3 万元,102 个非贫困村每村仅有 95 万元,前者约为后者的 3 倍。富裕县有非贫困村 44 个,占全县行政村的近一半,也面临脱贫任务,村级基础设施也需要改造,但因资金限制,非贫困村基础设施比贫困村滞后较多,当地又无法依靠自身财力补齐非贫困村基础设施的短板。一些农户反映:"现在的路比以前的土路是好多了,但是硬化路都坏了,坑坑洼洼的,比贫困村的路差多了。"2018 年全县贫困村都新建了公共浴室,但非贫困村都没有,不少农户对此意见较大。光伏扶贫产业也仅在贫困村有,非贫困村都没有。另一方面,对非贫困户投入力度滞后于贫困户,容易引发新的矛盾。脱贫攻坚中财政涉农整合资金绝大部分都不能用于非贫困户。富裕县反映,对非贫困户的扶持仅有危房改造、饮水安全等少数普惠政策,一些非贫困户特别是边缘户对此有意见,尤其在医保报销、教育减免贷补等方面差距大,容易引起矛盾。其他贫困地区的情况也基本类似。地方政府也在想办法加大对边缘贫困人口的扶持力度,但财力不足,能投入的资金有限。凉山州反映,当地有 50 万临贫户仍住着土坯房,没有厕所,居住环境差,但享受的扶贫政策很少。贫困户住房享受国家易地搬迁政策,老百姓自筹 1 万元就有一套房子,非贫困户享受不了这样的住房政策。

二、产业发展衔接问题

贫困地区在产业扶贫与产业振兴衔接上还存在一些问题,不利于乡村产业持续发展。一是产业规划衔接不畅。尽管各地开始启动乡村振兴规划编制,但与脱贫攻坚规划衔接仍有较大难度,特别是村庄发展规划如何编制落实难度大。

例如，富裕县反映，曾于 2011 年编制了县域空间布局规划，有 71 个行政村编制了村庄规划，但由于是按照城市规划方法编制的，不接地气，未考虑资金、拆迁等因素，都只停留在纸面上。如何根据村情编制简单实用、易于村民广泛参与的村庄发展规划，面临很大挑战。二是三产融合发展水平较低。贫困地区经济基础薄弱，乡村产业发展多处于初级阶段，产业链条短，质量与品牌建设滞后，新型经营主体发育不足，带动农民增收能力较弱。现有产业扶贫项目大多存在着产业同质化、产销衔接差、加工能力弱、物流系统建设明显滞后、新型经营主体缺乏等问题，市场风险较大。例如，剑河县反映，当地贫困乡村区位偏远，交通不便，农业自然条件差，耕地少，市场发育滞后，缺乏龙头企业带动，农产品生产成本高、附加值低，产业扶贫带动贫困户增收效果不明显。迪庆州反映，一些乡镇产业发展缺乏规划，规模小，同质化严重。恩施州反映，当地农业产业发展最薄弱的环节是农产品就地商品化处理不足，特别是缺乏冷链物流仓储等设施，快递物流不能到村，产销难以衔接，农民的鲜活农产品既无法快速顺畅销售，也无法获得较好的增值收益，还要面临较大的市场风险。三是产业项目短期化倾向明显。贫困地区普遍反映产业扶贫周期长、见效慢、风险大，存在一定的畏难情绪。现有产业扶贫项目大多重视短平快，对长期受益、稳定增收、全面振兴考虑欠缺，且多依赖企业等外部主体，农户参与度不高，有些仍需要财政连续支持才能维持。有的为了完成脱贫任务，给农户买已养了 12 个月的香猪，农户养 6 个月就可以出栏。四是产业发展资源环境约束趋紧。贫困地区经济尚未发展起来，却面临与其他地区同样的资源环境约束。例如，富裕县每年秸秆可收集量约 120 万吨，畜禽粪污产生量 139 万吨，在产业发展中面临棘手的秸秆禁烧和粪污处理问题，所需资金大，治理成本高，且技术要求高，操作难度大，难以通过市场机制实现产业化治理。此外，一些工业污染源正逐渐向农村转移渗透，贫困地区土壤污染防治面临的挑战加大。五是易地搬迁的后续产业扶持不足。目前，易地扶贫搬迁中反映的突出问题是搬迁后的产业发展问题，搬迁后农民有了房子，但如何就业，怎么增收，以及如何融入当地社区，困难很大。

三、督查考核衔接问题

实行严格的督查考核，是确保打赢脱贫攻坚战的必要措施。推进实施乡村振兴战略，同样需要建立完善的监督考核制度。当前贫困地区在脱贫攻坚监督考核中存在的一些突出问题，需要在实施乡村振兴战略中加以解决。一是监督考核过多。部分贫困地区反映，脱贫攻坚需要应对各种各样的监督考核，包括各级部门的督查、联合督查、交叉评估、第三方评估、审计、财政监督检查和项目稽查、巡视等。例如，富裕县2017年迎接国家、省、市各类督查、检查、考核、巡视、评估等共计19次，每次少则3~5天，多则1个月，最长的达2个月之久，总人次累计207人次，总天数累计197天。2018年共接待14次，累计接待242人次、102天。其中，督查7次19人次40天，巡视验收4次116人次54天，观摩学习3次107人次8天。依安县2018年接受检查共30次。其中督查14次，巡视验收4次，观摩学习调研2次，其他检查和指导10次。累计接待197人次，其中单次接待最多36人。累计接待103天，其中单次接待最多30天。单月检查次数最多达5次。接待经费支出约14.22万元，其中1.9万元用于督查，10.98万元用于巡视验收，0.1万元用于观摩学习，其他费用1.24万元，单次接待经费最多花费5.85万元。二是存在形式主义。一些贫困地区反映，监督考核的指标过多、过细，需要填写的表格过多，基层干部把大量的时间用在填写各种表格、应付考核评估上。一些地方监督考核过于频繁，形式化的东西过多，时间要求紧、任务急。基层政府和干部疲于应付，把过多的时间和精力用于应付督查考核，影响了正常精准脱贫工作的开展和为群众办实事的效果。地方干部反映，迎接考核工作的难度远远超过扶贫工作本身。

四、干部人才队伍衔接问题

打赢脱贫攻坚战，离不开干部人才队伍建设。在脱贫攻坚与乡村振兴的交汇期，干部人才队伍的衔接主要存在以下问题。一是驻村工作队伍的持续稳定问题。向贫困村派驻第一书记和驻村工作队，是精准脱贫工作的重要举措，也发挥了重要的作用。既促进了贫困地区的产业发展和基础设施改善，又提升了贫困人口和贫困村的发展能力；既广泛宣传了党的扶贫政策，又有效增进了干群关系，切实提高了党在群众中的威望。大量党政干部长期驻村帮扶是脱贫攻坚时期的一项特殊政策，短期内的确可以发挥巨大作用，但如果长期实行驻村工作制度，也容易带来一系列问题。首先，基层干部超负荷工作比较普遍。驻村干部普遍反映工作强度和精神压力都很大，容易导致身心疲惫。很多贫困地区干部都是"5+2""白+黑"地工作。其次，影响原单位工作正常开展。例如，富裕县每个村至少选派4人驻村，加上中央、省、市、企业等派驻的扶贫干部，最多的村有8个扶贫干部。长期选派大量驻村工作人员，会造成原单位人手不足。市、县、乡三级干部均反映，"要求派驻的人员数量太多，很多都是业务骨干，对原单位正常工作开展造成了严重影响，有些单位一把手直接把办公室搬到了村里"。最后，容易弱化贫困村和贫困户的内生发展动力。个别贫困村的干部和群众出现了等靠要思想，什么事情都找驻村干部，村组织的战斗力在一定程度上受到了影响。有的驻村工作队和村委会各干各的，无法整合到一起，甚至产生矛盾。二是贫困地区产业发展和基层治理人才短缺问题严重。贫困地区经济社会发展相对滞后，工资水平和人文环境对人才的吸引力都不足，在与其他地区特别是东部发达地区的人才竞争中处于劣势，导致人才流失严重，农村以留守人口居多，年轻人少，空心村现象较多，乡村产业发展和村干部选拔的人才严重短缺。例如，富裕县农村人口由2015年的16.7万人减少到2018年的16万人，农村劳动力总量由11.7万人减少到11.1万人。当地领导认为，在乡村振兴中最短缺的是人才，最大的问题也是人才。该县新引进的企业益海嘉里集团建成投产后，需招募3000名左右的大学毕业生，但大多数大学毕业生一听说企业在东北，都不愿意来，报名者寥寥无几。恩施州认为，人才是乡村振兴中的难中之难，关键中的关键。2005年至今，当地农业技术推广队伍一直没有新入职人员，专业管理人才缺乏，只能十几个村配备一名产业指导员。选村干部也很难，选村支书"只能矮子里面选将军"。龙江县反映，当前空心村问题严重，该县有62万人，实际常住人口不到2/3，已有的人才留不住、走出去的人才不回来、想引的人才引不来。龙山县反映，农村青壮年大多外出打工，留守的大多是老人，文化程度低，带动农村产业发展的专业合作社缺乏或没有能人参与，深度贫困地区的人才支撑难以满足乡村振兴需求。

五、工作机制衔接问题

五级书记一起抓的工作机制为脱贫攻坚提供了坚强的政治保证，得到了广大基层干部的一致拥护，是脱贫攻坚取得巨大成就的一条基本经验。中央明确要求，乡村振兴也要实行领导责任制，坚持五级书记抓乡村振兴。调研中，市、县、乡、村各级干部都一致表示，非常支持将五级书记抓脱贫攻坚的工作机制应用到乡村振兴战略实施的工作中。当前脱贫攻坚工作机制中还存在一些问题，需要在乡村振兴中加以完善。一是县级党政一把手正常调整机制被冻结。有的地方反映，贫困地区在脱贫攻坚期基本停止了县级党政一把手的正常调整，这虽然是为了脱贫攻坚期内压实责任、激发干劲，保持工作连续性和稳定性，但县级党政一把手不能调动和调整，基层其他各级干部的正常调整都会受到很大影响，不利于调动各级干部的积极性。二是贫困地区农村基层党支部书记的待遇明显偏低。村民富不富，关键看支部；村子强不强，关键看支书，村级工作的关键在村书记。当前，农村劳动力和人才资源流失严重，而村干部的工资待遇偏低，很多贫困村存在干部难选、好干部难找的问题。村干部在身份上和普通农民一样，不能购买城市居民的养老保险，离岗后没有退休工资，缺乏生活保障，进一步抑制了村干部的工作积极性。

第五节 做好贫困地区脱贫攻坚与乡村振兴有机衔接的政策建议

一、明确贫困地区持续减贫与乡村振兴工作的职责

2020年全面脱贫后，贫困地区将进入以乡村全面振兴为目标的新阶段，但依然面临防止返贫和减缓相对贫困的任务。为适应新形势、新要求，扶贫部门需要重点聚集兜底贫困人口和边缘贫困人口，有步骤地退出一些容易引起非贫困户与贫困户之间不平衡的扶持政策，进一步完善以就业帮扶和社会帮扶为重点的扶持政策，构建适应新形势、新要求的监督考核体系。一是做好贫困人口的监测和动态调整。扶贫部门应与统计部门加强协调，强化贫困人口的监测和动态调整职责，逐步将农村边缘贫困人口纳入监测范围，及时应对可能的返贫情况，确保贫困人口切实享受国家政策的帮扶。二是完善扶贫政策顶层设计。完善中央扶贫资金分配方案，鼓励和支持地方政府在贫困线调整和扶贫方式完善等方面进行探索，在总结实践经验的基础上，进一步完善国家层面的扶贫政策设计，包括完善社会力量参与扶贫的政策体系等。三是将持续减贫工作纳入乡村振兴考核体系。乡村振兴工作的相关部门需要全面统筹推进，坚持共同富裕，逐步实现城乡公共服务一体化，应建立完善的乡村振兴考核指标体系，明确各部门在实施乡村振兴战略中的职责，将持续减贫工作纳入乡村振兴考核体系，统筹推进贫困地区持续减贫和乡村振兴。

二、做好脱贫攻坚与乡村振兴资金衔接

一是中央对贫困地区的资金投入和扶持政策保持稳定。贫困县摘帽后，扶贫资金要继续用于支持贫困地区的乡村振兴，确保资金规模不减、投入力度不减。逐步将脱贫攻坚专项资金纳入乡村振兴专项资金，扶贫资金统筹整合政策改为乡村振兴资金统筹整合政策，实现贫困地区乡村振兴资金持续投入与管理的制度化、规范化。进一步加大中央对贫困地区的财政转移支付力度，确保财政投入与乡村

振兴目标任务相匹配,继续降低直至取消对贫困地区项目县级资金的配套要求。生态补偿等项目资金优先向贫困地区倾斜。二是进一步加强财政资金统筹整合。进一步探索中央、省级政府各部门财政资金统筹整合使用的机制,从源头上扩大统筹整合资金使用范围,加大统筹整合力度,提高普惠程度,切实改善贫困地区基础设施与公共服务。贫困县脱贫摘帽后,给予贫困县更大的自主权,在做好脱贫攻坚巩固提升工作的基础上,逐步将扶贫资金由到村到户到人的精准帮扶转向普惠性政策和项目,用于支持乡村振兴,允许将非贫困村的基础设施和公共服务、非贫困户扶持政策等方面支出纳入财政涉农统筹整合资金支出范围内。在教育、医疗、养老、就业培训等社会保障和补助政策方面,分门别类地研究制定相应的调整完善办法,更加突出资金使用的普惠性。三是拓宽贫困地区投融资渠道。对贫困地区拓宽投融资渠道给予政策倾斜。强化金融机构在贫困地区乡村振兴中的责任,加大对深度贫困县的低息或贴息中长期贷款支持。鼓励支持社会资本合法合规参与发起设立乡村振兴基金。支持乡村金融服务站和小额信贷转型支持乡村振兴,扶贫再贷款改造成乡村振兴再贷款,设立风险补偿金。支持贫困地区加大土地制度改革试点力度,稳妥推进撤屯并村,构建城乡统一的建设用地市场,允许贫困地区通过土地增减挂钩和占补平衡等方式为乡村振兴筹集发展资金。四是加强对贫困地区低收入群体的兜底保障。进一步加大农村教育、文化、医疗卫生、社会保障等方面的投入,提高社会保障标准,推进城乡社会保障一体化,特别是要落实困难群体的普惠政策,提高重病、重残人口的医疗保障政策标准。加强扶贫标准与低保标准的衔接,推进两线合一,健全社会救助与福利保障体系,整合民政、医疗、慈善、保险等政策资源,全面构建社会安全保障网,充分发挥其在防贫、减贫中的兜底保障作用。

三、加大对贫困地区产业发展扶持力度

一是研究制订2020年后贫困地区乡村振兴专项规划。因地制宜发展产业,明确县域主导产业,发展特色产业,注重规划的前瞻性和实用性。科学编制村庄发展规划,以人口集聚为引导,注重发挥农民主体作用,打造美丽乡村,防止盲目大拆大建。二是扶持贫困地区培育发展新产业、新业态。扶持贫困地区农产品加工业发展,在土地、金融、税收等方面制定优惠政策,鼓励贫困地区引进先进农产品加工等企业。加大对贫困地区农业多功能性、传统村落、优秀传统文化的挖掘、保护和开发力度,鼓励贫困地区适度开发生态旅游资源,发展观光旅游业、休闲农业和其他新业态。整合县、乡、村三级电商服务平台,组建农产品电子商务公共销售平台,实现农村电商服务站覆盖所有乡村。三是

支持贫困地区新型农业经营主体发展。扶持贫困地区培育规范的农民专业合作社，提高农民组织化程度。完善利益联结机制，提高龙头企业与合作社的辐射带动能力。加大新型职业农民培训力度，加强农村人才队伍建设。培养一批专业人才，扶持一批乡村工匠。四是扶持贫困地区提高农产品产后商品化处理能力。加强贫困地区农产品质量和品牌建设，提高农业综合效益。加大对贫困地区农产品粗加工和冷链物流等商品化处理设施建设的扶持力度，完善市场体系，降低物流成本，促进农产品产销衔接。五是加大对贫困地区绿色环保产业的扶持力度。在秸秆禁烧和资源化利用、畜禽粪污处理、土壤污染防治与修复、休耕轮作等方面，给予贫困地区更大的资金和技术支持。疏堵结合，促进贫困地区乡村绿色环保产业持续发展。六是切实做好易地扶贫搬迁的后续帮扶工作。将异地扶贫搬迁的后续扶持作为贫困地区乡村振兴工作的重要内容，做好村庄规划，完善基础设施建设，重点扶持培育搬迁后的产业发展，确保有能力的搬迁移民能就业，收入有保障。

四、完善乡村振兴监督考核机制

一是到 2020 年对贫困地区只考核脱贫攻坚。为促进贫困县集中精力脱贫攻坚，激励已摘帽地区巩固脱贫攻坚成效，2020年底前，暂不对贫困地区进行乡村振兴考核。二是建立完善的乡村振兴考核评价体系。抓紧制定乡村振兴考核的指导意见，指导各地制定具体的考核实施办法，实行逐级考核制度，允许地方设定符合当地实际的考核指标，从目标设定、推进落实到实际效果进行全过程考核，形成简便实用、规范化、制度化的考核评价体系。三是加大各类监督检查整合力度。适当整合各部门的督查考核，完善联合督查制度，尽量减少不必要的督查。要打破体制壁垒，对于不同主体的监督、考核结果要互认共享，压缩各类交叉检查，杜绝形式主义和官僚主义。四是健全容错纠错机制。落实习近平总书记关于"三个区分开来"[①]的要求，切实完善容错纠错机制，允许干部有一定的犯错空间，鼓励基层政府勇于创新和试验。

五、完善乡村振兴干部队伍管理机制

一是脱贫摘帽后不能随意撤回驻村工作队。脱贫摘帽后，驻村工作队不能一

---

① 《新时代要有新担当新作为——学习习近平总书记关于"三个区分开来"的重要要求》，http://www.ce.cn/xwzx/gnsz/gdxw/201807/19/t20180719_29792370.shtml[2018-07-19]。

下子全部撤回，对于一些已巩固脱贫攻坚效果，实现稳定脱贫的地区，可视情况在2020年底前有计划、分步骤地逐步退出，其他地区2020年底前保留工作队。二是实施乡村振兴战略不宜长期派驻村工作队。脱贫攻坚时期派驻村工作队是特殊时期的非常规措施，运行成本高，牵扯面较广，乡村振兴是长期性的发展战略，实现这一长期目标不宜采取长期大面积派驻村工作队的做法。三是部分贫困地区可继续实行定点帮扶机制。对于基层组织软弱涣散、经济发展落后、集体经济薄弱的贫困村及深度贫困地区，脱贫摘帽后依然需要长期帮扶，可以继续派驻第一书记，实行定点联系帮扶。四是脱贫摘帽后驻村工作机制可灵活多样。贫困县脱贫摘帽后，为不影响原单位的正常工作，驻村干部队伍的人员数量可以减一点，时间要求可以松一点，驻村方式可以灵活多样。驻村的县直机关一把手和副职可以逐步改为联络员制，对口帮扶单位仍派驻一人驻村帮扶，待乡村自身发展能力较强后考虑撤回。对驻村干部的考核要注重实效，避免走形式，考核内容要更多体现在干事情上，而不只是强调在驻村时间上，保障发挥帮扶实效。应明确驻村干部的主要职责是帮扶而不是主体，更不能包办村内事务，要把提升乡村的自我发展能力和内生动力作为对驻村干部的重要考核内容。五是坚持并完善跨省帮扶机制。在乡村振兴中，继续实行跨省帮扶机制，加大东西协作支持力度。六是采取向贫困地区倾斜的人才政策。进一步加大转移支付力度，提高贫困地区县级可用财力和工薪人员工资标准，支持贫困地区在户口、工资待遇、养老保险等方面采取更为灵活的人才引进政策。打破地域、行业、身份等限制，建立乡村建设项目库，支持企业家和返乡人员投资兴业，鼓励城市离退休干部和专业技术人才下乡，多方面吸引人才参与乡村振兴。

六、完善乡村振兴领导体制和工作机制

一是坚持五级书记抓乡村振兴的领导体制。五级书记抓乡村振兴的领导体制是实施乡村振兴战略的重大决策，要全面贯彻实施乡村振兴战略领导责任制，压实党政一把手在实施乡村振兴战略中的责任。二是完善贫困地区县级党政一把手调整机制。随着各贫困县逐渐脱贫摘帽，对于贫困县各级干部的调整方案需要提前谋划，对于在脱贫攻坚中成绩突出的党政干部应提拔重用，对于即将退休的优秀党政干部应提高退休待遇。三是提高贫困地区农村基层党支部书记工资待遇。应紧紧抓住村支书这一关键，积极推进村支书、村主任"一肩挑"，提高村支书的待遇保障水平，保障村干部的工资收入不低于外出打工的平均工资水平，研究将村支书纳入公职人员管理体系的可能性，充分激发和调动村干部的积极性，让村支书干事、创业更有底气、更有尊严，真正成为百姓的带头人、当家人。四是着

力解决长期在村服务的书记退休待遇问题，将其纳入城镇养老保险体系，保障村书记离岗退休后没有后顾之忧。

本章执笔人：习银生、陈洁、张斌。调研组组长：宋洪远。调研组成员：陈洁、习银生、龙文军、张斌、何安华、金书秦、孙昊、张静宜、李竣、付饶、郭金秀。

第二部分 专 题 篇

第三章　深度贫困地区持续减贫政策研究

改革开放以来，我国扶贫开发取得举世瞩目的成就，农村贫困人口减少7亿多人，为中国扶贫工作乃至全球减贫事业做出了不可估量的贡献。但是，我国仍有一部分地区和人口贫困程度深，扶贫脱贫难度大，是扶贫领域的"硬骨头"，这部分地区和人口不脱贫，将直接影响我国全面建成小康社会总体目标的实现。2017年6月23日，习近平总书记在深度贫困地区脱贫攻坚座谈会上，提出了推进深度贫困地区脱贫攻坚工作的意见，部署了扶贫攻坚关键阶段的工作，将深度贫困地区的扶贫攻坚列为重中之重[①]。在精准扶贫理念的引领下和整体扶贫政策的带动下，目前深度贫困地区结合自身发展特点，积极探索有效的减贫方式，减贫成效显著，但一些深度贫困地区脱贫摘帽仍面临诸多困难，在持续减贫上仍需要特殊的政策支持。

第一节　深度贫困地区的发展现状及其特点

相对于一般贫困地区，深度贫困地区是指自然条件、经济发展、社会文化、公共服务、民生水平等较差的地区，它既是贫困的贫中之贫、困中之困，也是减贫的难中之难、坚中之坚。由于自然环境条件差、基础设施落后，深度贫困地区的整体经济社会发展水平低，发展迟滞，造成当地一部分居民在食品、健康、寿命、居住、知识、参与、个人安全和环境等方面的基本需要得不到满足。在国家层面上，深度贫困地区具体指"三区三州"。根据中共中央办公厅、国务院办公厅

---

① 《习近平：在深度贫困地区脱贫攻坚座谈会上的讲话》，http://www.xinhuanet.com/politics/2017-08/31/c_1121580205.htm[2017-08-31]。

印发的《关于支持深度贫困地区脱贫攻坚的实施意见》，结合当前扶贫实际情况，深度贫困地区具体包括西藏自治区、四省藏区（除西藏自治区外的青海、四川、云南、甘肃省藏族与其他民族共同聚居的民族自治地方）、新疆南疆四地州（喀什地区、和田地区、克孜勒苏柯尔克孜自治州及阿克苏地区）和四川凉山州、云南怒江傈僳族自治州（以下简称怒江州）、甘肃临夏回族自治州（以下简称临夏州），以及贫困发生率超过18%的贫困县。

深度贫困地区主要分布在西藏、新疆、云南、甘肃、四川、青海等省区。从地理位置来看，"三区三州"分布以青藏高原为基础，向北延伸到塔克拉玛干沙漠北缘，向东北延伸到黄土高原，向东南延伸到乌蒙山区。从分布特征来看，深度贫困地区主要分布在胡焕庸线以西，具有一定的空间分布共性。这些地区整体经济发展较为滞后，贫困人口规模较大。同时，这些地区大多为少数民族地区。由于地理位置偏远、交通不便、信息闭塞等，这些地区的经济社会发展水平不高，脱贫难度大，自主发展能力弱。

深度贫困地区覆盖24个州（市），209个县，人口占全国总人口的1.9%，贫困人口占全国贫困人口的8.2%，贫困发生率约16.7%，远高于全国平均水平。深度贫困地区普遍面临自然条件相对复杂，自然灾害相对频繁的状况，因此造成深度贫困地区贫困面积广，贫困程度深，扶贫难度大。在"三区"中，贫困发生率最高的是西藏，为17.15%；在24个州（市）中，贫困发生率最高的是怒江州，为30.2%；在209个县中，贫困发生率最高的是怒江州福贡县，为34.8%；它们的贫困发生率分别是全国平均水平的3.81倍、6.67倍和7.73倍。

深度贫困地区的地区生产总值总体偏低。2016年，四川省凉山州、甘肃省临夏州和云南省怒江州的地区生产总值分别为1403.92亿元、230.11亿元和126.46亿元，与具有较多贫困县的贵州省遵义市相比，远低于遵义市2403.94亿元的地区生产总值，与处于陕西省中等水平的渭南市相比，也低于渭南市1488.62亿元的地区生产总值。

深度贫困地区的人均地区生产总值水平较低。2016年，除云南省迪庆州的人均地区生产总值突破4万元以外，其余深度贫困地区[①]的人均地区生产总值主要集中在1万~3万元，远低于全国人均GDP 5.37万元的水平。其中，甘肃临夏州、甘肃甘南藏族自治州和新疆南疆四地州的人均地区生产总值均未突破2万元，南疆和田地区人均地区生产总值仅为0.99万元，可见这些地区贫困程度较深，发展较为滞后。

深度贫困地区人均可支配收入总体较低，且内部差距大。2016年，除了新疆南疆四地州的喀什地区，其余地区人均可支配收入均低于同年全国农村人均可支

---

① 缺少青海藏区和天祝藏族自治县数据。

配收入（12 363.4元）。除了新疆和青海共5个地区的人均可支配收入高于1万元以外，其余深度贫困地区的人均可支配收入均处在 5000~9000 元。怒江州仅为 5299 元，不及全国农村人均可支配收入水平的一半，更不及全国居民人均可支配收入（23 821 元）的 1/4。

第二节　深度贫困地区脱贫攻坚的做法及其成效

近年来，为了进一步推动深度贫困地区脱贫摘帽，解决区域性贫困问题，使 2020 年全面脱贫摘帽目标如期完成，国家高度重视深度贫困地区脱贫攻坚工作，从政策的制定到实施，路径的探索到分享，从衣、食、住、行到文化教育，从传统产业到特色产业开发，从各个方面对深度贫困地区倾心倾力，取得一定成效。

一、顶层设计针对性政策

为了加快完成深度贫困地区的脱贫攻坚任务，确保深度贫困地区如期脱贫，中央颁布了一系列针对深度贫困地区脱贫攻坚的政策，起到了强有力的保障作用。2017 年 6 月 23 日，习近平主持召开深度贫困地区脱贫攻坚座谈会并发表重要讲话，就攻克坚中之坚、解决难中之难、坚决打赢脱贫攻坚战做出部署安排[1]。随后，中共中央办公厅、国务院办公厅印发了《关于支持深度贫困地区脱贫攻坚的实施意见》，对深度贫困地区脱贫攻坚工作做出全面部署。各部门出台有针对性的政策措施。2017 年 12 月，国土资源部印发《关于支持深度贫困地区脱贫攻坚的意见》，在创新国土资源管理政策和加大扶持力度方面提出具体举措；交通运输部印发《支持深度贫困地区交通扶贫脱贫攻坚实施方案》，明确新增资金、新增项目、新增举措主要向"三区三州"倾斜，进一步加快推进深度贫困地区国家高速公路、普通国（省）道和农村公路建设，提升农村客货运输服务水平。2018 年 1 月，农业部印发了《"三区三州"等深度贫困地区特色农业扶贫行动工作方案》，支持"三区三州"脱贫攻坚，打造特色农业扶贫联系县，辐射带动当地产业扶贫、精准脱贫。2018 年 2 月，教育部和国务院扶贫开发领导小组办公室印发《深度贫困地区教育

---

[1] 《习近平：在深度贫困地区脱贫攻坚座谈会上的讲话》，http://www.xinhuanet.com/politics/2017-08/31/c_1121580205.htm[2017-08-31]。

脱贫攻坚实施方案（2018—2020年）》，从教育扶贫方面对深度贫困地区进行支持。2018年6月15日，《中共中央 国务院关于打赢脱贫攻坚战三年行动的指导意见》发布，提出一定要聚焦深度贫困地区和特殊贫困群体。

二、补足基础设施建设短板

重点加大对深度贫困地区交通、水利、通信、电力等基础设施建设任务的支持力度，着力改善深度贫困地区群众生存和发展条件，包括推进"三区三州"主通道建设，完善区域干线公路网络，加快深度贫困地区交通等基础设施互联互通。加大饮水安全等项目布局倾斜力度，优先安排和实施深度贫困村道路硬化等项目。重点支持深度贫困地区公共文化服务体系建设。推动深度贫困村综合文化服务中心建设，提高深度贫困地区图书馆、文化馆等公共文化设施免费开放补助标准。加大政策倾斜和资金整合力度。把新增脱贫攻坚资金项目主要投向深度贫困地区，让新增建设用地指标优先保障深度贫困地区发展用地需要。

三、加大特色农业产业扶贫力度

我国深度贫困地区多位于边远山区和边缘地区，农业品种资源较为独特，生物多样性明显，具有发展特色农业的天然优势，许多深度贫困地区凭借优势大力发展特色农业，形成特色农业产业扶贫模式。云南怒江州有中药材资源356种，全国76个药材资源重点保护品种中怒江州境内就有51种；怒江特有的独龙牛、高黎贡山猪、乌骨绵羊、绒毛鸡已被列入《国家级畜禽遗传资源保护名录》；其境内有野生鱼类58种。西藏和四省藏区有青稞、牦牛、藏羊、藏猪等特色农产品；凉山州有马铃薯、苦荞、花椒、冷水鱼，干热河谷地区有甜樱桃、脐橙等。发展特色农业、优化农业结构、提升农业竞争力是深度贫困地区转变农业发展方式和提升产业化水平的有效途径，也是深度贫困地区的扶贫新路径。深度贫困地区根据资源优势，发展特色农业，提升产品质量，初步形成具有当地特色的农产品品牌。例如，怒江州重点培育打造怒江草果、老窝火腿、怒江重楼等一系列怒江特色优势农产品品牌。南疆四地州到2016年底有28个名牌产品，277个无公害农产品。西藏已认定无公害农产品105个、绿色食品35个。截至2017年，四川凉山州新创建有机农产品1个、国家地理标志保护产品4个、绿色食品25个、无公害农产品52个。凉山州获准统一使用"大凉山"特色农产品品牌标识和包装的产品达到1386个。具有劳动能力的贫困户通过参与特色农产品生产经营，获得农业经营收益或劳务收入，生产品牌特色农产品的贫困户还可以获得品牌增值收益。

四、促进"农业+乡村旅游+生态+文化"融合发展

部分深度贫困地区依托和盘活生态资源、农业资源和人文资源,将农业、生态、文化、旅游有机结合,形成"农业+乡村旅游+生态+文化"融合发展模式,激发新动能,打造新业态,化资源优势为经济优势,促进贫困人口增收。西藏以特色农业为依托发展生态农业旅游,形成"农业+旅游+生态"新产业发展模式,2012~2016年,西藏接待旅游人数从1058.39万人次增长到2315.94万人次,增长了118.82%,旅游总收入从126.48亿元增长到330.75亿元,增长了161.50%[①]。甘肃省临夏州实施生态农业与旅游的有机融合,发展旅游产业链,为贫困地区带来更多的商业机遇。临夏市以花为媒介探索出了"旅游+"扶贫模式,形成了"生态+农业+文化"的多元产业互动互融新业态[②]。云南怒江州凭借75.31%的森林覆盖率优势,发掘傈僳族、白族、怒族、普米族、独龙族等少数民族文化底蕴,"农业+乡村旅游+生态+文化"成为怒江州扶贫、脱贫的重要发展路径。

五、探索"互联网+农业"的扶贫创新模式

以智能手机为核心的移动互联技术在农村的快速普及,为深度贫困地区脱贫攻坚开辟出了一条新的道路。近年来我国农村电子商务发展迅猛,交易量持续增长,已成为农村转变经济发展方式、优化产业结构、促进商贸流通、带动创新就业、增加农民收入的重要动力。深度贫困地区利用互联网技术,整合农资、农业技术、市场信息、金融信贷等大数据资源,形成数据生产与交易管理体系,通过电商平台为深度贫困地区农产品销售打开市场,提升农产品市场竞争力,提升脱贫效率。2015年11月9日,国务院办公厅发布《国务院办公厅关于促进农村电子商务加快发展的指导意见》,将电商扶贫纳入脱贫攻坚总体部署和工作体系,实施电商扶贫工程,推动互联网创新成果与扶贫工作深度融合。西藏全区自2014年先后建立了9个国家电子商务进农村综合示范县,通过探索"互联网+旅游+农特产品"运营模式带动农牧业增收。青海省深入推进14个深度贫困县电子商务进村示范县工程,构建县域电商生态圈,推动电商与农村第一、第二、第三产业深度融合,促进农畜产品上行[③]。

[①] 《西藏自治区2016年国民经济和社会发展统计公报》,http://www.tjcn.org/tjgb/26xz/35679_2.html[2018-07-26]。
[②] 《牡丹月里来——临夏市以花为媒发展旅游业纪实》,http://www.sohu.com/a/137054877_383689[2017-04-28]。
[③] 《青海:鏖战高原深贫著华章》,http://www.cpad.gov.cn/art/2018/11/20/art_5_91314.html[2018-11-20]。

六、强化生态扶贫措施

习近平同志指出："良好生态环境是最公平的公共产品，是最普惠的民生福祉。"[①] 生态环境开发受限的深度贫困地区，自我发展能力较低，一般性的扶贫模式局限性大，产生的效益有限。在深度贫困地区开展生态扶贫，实现生态保护建设与脱贫攻坚有机结合，既可以恢复和保护生态，也可以让贫困人群共享生态文明建设成果。截至 2018 年底，我国深度贫困地区有 4465 万公顷林地、2074 万公顷湿地。鉴于深度贫困地区是生态建设的重点地区，在这些地区推行生态扶贫模式对精准脱贫工作无疑有着重要的推动作用。云南省怒江州贡山独龙族怒族自治县森林覆盖率 80.5%，全县有建档立卡贫困户 3679 户，人均收入只有 1300 元。实施生态护林员政策后，当地选聘 2520 名贫困人口担任生态护林员，覆盖全县 51%的建档立卡户，2017 年全县生态脱贫贡献率已高达 52.1%。[②] 西藏农牧民年人均可支配收入的 10%来自草原生态补奖政策，在大部分牧业县，草原生态补奖收入可占牧户可支配收入的 60%以上，草原生态补奖政策对农牧民增收发挥了重要作用。[③]

第三节 深度贫困地区持续减贫和发展面临的主要问题

受自然、历史及经济等条件制约，深度贫困地区整体上仍处于较低的发展水平，如期摘帽面临的问题和挑战仍然较多，任务艰巨。从深度贫困地区发展的自身条件和外部环境来看，主要困难和问题体现在以下几个方面。

一、自然条件恶劣，生态系统脆弱

脆弱的自然生态条件是造成深度贫困地区农业经济不发达的基本原因。深度

[①] 《习近平系列重要讲话读本：绿水青山就是金山银山——关于大力推进生态文明建设》，http://opinion.people.com.cn/n/2014/0711/c1003-25271026.html[2014-07-11]。
[②] 《对话全国政协常委刘东生：深度贫困地区脱贫潜力在山希望在林》，http://www.sohu.com/a/238829198_116897[2018-07-02]。
[③] 《西藏百亿元"草奖政策"绿了草原鼓了钱袋》，http://tibet.news.cn/jujiao/20170106/3610261_c.html[2017-01-06]。

贫困地区多数地理位置偏远、山大沟深、自然灾害频繁，长期以来产业发展和扶贫脱贫障碍重重。一些高寒山区积温较低，对农业生产不利；一些干旱地区缺水少雨，甚至生存用水都很缺乏；一些地方生态脆弱，大面积被划入禁止开发区，不适合发展产业；还有些地区灾害频繁，一次自然灾害就可能造成大量人口返贫。例如，四川省凉山州地形地貌复杂、独特，灾害种类多、受灾范围广，干旱灾害发生率在50%～60%。云南怒江州属于自然生态较差地区，被列入《全国生态脆弱区保护规划纲要》西南山地农牧交错生态脆弱区，当地农业发展受限。新疆有2.9万人生活在生态保护区边缘，有4.65万人居住在高寒山区、沙漠腹地等自然环境恶劣的偏远地区，有0.83万人居住在边境地区。南疆和田地区属干旱荒漠性气候，绿洲面积仅占和田总面积的3.7%，年均降水量只有35毫米；每年浮尘天气220天以上；喀什地区57%的面积是山地，23%的面积是沙漠戈壁，森林覆盖率仅4.9%，气候干旱，风沙天数多，土地荒漠化、沙化、盐碱化趋势严重，192个山区边境贫困村地处高寒、缺氧地区，地震、洪水、泥石流等自然灾害频发。深度贫困地区水资源短缺、耕地有限、气候环境恶劣等制约因素，导致这些地区的农业发展缓慢，以土地为生计的农村人口增收困难。

二、农业农村基础设施落后

现代农业发展依赖于完善的基础设施。深度贫困地区普遍存在水、电、路、通信严重落后的问题。据统计，2018年全国约有380万贫困人口饮水问题亟待解决，80%以上分布在深度贫困地区[①]。地理位置偏僻，地形复杂，施工期短，造成深度贫困地区很多基础设施项目落地难、实施难、完工难，而且基础设施建设成本高、维护成本高且受益面较小。再加上地方财力有限，基础设施建设投入长期欠账，造成深度贫困地区农业靠天吃饭，缺乏抵御自然灾害的能力，生产力水平低。同时，深度贫困地区基层农技推广队伍体系不健全，推广经费不足，推广机制创新能力弱，政府在农业社会化服务方面投入不足，对产业的扶持存在不足。基础设施相对落后，造成深度贫困地区对现代农业、信息化、市场化所需科学技术的占有严重不足，农产品生产经营成本较高，农业与其他产业的融合发展滞后。

此外，由于很多深度贫困地区人口居住分散、地理位置偏远，信息网络覆盖难度大，网络公益、电商扶贫及信息惠民等网络扶贫项目受到限制，不能有效利用网络平台达到扶贫效果。

---

① 《精准施策解水困——2018年深度贫困地区水利扶贫工作综述》，https://www.sohu.com/a/270150795_100114054[2018-10-19]。

三、公共服务基础薄弱

深度贫困地区面临的一个较大的问题就是公共服务基础薄弱。首先是教育资源紧缺，师资力量薄弱。由于深度贫困地区的自然条件及经济状况，其对人才的吸引力较低，教育资源面临师资紧缺、优秀教师不足的瓶颈。

（1）贫困人口受教育水平低，思想观念保守。深度贫困地区地处偏远、信息滞后、教育资源缺乏，造成人口受教育水平低、信息获取渠道少。例如，2017年凉山州11个贫困县办学条件指标达标率不足5%，学龄人口基数大，全州17周岁以下人口达155万人、在校学生110.6万人，师资力量薄弱（需新增中小学专任教师6000名）。四川藏区社会发育程度低，2018年农牧民平均受教育年限仅6.4年，比全省平均低1.8年，有相当比例的群众不懂汉语、不识汉字。[①]再加上很多偏远少数民族地区由于较为封闭的生活习俗，思想观念较为保守，主观脱贫意识不强，信息获取能力差，生产方式落后，内生脱贫能力弱。

（2）公共卫生医疗条件差。深度贫困地区地处偏远，公共医疗服务相对滞后，患者就诊难，医护人员巡诊也难。医疗水平较低，对于传染病、地方病、慢性病防控力度小，因病致贫、因病返贫概率高，脱贫难度和可持续发展难度大。

（3）社会保障体系不完善。深度贫困地区是扶贫的难点，而特殊群体又是深度贫困地区的难点。虽然目前针对因老、因病、因残致贫返贫的特殊人群采取了兜底政策，但是兜底政策的有效性还需进一步提升，如针对老年人的日常生活便利扶持方面及残疾人的特殊补助保障方面，都缺乏详细、完整的保障体系。同时，针对留守儿童、留守老人群体的心理帮扶也相对缺乏，只进行定期探访，所起到的效果很有限。

（4）公共交通条件有待改善。近几年深度贫困地区通班车率不断提高，但是由于村与村分布分散，仍然未达到通车全覆盖，对当地居民日常生活及产业发展造成了制约。例如，截至2018年2月西藏乡镇通班车率为70.6%，建制村通客车率仅为45.6%。[②]

四、扶贫产业发展动力不足

深度贫困地区在产业结构、市场体系、科技水平及经营主体等方面都存在或

[①] 中共四川省委农村工作委员会提供数字。
[②] 《西藏力争"十三五"末所有乡镇和建制村通公路》，http://www.gov.cn/xinwen/2018-02/12/content_5266163. htm[2018-02-12]。

多或少的发展制约，导致整体产业发展动力不足，影响扶贫效果。

（1）产业规划滞后。近些年，深度贫困地区大多选择特色种养业、特色林果业等产业作为切入点进行扶贫开发，对当地自然条件、市场需求、技术水平考虑不充分，又缺乏上一层次的统筹规划、分类指导和合理布局，出现了地区间产业同质化、区域内产业规模盲目扩大的问题，导致特色不再突出，地区比较优势未能得到充分发挥。

（2）市场体系不健全。目前，深度贫困地区农产品市场体系还不健全，存在标准化、信息化程度不高及市场流通不畅等问题。大多数农民的生产仍带有一定的盲目性，农产品销售方式依赖于传统渠道——个体商贩。农产品市场体系不健全导致市场信息传递机制不畅，供求信息不能进行有效传递，绿色农产品的内在独特价值、生态环境价值等不能实现完全转化，优质不优价问题还比较普遍。

（3）科技支撑不足。由于缺乏科技支撑，深度贫困地区许多草本、木本粮油作物和养殖业、林果业资源无法充分开发利用，多数农产品以单一原料和初级产品生产为主，附加值低，深度、系列化开发的产品少，缺乏具有市场竞争力的知名品牌。低价值农产品多，市场很容易饱和，销售出路堪忧。

（4）新型经营主体发育滞后。一是新型经营主体数量少且规模小。深度贫困地区的家庭农场和合作社等新型经营主体发育比较缓慢，农产品附加值和科技含量低，与贫困户的利益联结关系也不紧密。一些地方鼓励贫困户将唯一的资源——土地流转给龙头企业等新型经营主体以换取土地流转收入，但贫困户不能充分参与到生产经营中去，无法从产业发展中获得新的技能和持续利益。二是农民专业合作社发展缓慢，合作社的分配机制设计上存在重资本轻劳动、重股权轻交易等问题，合作社的益贫作用发挥得远远不够。

（5）文化产业发展滞后。深度贫困地区和很多革命老区、民族地区、边疆地区具有较高的交融度，而这些地方也往往具有深厚的民族文化特色，然而由于基础设施等开发条件的限制及观念的滞后，很多文化资源未被有效地开发利用，文化资源带来的经济效应有限，贫困人口获益甚少，未起到扶贫带动作用。

五、边疆地区安全稳定和脱贫致富任务重

少数民族地区和边疆地区在深度贫困地区中占有较大比例，这两类地区由于诸多历史问题和现实因素，尤其是在当前受国际环境变化的影响，地区不稳定因素较多，严重影响其经济发展和社会稳定。这些地区除了要与全国一道进行脱贫攻坚外，还肩负着维护领土完整、域内安全稳定的国防和社会稳定责任，相对于其他贫困地区，这两类地区的扶贫开发工作面临更多的困难和特殊性，需要国家

倾注更多的精力推进扶贫开发工作。

第四节　加快区域经济社会发展，实现深度贫困地区持续减贫

我国的贫困问题从根源上来看都来自区域发展的不平衡。深度贫困地区集中的西南和西北地区是我国整体发展相对滞后的地区。要完成深度贫困地区的脱贫摘帽和实现深度贫困地区的乡村振兴与长远发展，必须加快这些区域的经济社会发展，以此来带动整个深度贫困地区的减贫脱贫，并通过在深度贫困地区持续性的扶贫开发进一步促进区域协调发展。

一、对贫困地区实施倾斜性的持续减贫政策

进一步加大对深度贫困地区的倾斜力度，要加快补齐贫困地区基础设施短板，以及加强财政、金融等扶贫支持力度。一是加大对深度贫困地区基础设施建设的倾斜力度，改善少数民族地区等偏远地区的交通条件，进一步推进深度贫困地区县城通二级路、镇和村通硬化路及通客车等兜底任务。二是继续加大对深度贫困地区的财政投入，继续增加专项扶贫资金、教育医疗保障等转移支付，加大重点生态功能区转移支付、农村危房改造补助资金、中央预算内投资、车购税收入补助地方资金、县级基本财力保障机制奖补资金等对深度贫困地区的倾斜力度。三是加大对深度贫困地区金融资金投入，优先安排金融资金向深度贫困地区倾斜；对深度贫困地区发放的精准扶贫贷款实行差异化贷款利率；对具有一定发展潜力的贫困户可尝试"无还本续贷"，提供资金保障。四是加大对深度贫困地区的产业投入。对不同深度贫困地区实行差异化的产业政策支持，根据各地发展特征，实施具体的产业发展政策；建立规范、良好的农业产业发展环境，制定激励政策，让利于农，鼓励企业进行产业化经营投入；加强对深度贫困地区投资建基地、产销对接、技能培训、提供就业岗位等方面的政策倾斜，为深度贫困地区产业扶贫发展运作提供较强的起步力量。五是加强对深度贫困地区特殊群体的政策倾斜，包括少数民族地区、残疾人、老人及儿童群体，加强不同人群的结构性政策制定，在实施保障性扶贫政策的同时注重特殊群体心理健康咨询和辅导力量的投入。

二、加强深度贫困地区生态建设

深度贫困地区往往处于全国重要的生态功能区，因此生态建设是深度贫困地区可持续发展的前提条件。对于生态功能区的深度贫困地区，应进一步加大中央财政对于生态保护的扶持力度，进一步完善森林生态补偿机制，加大深度贫困地区生态补偿收益力度。对于生态环境较差的深度贫困地区，推进新一轮退耕还林工程，减少农业污染物排放，提倡种养结合等生态型产业，提升深度贫困地区生态环境承载能力。对于生态环境开发潜力大的深度贫困地区，挖掘生态资源发展价值，以产业融合发展思路为指导，注重生态价值的多渠道体现，提高生态资源的经济价值，为深度贫困地区脱贫及长效发展助力。

三、加强基本公共服务建设

（1）提升深度贫困地区教育服务水平。保障各教育阶段建档立卡学生从入学到毕业的全程全部资助，推进深度贫困地区教育扶贫台账建设；改善深度贫困地区教育基础设施条件，保障深度贫困地区学生入学率；提高学前教育质量，大力发展公办幼儿园；提高中小学教学水平，普及高中教育；强化职业教育培训，在深度贫困地区建设中等职业学校，加强民族地区高等职业教育，依靠东西协作带动深度贫困地区职业教育扶贫工作；对深度贫困地区贫困家庭子女考上大学的要给予重点支持；加强偏远或少数民族地区基层干部和农民的普通话培训；壮大深度贫困地区的师资力量，加大对乡村教师的引进、培训和补助力度。

（2）提升深度贫困地区公共卫生服务水平。进一步扩大村卫生室覆盖率，全面加强深度贫困地区村级医疗服务能力建设，提升三级医院与深度贫困地区对口帮扶效率，加大对深度贫困地区乡村医生的培训力度，壮大乡村医生队伍，进一步提高乡村医生的基本待遇。加快推进深度贫困地区的妇幼卫生保健工作，改善产妇、孕妇及新生儿的救治条件。

（3）提升村级公共文化服务水平。着力提升深度贫困地区公共文化服务能力和水平。继续推进村文化活动室、文化广场、戏台、图书馆等文化场所的建设；实现自然村广播电视全覆盖，提高深度贫困地区公益性演出、公益电影放映等文化活动的频率，丰富公共文化产品供给，提高公共文化服务效能；开展"民间文化艺术之乡""文化示范村""文化示范户"创建活动，进一步继承和弘扬深度贫困地区优秀的传统文化。

（4）加大社会保障支持力度。进一步缩小深度贫困地区与其他地区的社会保障差距，提供养老保险、救助、就业保障。一是建立健全深度贫困地区医疗保险和医疗救助制度，对因病致贫或返贫的贫困人口要及时救助，新型农村合作医疗和大病保险政策要向深度贫困地区倾斜，把贫困人口纳入重特大疾病救助范围。在深度贫困地区优先推进健康扶贫工程等。二是完善深度贫困地区农村社会保障制度，包括完善农村养老保障制度，加强社会力量对于深度贫困地区的扶持力度；完善深度贫困地区兜底保障制度，明确救助范围和对象，针对无地、无劳动能力的农民建立最低生活保障制度；继续发挥好五保供养等社会救助制度的作用。三是健全深度贫困地区劳动力就业保障体系，促进深度贫困地区劳动力就地就近就业和有序外出务工。持续推广"卫星工厂"、"民生坊"、扶贫车间就业模式，在深度贫困地区周边开发一批就业扶贫公益性岗位，托底帮扶就业困难的贫困劳动力。

四、继续完善深度贫困地区产业政策

（1）加强产业主体培育。积极培育龙头企业、合作社、家庭农场和专业大户等新型经营主体，促进规模经营与脱贫攻坚相结合；在传统帮农带农模式的基础上，积极探索新型产业联结方式，探索建立"风险共担、利益均沾""稳定持久"的利益联结机制，增强与贫困户的合作紧密度和持久度，提高贫困人口在整个扶贫机制中的参与和获益程度；对"龙头企业+农户""龙头企业+合作社+农户""合作社+农户"等模式进行规范化引导，坚持义利兼顾、自觉自愿、互惠互利的原则，从根本上调动广大经营主体参与产业扶贫的积极性，最终实现互利共赢。

（2）提高农业产业化发展水平。调整产业结构，优化产业布局，深度发掘深度贫困地区特色产业，因地制宜形成具有特色的"一村一品"发展模式；要以全产业链理念为指导，适度发展产品加工，促进产销结合，延长深度贫困地区产业链；提高农业产业发展质量，发展品牌农业，提高农产品价值，促进贫困人口增收。

（3）推动深度贫困地区产业融合。有效挖掘旅游、生态、文化等产业价值，拓展产业多种功能，促进第一、第二、第三产业融合发展，拓宽贫困户就业增收渠道。充分利用深度贫困地区具有的少数民族、历史文化、红色革命等文化资源，以周边地区消费群体为对象，小规模、低成本地探索深度贫困地区的文化旅游、生态休闲、乡村体验等旅游模式，还可以适度开发民宿、农家乐、文化纪念品、民族手工品等乡土产业。

五、夯实科技和人才支撑力量

科技和人才支撑是决定深度贫困地区脱贫的内在力量，也是保障深度贫困地区可持续发展的决定性因素。

（1）科技支撑保障。大力推进科技扶贫项目的规划和落地，加强东西部科技人才协作，构建科技合作平台，加强科研单位的合作和交流，提升产业发展的质量和市场竞争力；有效利用互联网技术，拓宽深度贫困地区产业发展平台。推广电商扶贫模式，拓展产业发展多元渠道；充分利用电子商务等信息化新技术，多途径激活贫困地区的经济发展潜力，直接打通中西部贫困地区名特优产品的消费与投资的通道。完善农业科技推广服务，提高农业新技术的应用和普及程度；完善深度贫困地区农业科技培训体系，通过多种形式开展针对农民的科技文化培训。

（2）人才培育保障。人才是深度贫困地区产业扶贫的主体力量。要在深度贫困地区制定特殊的人才政策，鼓励区域外的各类人才投身到深度贫困地区的脱贫攻坚战场上来；要加大对本土各类人才的培养，使之走出去并回得来，为人才提供施展才华的空间和环境；要提高新型经营主体的经营管理能力，提高产业扶贫效率；要加大技术培训和新型农民培养力度，提高深度贫困地区应对大市场的能力，增强脱贫信念，提振脱贫信心，提高脱贫能力。

本章执笔人：陈洁、冯丹萌。

第四章 贫困地区脱贫摘帽有关问题研究

打赢脱贫攻坚战，决胜全面建成小康社会，是党中央、国务院的重大战略部署。在过去几年里，我国贫困地区脱贫工作已经取得显著成效，贫困人口大幅度下降，深度贫困地区加速发展，贫困县、贫困村大规模摘帽实现脱贫。贫困地区脱贫摘帽后，巩固扶贫成果、防止返贫，做好脱贫攻坚与乡村振兴有机衔接，需明确有关政策，强化现有措施，将行之有效的政策上升为制度，解决区域性整体贫困，推进贫困地区持续发展。

第一节 贫困地区脱贫摘帽完成情况

2015年11月29日，《中共中央国务院关于打赢脱贫攻坚战的决定》印发。各地认真贯彻该文件中的部署，贫困县脱贫摘帽成效显著。

一、农村贫困人口持续减少，贫困地区农村居民可支配收入水平持续提升

截至2018年末，全国农村贫困人口从2012年末的9899万人减少至1660万人，累计减少8239万人；贫困发生率从10.2%下降至1.7%，累计下降8.5个百分点；贫困人口6年间减少了8000多万人，平均每年减少1300多万人。

2013~2018年，贫困地区农村居民人均可支配收入年均实际增长10%，增速比全国农村平均水平高2.3个百分点。2018年贫困地区农村居民人均可支配收入10 371元，比上年增加994元，实际增长8.3%，增速高于全国农村平均增速1.7

个百分点。2018 年贫困地区农村居民人均可支配收入相当于全国农村平均水平的 71%，比 2012 年提高 8.9 个百分点，与全国农村平均水平的差距进一步缩小。

二、东、中、西部地区贫困人口数量整体下降，各地区农村贫困发生率普遍下降

截至 2018 年底，东、中、西部地区农村贫困人口全面减少，东部地区农村贫困人口 147 万人，比上年减少 153 万人；中部地区农村贫困人口 597 万人，比上年减少 515 万人；西部地区农村贫困人口 916 万人，比上年减少 718 万人。2018 年各省（自治区、直辖市）农村贫困发生率普遍下降至 6%以下。除西藏、新疆、甘肃、云南、贵州、广西、陕西、山西以外，其余省区市农村贫困发生率都降至 3%以下。东部 9 省市除辽宁以外，北京、天津、上海、江苏、浙江、广东、福建、山东这 8 个省市已经没有国家标准下的贫困人口。

三、贫困县、贫困村脱贫成效显著

2016 年全国脱贫摘帽 28 个县，2017 年脱贫摘帽 125 个县，2018 年脱贫摘帽 283 个县，已有一半数量的贫困县完成摘帽。全国 12.8 万个贫困村，截至 2017 年底脱贫 6 万个，到 2018 年底贫困村退出率达 80%。

四、深度贫困地区脱贫摘帽效果明显

2018 年"三区三州"共减少贫困人口 134 万人，贫困发生率下降 6.4 个百分点，比西部地区平均水平高 3.3 个百分点，高于全国平均水平 5 个百分点。2018 年中西部地区 169 个深度贫困县贫困人口大幅减少，共有 460 万贫困人口脱贫。[1] 2015～2018 年，西藏累计减少贫困人口 47.8 万人，贫困人口存量 15 万人，减贫人口总量、贫困人口存量相当于 2015 年底建档立卡贫困人口的 81.2%和 25.5%。全区农村贫困发生率下降到 6%以下，其中 25 个深度贫困县达到摘帽标准，已摘帽和达到摘帽标准的县（区）占全区 74 个县（区）总量的 74.3%，有 4813 个贫困村（居）退出，占村（居）总量的 87.9%，有效解决了区域性整体贫困问题。[2]

---

[1] 《深度贫困地区脱贫攻坚效果明显》，http://www.gov.cn/zhengce/2019-02/21/content_5367356.htm[2019-02-21]。
[2] 《西藏深度贫困脱贫攻坚发展报告》。

截至2018年底四川凉山州脱贫1454个村，减贫65.94万人；甘肃省临夏州11.22万人脱贫摘帽，160个村庄退出贫困村序列，贫困发生率下降到8.97%[①]；云南迪庆州脱贫4753户17 794人。

五、农业农村部定点扶贫县如期完成脱贫任务

截至2018年，湖南省龙山县脱贫22 910户、退出贫困村81个，贫困发生率降至4.54%；湖北省来凤县累计出列46个重点贫困村，累计脱贫20 378户72 717人，贫困发生率下降至0.41%；大兴安岭南麓片区黑龙江省富裕县脱贫退出11 071户26 587人，贫困发生率降至0.63%；黑龙江省依安县脱贫9323户21 004人，贫困发生率降至0.80%，54个贫困村于2017年末全部脱贫摘帽；黑龙江省龙江县全县27个贫困村已脱贫出列26个，脱贫3206户6698人，贫困发生率降至0.71%；环京津28个贫困县之一的河北省怀安县全县退出贫困村64个，已脱贫14 672户27 288人，贫困发生率降至5%（表4.1）。

表4.1 农业农村部部分定点扶贫县脱贫情况

地区	累计脱贫 户	累计脱贫 人	贫困村退出/个	贫困发生率/%
湖南省龙山县	22 910	74 710	81	4.54
湖北省来凤县	20 378	72 717	46	0.41
黑龙江省富裕县	11 071	26 587	46（全部退出）	0.63
黑龙江省依安县	9 323	21 004	54（2017年末全部退出）	0.80
黑龙江省龙江县	3 206	6 698	26（剩余1个）	0.71
河北省怀安县	14 672	27 288	64	5

资料来源：农业农村部农村经济研究中心和中国农业科学院农业经济与发展研究所调查数据

第二节 贫困地区脱贫摘帽有关措施落实情况

贫困地区在脱贫摘帽工作落实中，把精准扶贫和精准脱贫作为基本方略，按照"两不愁三保障"总体目标，结合自身情况和特点，发挥主观能动性，积极采

[①]《甘肃临夏回族自治州发布精准扶贫"成绩单"：逾11万人脱贫"摘帽"》，http://news.chinaxiaokang.com/shehuipindao/shehui/20190326/651460.html[2019-03-26]。

取有力措施，扎实落实脱贫任务。

一、按照精准扶贫理念，建立精准扶贫政策体系

新时期，我国根据扶贫开发实践和贫困问题的总体特征，以实现全面建成小康社会为根本目标，逐步形成了精准扶贫政策体系（图4.1）。精准扶贫建立了精准瞄准机制，将扶贫政策措施下沉到村到户，通过对贫困家庭和贫困人口的精准帮扶，"真扶贫，扶真贫"，从根本上解决贫困问题，使贫困家庭和贫困人口真正受益。

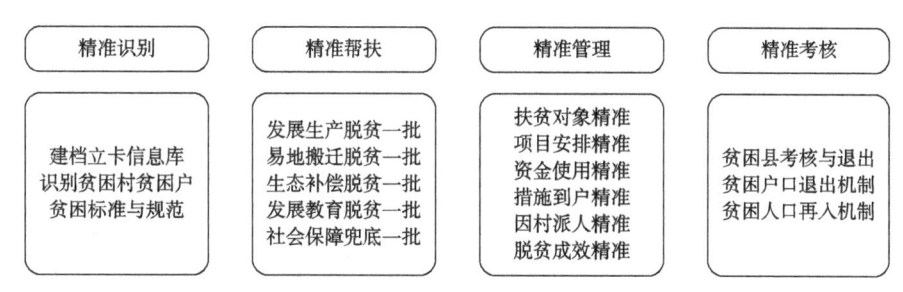

精准识别	精准帮扶	精准管理	精准考核
建档立卡信息库 识别贫困村贫困户 贫困标准与规范	发展生产脱贫一批 易地搬迁脱贫一批 生态补偿脱贫一批 发展教育脱贫一批 社会保障兜底一批	扶贫对象精准 项目安排精准 资金使用精准 措施到户精准 因村派人精准 脱贫成效精准	贫困县考核与退出 贫困户口退出机制 贫困人口再入机制

图 4.1 我国精准扶贫政策体系

贫困县通过申请评议、公示公告、抽检核查、信息录入等步骤，将贫困户和贫困村有效识别出来，并建立贫困户和贫困人口档案卡，摸清致贫原因和帮扶需求。在精准识别基础上，根据贫困成因采取有针对性的措施进行有效帮扶，因贫施策、精准到户到人。从扶贫对象、项目安排、资金使用、措施到户到因村派人和脱贫成效等实现了精准管理。对贫困户和贫困村的脱贫成效实施精准考核，建立贫困人口脱贫退出和返贫再入机制，完善贫困县考核与退出机制，强化量化考核，强化精准扶贫政策实施效果。精准扶贫政策实现了扶贫对象瞄准化、帮扶措施具体化、管理过程规范化、考核目标去 GDP 化，是新时期我国扶贫开发政策的重大战略转型。

二、分类施策，完成"两不愁三保障"目标

对义务教育、基本医疗、住房安全和安全饮水问题进行全国性摸底清理，根据问题针对性施策，建档立卡记账，逐项逐人逐户对账销号。各地通过发展生产、易地搬迁、生态补偿、发展教育、社会保障兜底等措施进行精准脱贫，努力改善贫困人口生产生活条件，促进脱贫增收。

在住房保障上，深入推进农村危房改造工作。2015~2018 年累计为 600 万户

建档立卡贫困户等 4 类重点对象进行危房改造。深度贫困地区危房改造补助标准比全国标准高 2000 元。

在教育扶贫上，聚焦贫困地区、薄弱学校、困难群体，补短板。一是建立从学前教育到高中阶段全程全覆盖的教育扶贫资助政策保障机制。二是确保义务教育阶段"控辍保学"。三是推进农村义务教育学生营养改善计划和贫困地区农村中小学取暖改造项目等。四是落实贫困县乡村教师生活补助政策，继续实施"特岗计划"和"公费师范生项目"，优先满足贫困地区薄弱学校的学科师资需求。五是实施面向贫困地区的定向招生专项计划。六是扩大贫困地区的学前教育资源，奖补贫困县普惠性民办幼儿园建设，免除贫困幼儿保教费。七是教育新增资金项目进一步向"三区三州"倾斜。青海藏区实施从学前三年到高中 15 年免费教育。西藏专项招收贫困家庭子女接受免费中职教育，制订贫困户学生高校招生计划，对毕业生实施就业援助计划，2017~2018 年贫困大学生就业率 90.4%。

在健康扶贫上，建立健康扶贫政策和农村贫困人口医疗兜底保障机制。一是三级医院对口帮扶，提高基层医疗水平。全国组织 963 家三级医院帮扶 1180 家贫困县医院。二是提高新型农村合作医疗、大病保险补偿比例，切实减轻贫困人口医疗负担。贵州省健康扶贫补充保险的各病种实际报销比例提高到 80% 以上。三是实行县域内住院先诊疗后付费和一站式结算。四是建立扶贫救助基金。四川省扶贫救助基金使贫困患者个人自付比例不超过 10%。五是部分地方推广农村贫困人口医疗兜底保障、先诊疗后付费和一站式结算、大病集中救治和慢病签约服务管理。

在生态扶贫上，生态脆弱区的贫困人口参与生态保护、生态修复工程建设和发展生态产业，获取工资性收入、经营性收入、财产性收入或转移性收入，生态效益与经济效益实现双赢。

在兜底保障上，应纳尽纳、应保尽保，兜准救助对象。一是完善低保对象认定办法和审核审批程序，将无法参与产业扶贫项目的重度残疾和重病等无劳动能力贫困人口纳入低保，核算收入时允许扣减病残等家庭刚性支出，确保其获得稳定、可靠的社会救助。二是健全、完善和全面落实特困人员救助供养制度。全面落实分级审批、先行救助等政策规定，充分发挥临时救助兜底作用。三是推动农村特困人员供养服务机构建设，重点支持深度贫困地区供养服务设施建设改造。四是强化对"三区三州"老年人、残疾人、重病患者等群体的精准帮扶。

在产业扶贫上，积极探索形成一些产业扶贫新模式，包括根据资源条件和地域特点发展特色农业，依托生态、农业和人文资源发展农旅结合新业态，发展"互联网+农业"，通过电商平台为贫困地区农产品销售打开市场等。

三、开展驻村帮扶，参与乡村治理

根据贫困村需求，精准选派驻村工作队和第一书记，把思想好、作风正、能力强的优秀年轻干部、高校毕业生、县级以上机关派出干部选派到扶贫一线工作。向贫困村派驻帮扶工作队体现了中国共产党农村工作的传统，打破了行政体制束缚，有效地动员了各类资源投向农村，体现了以城带乡，促进了城乡互动。通过政府部门、企业、社会团体对贫困村的对口帮扶，使贫困村获得前所未有的支持。各地加大对驻村干部的考核管理力度，以省区市为单位督查，以县为单位考核，不稳定脱贫不撤队伍；对在基层一线干出成绩、群众欢迎的驻村干部重点培养。2018 年仅陕西省就有驻村工作队 1 万多个，驻村干部 3.7 万人。截至 2018 年底，36 个部委单位对 50 个国家扶贫开发工作重点县进行全覆盖帮扶，直接投入和引进资金 19 亿元，帮扶贫困人口约 15 万人。

驻村工作队和第一书记制度在全国推广后，主要派向贫困村和基层党组织软弱涣散村。这两类村积累的问题多，存在的困难多，缺少村庄能人和外部资源。第一书记和驻村队员走村串户，逐村、逐户分析致贫原因，摸清民情、村情，宣传国家扶贫政策，协调解决贫困户住房、就学、就医等问题，与村干部一起研究制订村庄发展规划，发挥自身优势，引进外部资源，在发展产业、移风易俗、乡风文明建设、调解矛盾、和睦邻里关系等方面做了大量工作，对推进基层党建工作和增强乡村治理能力起到了积极作用。

第三节 贫困地区脱贫摘帽后面临的主要问题

我国贫困地区脱贫攻坚工作已经取得显著效果，截至 2019 年底，近 80%的贫困县达到脱贫摘帽要求。在调研中，基层干部群众充分肯定了脱贫攻坚的重要作用，表示脱贫攻坚体现了政府对贫困地区贫困人口的高度关怀和重视，是一项民心工程；脱贫攻坚的政策措施从农民需求出发，统筹考虑贫困人口住房、教育、医疗、社会保障、产业发展和专业技能培养等，真正实现了精准脱贫；通过驻村帮扶，增进了干群联系，凝聚了人心，为今后乡村持久发展提供了有力保障。问卷调查表明，贫困人口对目前的生活状态表现出很高的满意度。但是，脱贫摘帽后的贫困地区仍面临一些发展问题，乡村振兴的任务更加艰巨，主要有四个方面的问题亟待解决。

一、脱贫成果巩固和防止返贫

反贫困经验表明：部分贫困人口脱贫后返贫是一个客观存在的现实，如凉山州的返贫率是 1.4%。2020 年我国从整体上消除绝对贫困后，仍会有少部分因灾因病等致贫返贫群众，缓解相对贫困始终是长期任务。刚刚脱贫的建档立卡贫困户处在临界贫困线边缘，如果致贫的因素没有消除，脱贫摘帽的质量不高、后续发展能力弱，则这类人群容易再次掉入贫困陷阱。因此，贫困地区脱贫摘帽后，强化措施，巩固"两不愁三保障"成果、实现稳定脱贫和防止返贫，是贫困地区下一步的主要工作。目前看，疾病、教育、老龄化问题、习惯、政策、风险等都会影响脱贫成果巩固和可能造成返贫。

第一，健康扶贫和医疗保障成果的巩固现状不容乐观。当前，医疗保障扶贫的任务艰巨。据统计，截至 2017 年底，我国剩余建档立卡贫困户中因病致贫返贫比例仍高达 42%。2016~2018 年，我国已有 581 万因病致贫返贫户实现脱贫，但他们多数是慢性病患者，有些患者病情重，生活条件差，虽然依靠医疗保障暂时脱贫，但仍然需要长期、持续的帮助。因病致贫的家庭债务负担重，大多数都有几千元到上万元的债务，大病兜底难兜债。一些贫困地区与环境卫生相关的地方病突出。四川凉山州禁毒防艾形势严峻，如不强化措施，仍有失控可能。贫困地区需要建立稳固的健康扶贫机制，有关政策亟待上升为制度。

健康知识缺乏、饮食卫生等生活习惯不科学及疾病预防政策不到位，使得农村人口因病致贫返贫的现实不容乐观。目前，我国农村高血压、心脑血管疾病、糖尿病等慢性病已经呈现高发态势，成为重要的农村公共卫生问题。一方面农村人口受医疗供给服务可及性差和固有习惯影响，有"小病拖、大病扛"的消极思维，另一方面农村中老年人受教育水平低、获取健康知识和医药知识的能力不足，现在尽管交通、信息的获取更加方便了，但很多老年人没有走出过乡村，外出就医面临现实困境，找不到能够科学防病和诊断治疗的医院医生，也缺少管用的医药。例如，四川凉山州每千人卫生技术人员数仅占全省平均水平的 62%，276 所乡镇卫生院建设不达标，11 个贫困县还有 459 个建制村无卫生室。从这个角度来说，缺医少药体现的不光是数量上的医疗卫生资源缺乏，更体现在质量上的医药资源缺乏。

第二，因学致贫和因老致贫等问题不容忽视。随着时间的推移，之前没有教育负担的低收入户在 2020 年后可能会面临因学致贫；随着农村老龄化程度不断加深，传统家庭养老模式日渐式微，因老致贫现象还会继续出现；部分贫困地区仍有多子多福、男尊女卑的落后婚育观念，贫困家庭超生率高，存在因育致贫现象；

婚丧习俗铺张浪费，有一部分家庭因婚致贫等。

在贫困人口中，我国贫困老年人由于农村养老保障和服务不足，遇到的问题非常突出。一方面，农村老年人基本很少有积蓄。农村老年人进入体弱多病期后，力不从心，增收困难，他们的生活水平低于其他年龄段人群，在饮食、营养、衣着、居住、就医、照料等各个方面都存在问题。多数老年人的子女在外打工，使得农村老年人生活面临困境。另一方面，农村养老服务基本还未起步，农村老年人缺乏有效的养老社会保障。很多老年人没有参加农村养老保险，患病后如果子女不在身边，则采取大病小治、小病不治的办法。另外，由于经济收入低，老年人社会地位不高，精神孤寂，没有安全感，心理问题突出。

第三，部分贫困县民政政策宣传落实不够，民政兜底保障不力。一是部分贫困县对临时救助、医疗救助、灾害救助、优抚安置、福利慈善等政策宣传、落实不够，导致实施医疗救助和临时救助的贫困人口与实际需要差距较大。二是一些贫困县将贫困发生率与低保保障面挂钩，导致大幅度非正常降低低保保障面。三是现行低保政策对解决收入型贫困有比较明显的作用，但对支出型贫困的作用不明显。医疗、教育等都是家庭的刚性支出，会抵消家庭收入，降低家庭生活消费水平，成为家庭的沉重负担。目前，我国还没有针对因病因残因学致贫家庭的明确的支出型低保政策，对致贫原因缺乏细致、深入的分析，政策措施类型比较单一。

第四，贫困地区人口暴露于自然风险和经济风险下，因灾致贫的可能性较大。一是贫困地区自然风险应对能力弱。我国贫困地区多数地理位置偏远、山大沟深、自然灾害频繁，长期以来产业发展和扶贫脱贫障碍重重。脆弱的自然生态条件造成贫困地区经济不发达，干旱少雨、灾害频繁等制约了贫困地区农业产业的发展，防灾减灾设施和能力不足是这些区域产业发展的瓶颈。二是贫困地区产业发展水平不高，产业面临市场风险。产业扶贫项目虽然大大增强了贫困户增收的信心，但是很多扶贫产业还处于发展的初级阶段，还没有形成一定的规模和稳定的市场，产业发展能力受到投入、人才、管理、市场等多方面因素的影响，特别是在风险分散机制不健全的情况下，一旦市场出现波动，贫困户极易受到冲击，使得刚刚发展起来的产业遭受打击。

第五，精准防贫的机制尚未建立。贫困人口刚刚脱贫，还处在临界线边缘，非常容易再次掉入贫困陷阱，实现稳定脱贫、不返贫非常重要。脱贫摘帽质量、后续发展能力等都会影响返贫率。巩固脱贫成果，需要花更大的精力和时间。河北省怀安县在防止返贫方面建立了近贫预警、骤贫处置、脱贫保稳的精准防贫机制，设立精准防贫专项保险，由县财政安排300万元预算用于因病因灾防贫保险，在一定程度上降低了返贫风险，但这种防止返贫的机制目前并未普及。

二、脱贫摘帽后低收入人口"隐患"问题

在贫困村中,最容易被忽略的群体是处于贫困标准临界线的边缘人,也就是低收入人口,他们属于非建档立卡户,但是原本与贫困户的收入和生活水平差距不大。在精准扶贫的瞄准政策对准建档立卡贫困户之后,低收入农户因为无法参与和享受政策而面临新的贫困。

第一,目前部分低收入农户收入和生活水平已经低于贫困户。中国社会科学院课题组发布的《扶贫蓝皮书:中国扶贫开发报告(2017)》中指出,2016年我国低收入农户的人均可支配收入为现价3006元,仅比扶贫标准(2016年人均现价纯收入2952元)高出54元。课题组2019年初对黑龙江、湖北、湖南三省四县422户农户的调查发现,非建档立卡户中的62个低收入农户的人均可支配收入是4811.42元,低于215个非建档立卡户的人均可支配收入(18 343.41元),也低于207个建档立卡贫困户的人均可支配收入(11 426.28元),更低于153个中高收入农户的人均可支配收入(23 826.96元)。低收入农户的平均收入水平已经在村庄各收入组中排到了最后,甚至低于建档立卡贫困户。低收入农户缺少家庭经营能力,家庭经营收入低,不是产业扶贫对象,享受不到产业扶贫政策,得不到相应的支持和帮助。护林员、清洁岗等公益岗位优先提供给建档立卡户,企业扶贫的对象也是贫困户,这使得低收入劳动者缺少就近就业机会,难以增加工资性收入。建档立卡户还有机会获得低保户收入、五保户收入等转移性收入和资产收益分配扶贫收入,低收入农户享受不到。

第二,低收入农户是脱贫摘帽后的"隐患"群体。由于低收入农户享受到的政策和保障远不及贫困人口,一旦家庭面临大额支出,他们具有随时落入贫困陷阱的风险,很容易成为新的贫困户,成为脱贫摘帽后的"隐患"群体。脱贫摘帽后,不仅要防止贫困户返贫,还要防止产生新的贫困人口,而这新的贫困人口主要是处于贫困线边缘的农村低收入人口。鉴于低收入农户平均收入水平已接近全国扶贫标准,如果低收入农户的收入不增加,就有可能出现一边扶贫,一边产生新的贫困人口的局面,如不采取有效措施缓解,精准扶贫就会面临"按下葫芦起了瓢"的风险。

第三,低收入农户对于扶贫政策的公平性存在质疑。贫困村原本资源稀缺,扶贫政策对低收入农户的忽略,造成了这部分群体心理不平衡、不满意,质疑政策的公平性。有些低收入农户提出"种的一样,养的也一样,却不能享受同样的政策"的质疑,类似的还有危房改造补贴标准、疾病报销、米面油衣物等扶贫物资的分配等问题,在一定程度上造成了乡村内部不和谐,引起了部分群体的心理

不平衡，引起了扶贫政策的逆激励化效应。在调查和座谈中，相当多的贫困地区认为应该将扶贫政策覆盖到低收入人口，以防止出现新的贫困。

三、特殊群体的贫困问题

特殊群体包括贫困家庭的婴幼儿童、贫困老年人和贫困残疾人。这部分群体由于年龄、身体原因，属于贫困人口中的弱势群体，属于特殊少数，需要得到更多关注。

我国儿童营养不良人数超过千万，位居全球第二，仅次于印度。6岁以下农村儿童生长迟缓率和低体重率是城市儿童的2~3倍，6~17岁农村青少年儿童生长迟缓率则是城市的3倍。营养不良造成生长发育迟缓，影响免疫功能，提高了儿童患病率和死亡率，也降低了其成年后的劳动生产能力。贫困户家庭经济条件差，贫困家庭的婴幼儿童面临的营养不足、生长发育迟缓等健康问题更为突出。由于与病人、残疾人等家庭成员生活在一起，或是由于留守状态，他们无法及时接受早期启蒙教育或义务教育，心灵缺乏关照，心理问题得不到疏导，部分儿童有一定的自卑、消极、自我封闭和偏激心理，心理健康状况堪忧。

老残户面临的问题也很突出。目前除了少数地区之外，我国大部分贫困地区都缺乏针对老残户的、指向精准的扶贫资金和项目。地方政府对因老因残致贫户一般实行大病兜底、低保兜底政策。老残户的特殊性在于劳动能力的丧失具有不可逆性，因此更需要持续的政策支持。

四、脱贫摘帽与乡村振兴工作机制衔接问题

贫困地区脱贫攻坚与乡村振兴战略如何有效衔接，关系着脱贫摘帽后贫困地区的政策稳定和乡村发展，是需要思考的问题。在打赢脱贫攻坚战的过程中，我国贫困地区形成了完善的工作机制，为脱贫攻坚提供了强大的组织保障和人才支撑。

脱贫攻坚工作机制的最大特点和优势就是实行了党政一把手负总责的工作责任制。它充分体现了党领导"三农"、党管农村工作的原则，是目前我国精准扶贫政策最重要的体制机制保障。目前，贫困县的书记和县长是脱贫攻坚工作的第一责任人，使得贫困县主要领导的主要精力完全放在了脱贫攻坚工作上去；贫困县把扶贫开发工作实绩作为选拔和任用干部的重要依据，选配政治素质高、工作能力强、熟悉"三农"工作的干部担任贫困乡镇党政主要领导。这一工作机制激发了广大党员干部的积极性、能动性和创造性，使得一批优秀的年轻干部脱颖而出。

打赢脱贫攻坚战的第二个重要工作机制就是建立了驻村干部、第一书记的机制。驻村干部和第一书记是反贫困战线上宝贵的组织资源,他们来自各行各业,把自身资源带入乡村,集中人力、物力投入到扶贫一线。他们深入、透彻了解民情,利用自身的信息优势、背后的组织优势,把信息、项目、资金等引进所驻村,为当地发展提供新的工作思路,对脱贫摘帽的作用显著,特别对集体经济薄弱村、基层党组织涣散村的作用不容忽视。驻村帮扶工作队和第一书记既承担了在村一级完善反贫困治理结构的任务,也动员了更多的资源进入贫困村,填补了农村税费改革之后乡村治理的缺位和短板,加强了干群联系、密切了党群关系,赢得了民心,也为党和国家培养、锻炼出"懂农业、爱农村、爱农民"的"三农"干部队伍。

打赢脱贫攻坚战的第三个工作机制就是构建了专项扶贫、行业扶贫和社会扶贫等互为支撑的"三位一体"大扶贫格局。通过健全东西协作、党政机关定点扶贫机制等,广泛调动了社会各界参与扶贫开发的积极性。2018年江苏、陕西协作达成落地产业协作项目232个,总投资49.7亿元,推进"万企帮万村"等活动,累计投入资金33.41亿元,帮扶贫困人口64.07万人。

现有的工作机制在脱贫攻坚中发挥了积极的作用。在乡村振兴中,党领导农业农村工作的基本原则不会改变,只会更加坚定。在调研过程中,一些基层干部提出脱贫摘帽后驻村工作队可以撤离,然而也有一些发展能力弱的地区明确提出需要驻村工作队的长期扶持。本着务实、有效的原则,下一步乡村振兴需要继续补短板和强化基层治理,在集体经济薄弱村和党组织涣散村可以继续派驻工作队和第一书记,强化基层干部的配备和培养,为乡村振兴提供人才保障和组织保障。

第四节 进一步巩固脱贫摘帽成果、接续推进乡村振兴的建议

贫困地区脱贫摘帽并不意味着我国减贫工作的终结,而是我们在减贫和实现全面小康的路上走出了关键的一步,是下一步贫困地区推进乡村振兴的新起点。基于上述分析,对进一步巩固贫困地区脱贫摘帽成果和推进乡村振兴提出如下建议。

一、构建完善的社会安全保障网

根据国际经验,在需要政府提供公共产品和服务的地方,政府应该积极介入,托住社会安全的底线。我国在社会安全保障网构建方面成效初显,建立了包括健康医疗保障、教育支持、社会救助、低保和反贫困、再就业培训等在内的社会安全保障网,通过社会安全保障网兜底,全面提升了我国城乡低收入人口应对各类风险和问题的能力。但是,构建覆盖所有人口的社会安全保障网,需要考虑中央和地方财力,要符合地区发展水平和兼顾差异,因此不能一蹴而就。

现有脱贫摘帽的实施措施基本都是从结果导向出发,当贫困发生以后再寻找致贫原因,再采取措施,属于对已有贫困"对症下药"采取"治疗"。随着绝对贫困的消除和全面小康社会的建成,未来减贫政策制定的出发点也要进行调整,要从源头进行贫困干预,防控风险,制定以防为主的防范式贫困干预政策,从根本上扭转后发式干预扶贫。构建完善的社会安全保障网就是要解决这些问题,从致贫原因出发,以人为本制定政策,这是国家现代化治理的体现,也是全面现代化的内在要求。

二、增强"两不愁三保障"政策的延续性和制度化

贫困县脱贫摘帽后,在一定时期内国家原有扶贫政策保持不变,支持力度不减,留出缓冲期,确保实现稳定脱贫、不返贫。除此之外,还有一些实施效果好且有助于脱贫地区长期发展的政策要进一步常态化、制度化。

一是教育政策的巩固。对刚刚脱贫地区、边远地区及少数民族地区等加大教育政策倾斜力度,重点明确师资力量培养、引进优秀教师和教育设施条件改善的制度,如"国培计划"、"特岗计划"、公费师范生培养、中小学教师信息技术应用能力提升工程等政策要制度化;将民族地区15年或14年免费教育计划推广到其他贫困地区;适度推广包吃、包住、包学习费用的"三包"教育政策。

二是完善医疗卫生保障政策。①完善农村新型合作医疗制度。扩大对贫困人口的报销范围;建立科学的报销机制,提高效率,调动参与新型农村合作医疗农民的积极性;合理测算,在有些常见病的报销上,适当降低补偿标准,提高补偿比例,扩大救助范围;试行部分病种门诊费用按住院标准补偿;一些特殊病种和慢性病的门诊医药费用也应列入住院报销范围。②在贫困地区推出社会医疗保险和商业医疗保险互补型的医疗保险模式,在保障层次、范围、缴费、待遇给付等方面形成互补,真正做到贫困户医疗零负担。

三是充分发挥低保政策兜底作用。建立农村人口年度监测机制，对符合条件的贫困老年人、低收入户应及时纳入低保范畴，对其他原因致贫的贫困户也要及时跟进，让好的政策措施不漏掉任何一个贫困户。应允许符合条件的农户或低收入人口按户入保，或单人入保。

四是完善产业扶持政策。①加快培育贫困地区新型经营主体，积极发展多元化、多层次农业生产性服务业。②强化对加工、销售环节的支持力度，提高贫困地区产销结合发展水平；发展电子商务、生态、文化、旅游多业态，拓展贫困地区发展渠道。③精准选择贫困地区特色产业，重视发展有特色的"一村一品"，积极培育和推广有市场、有品牌、有效益的特色产品。④加强贫困地区劳动力转移相关培训和辅导，提升当地劳动力的市场竞争力。

三、完善贫困地区农业防灾减灾体系建设和农业保险体系

（1）完善贫困地区农业防灾减灾体系，包括农业气象防灾减灾体系、动植物疫病防控监测体系、地质灾害预警、水利防灾减灾工程、大中型灌区改造工程、林草防火救灾体系建设、防灾减灾信息监测预警体系等，内容涉及不同部门，业务领域宽泛，需要结合贫困地区实际情况，部门对口支援，统筹安排工程项目资金。

（2）支持贫困地区农业保险发展。将农业保险发展作为完善贫困地区产业政策的重要内容，提升农业保险对扶贫产业的保驾护航作用；拓宽贫困地区农业保险覆盖范围，简化理赔流程，提升理赔效率，使农户受灾后得到及时赔付，防止因灾返贫。

四、将农村低收入人口纳入脱贫攻坚与乡村振兴有机衔接政策支持范畴

根据我们调查，2018年样本户中农村低收入人口的人均可支配收入与中高收入农户的人均可支配收入之比已经达到1∶4.95。农村低收入人口的存在凸显了村庄内部的收入分化问题。在精准扶贫政策惠及建档立卡贫困户的同时，低收入农户的窘境已经暴露出来。他们被排除在各项优惠政策之外，出现不平衡心理在所难免。农村低收入户实际上属于相对贫困群体，也是容易受大市场冲击影响的小农户，应该在脱贫攻坚与乡村振兴有机衔接中尽快将其纳入政策支持范畴，应该把这部分小农户尽快纳入减贫政策体系。在未来一段时期，让农村低收入人口获

得平等的增收机会、建立低收入人口扶持机制应是脱贫攻坚和乡村振兴有效衔接的政策调整着力点之一。

一是制定低收入人口标准。在贫困线标准上，结合最低生活保障标准，制定低收入人口标准。可选取脱贫摘帽后脱贫人口和低保户的平均收入水平作为基准线，将低于基准线的人口作为低收入人口。

二是建立低收入人口动态监测机制。对低收入人口的经济收入进行动态监测，超过标准的随时退出，低于标准的随时纳入；低收入人口的帮扶标准随经济社会发展水平的提高同步提高。

三是建立针对小农户的产业扶持政策。研究出台针对小农户的农业生产支持补贴及配套政策，直接将低收入农户纳入小农户支持政策范围，一举解决目前存在的产业支持对象或偏重于新型经营主体或偏重于建档立卡户而忽略其他小农户的问题。扩大劳动技能培训和就业优惠政策的受益面，将相对贫困的低收入人口纳入进去，增加其就业渠道，为其提供就业和创业培训及就业服务。

四是将"三区三州"低收入人口直接纳入政策享受范围。在"三区三州"先扩大范围，以脱贫人口的平均收入水平为基准，将低于平均水平但不属于建档立卡户的低收入人口纳入新一轮扶持的对象，缩小"三区三州"低收入人口与贫困户的政策享受差距。

五是完善贫困地区农村住房规划，加大危房改造力度，适度提高低收入户住房补助标准，有条件的地方将低收入户纳入实施范围。

五、做好脱贫攻坚与乡村振兴工作机制衔接

一是继续坚持党政一把手负总责的工作责任制。根据乡村振兴战略规划，到2020年，乡村振兴战略取得重要进展，农业生产能力、农民增收、基础设施建设、公共服务水平等十个方面实现基本的发展目标；到2035年，乡村振兴取得决定性进展，脱贫致富、城乡融合、乡村治理、生态环境四个方面达到更加完善的发展目标；到2050年，乡村全面振兴。在这一具有历史意义的关键期，党领导"三农"工作、党管农村工作的原则不能变。2020年之后，完成了脱贫摘帽任务的贫困县的书记和县长要允许提拔晋升，要将实绩突出的领导干部选拔到更加重要的工作岗位上去，对脱颖而出的年轻干部要加大培养力度。但更重要的是，要明确乡村振兴工作的领导机制，摘帽贫困县的书记和县长依然是乡村振兴的第一责任人。

二是对基础条件差、集体经济薄弱、班子不强的村继续选派驻村工作队和第一书记。通过广泛听取群众和基层干部意见，对政策需求较高的贫困地区或脱贫地区可以适当延长帮扶干部队伍的巩固期；而对于发展条件较好的脱贫地区可以

减轻帮扶队伍的投入力量，节省基层干部队伍的人力、财力。对集体经济薄弱村、基层党组织涣散村，选派驻村工作队和第一书记有利于巩固其发展后劲。

三是健全东西部扶贫协作和党政机关定点帮扶机制。①引导东西部扶贫协作向纵深领域发展。经过20多年发展，东西部扶贫协作由最初的单向帮扶拓展为双向互动；由最初的政府间对口帮扶拓展为各类市场主体和社会各界共同参与；推动东部产业梯次转移，构建教育协作、劳务输出等多层次协作格局。东西部扶贫协作体现了先富带动后富，是实现全面小康和共同富裕的重要举措。东西部扶贫协作对补齐贫困地区在交通、教育、旅游、卫生等方面的短板起到了积极作用，是深入推进我国区域协调发展的重要举措。下一步，应鼓励东部地区通过资金、技术、人才和市场的对口帮扶，帮助西部地区调整产业结构，促进三产融合发展，为西部提供科技管理方面的支持，增强贫困地区发展活力。②促进定点扶贫"下足绣花功夫"。要对310个中央和国家机关、企事业单位结对帮扶592个国家扶贫开发工作重点县的情况进行评价、总结，促进定点扶贫单位把工作做实、做细，充分发挥中央单位优势，在资金、项目、政策等方面持续对贫困县给予支持，并明确2020年后定点扶贫单位在贫困地区乡村振兴中的定位和工作内容。

本章执笔人：陈洁、冯丹萌。

第五章 贫困地区脱贫攻坚长效机制构建研究

随着脱贫攻坚稳步推进并取得决定性胜利，我国即将转入建设社会主义现代化强国的新的历史阶段。2020年现行标准下农村贫困人口实现脱贫、贫困县全部摘帽、解决区域性整体贫困后，受贫困自身规律和社会经济结构变化的影响，我国贫困的性质和特点将发生深刻变化，相对贫困问题将更加突出，并对扶贫战略和政策产生新的挑战。2020年后，如何防止绝对贫困人口返贫、如何缩小相对贫困将是未来扶贫工作面临的主要议题。因此，为巩固脱贫攻坚成效，要继续坚持脱贫攻坚时期探索出的好经验、好做法，并逐步调整临时性政策，构建稳定脱贫长效机制。

第一节 脱贫攻坚的主要经验、做法和成效

一、2013年脱贫攻坚以来取得的成效

党的十八大以来，在党中央、国务院的坚强领导下，在各地区、各部门、社会各界、贫困人口自身的积极努力下，脱贫攻坚取得了显著成就。一是农村贫困人口持续大规模减少。我国贫困人口从2012年的9899万人减少到2018年的1660万人，6年时间减少了8000多万人，连续6年平均每年减贫1300多万人。特别是东部9省市已经有8个省市没有国家标准下的贫困人口，即北京、天津、上海、江苏、浙江、广东、福建、山东，只有辽宁还有几万贫困人口。二是贫困村、贫困县陆续脱贫摘帽。全国832个贫困县，2016年摘帽28个县，2017年摘帽125个县，2018年摘帽283个县，有一半的县实现摘帽。2013年有

建档立卡贫困村 12.8 万个，2018 年底还剩 2.6 万个贫困村。按照中央确定的脱贫攻坚目标，即现行标准下贫困人口全部脱贫，贫困县全部摘帽，消除区域性整体贫困，可以说 85%左右的贫困人口已经脱贫，80%左右的村已经退出，超过 50%的县已经摘帽。

除了直接效果，脱贫攻坚还有很多间接成效。首先，脱贫攻坚大大改善了贫困地区基础设施和公共服务，不仅贫困人口受益，所有农村的农民都一起共享了这些成果。其次，通过脱贫攻坚倒逼了产业发展、生态改善，培养了大批农村干部，锻炼了大批党政机关、国有企事业单位干部。最后，基层干部的工作作风发生了巨大转变，工作能力得到显著提升，农村治理水平有了明显提高，这些都是涉及国家长远发展的宝贵财富。

预计我国将于 2020 年底彻底消除绝对贫困，比联合国 2030 年可持续发展议程所设定的目标即到 2030 年在世界各地消除一切形式的贫困提前 10 年实现。

二、脱贫攻坚的主要经验做法

习近平总书记先后在多个场合对我国脱贫攻坚的成功经验进行了深入阐述，总体上可以概括为：加强领导是根本，把握精准是要义，增加投入是保障，各方参与是合力，群众参与是基础。[1]事实上，这些经验就是一整套经过实践检验的减贫治理体系，这将为全球更有效地进行减贫治理提供中国智慧。

加强领导，就是发挥政治优势，落实责任。坚持党对脱贫攻坚的领导，严格执行脱贫攻坚一把手负责制，省、市、县、乡、村五级书记一起抓，发挥好基层党组织在脱贫攻坚中的战斗堡垒作用。强化中央统筹、省负总责、市县抓落实的工作机制，层层落实脱贫攻坚责任。

把握精准，就是不断完善精准扶贫政策工作体系，切实提高脱贫成效。做到"六个精准"，实施"五个一批"，完善建档立卡，强化驻村帮扶，因村、因户、因人分类施策，扶到点上、扶到根上。完善政策体系，打好组合拳，发挥政策叠加效应。对贫困群众格外关注、格外关爱、格外关心，出台特惠扶持政策，丰富和完善中央与地方"1+N"政策体系。加强督促检查和考核评估，确保各项政策有效落地，确保脱贫人口实现"两不愁三保障"，坚决防止虚假脱贫。

增加投入，就是坚持政府投入的主体和主导作用，不断增加金融资金、社会资金投入脱贫攻坚。2013~2017 年，中央财政累计安排财政专项资金 2787 亿元，年均增长 22.7%。统筹整合使用财政涉农资金，撬动金融资本和社会帮助资金投

---

[1] 《不忘初心 坚决打赢脱贫攻坚战——党的十八大以来脱贫攻坚的成就与经验》，http://theory.people.com.cn/n1/2017/0601/c40531-29310380.html[2017-06-01]。

入扶贫开发。创新扶贫小额信贷产品，支持贫困农户发展产业和投资创业。设立扶贫再贷款，实行比支农再贷款更优惠的利率。鼓励和引导商业性、政策性、开发性、合作性等各类金融机构加大对扶贫开发的金融支持。

各方参与，就是坚持专项扶贫、行业扶贫、社会扶贫等多方力量有机结合的"三位一体"大扶贫格局，发挥各方面的积极性。建设国家扶贫开发大数据平台、省级扶贫开发融资平台、县级扶贫开发资金项目管理平台、贫困村扶贫脱贫工作落实平台和社会扶贫对接平台。开展健康扶贫、教育扶贫、金融扶贫等十大精准扶贫行动，实施贫困村提升、扶贫小额信贷工程等十项精准扶贫工程。提高东西部扶贫协作水平，加强党政机关定点扶贫，推进军队和武警部队帮扶，开展多党合作脱贫攻坚行动，动员民营企业、社会组织、个人参与脱贫攻坚，形成社会合力。

群众参与，就是尊重贫困群众扶贫、脱贫的主体地位，不断激发贫困村、贫困群众的内生动力。充分发挥贫困村党员干部的引领作用，抓好以村党组织为核心的村级组织配套建设。培育具有较强经营创业能力、适应扶贫开发和新农村建设的致富带头人，充分发挥其示范作用。弘扬自力更生、艰苦奋斗精神，激发贫困群众脱贫奔小康的积极性、主动性、创造性，提升其自我组织能力、自我发展能力和参与市场竞争的能力。

第二节 贫困地区摘帽后相对贫困问题的表现形式

2020年现行标准下农村贫困人口全部脱贫之后，我国贫困人口的致贫因素和贫困形态都将发生新的变化。当前社会各界已达成基本共识，2020年后我国反贫困工作的主要任务将由消除绝对贫困转向减少相对贫困。2020年后，我国贫困地区的相对贫困将面临慢性贫困与暂时性贫困并存、收入贫困与多维贫困并重、个体贫困与区域性贫困长期并存、农村贫困与城市贫困并重的新形势。

一、慢性贫困与暂时性贫困

2020年后，我国贫困地区将呈现由身体健康和年龄等因素导致的慢性贫困与由经营、市场、自然灾害等因素导致的暂时性贫困并存的局面。

首先，贫困地区摘帽后，仍有少部分缺劳动力、缺资源的绝对贫困人口。根据 2016 年中共中央办公厅、国务院办公厅印发的《关于建立贫困退出机制的意见》，贫困村和贫困县退出的标准是：原则上，要求贫困村贫困发生率降至 2%以下（西部地区降至 3%以下），贫困县贫困发生率降至 2%以下（西部地区降至 3%以下）。因此，依规定，贫困发生率在 3%以下的村及贫困县，脱贫摘帽后仍有部分绝对贫困人口。根据实地调研了解到，这部分贫困人口主要是因病、因残的兜底贫困人口，这部分人因老弱病残没有基本的劳动能力，从而丧失了进入劳动力市场的机会。据统计，我国农村贫困人口中患大病的有 240 万人，患长期慢性病的有 900 多万人，患病是贫困人口致贫返贫的重要原因。因此，2020 年之后，依然需要国家财政支持，以防止这部分贫困人口返贫。

其次，包括已脱贫人口在内的部分边缘贫困人口可能因不可测事件发生而返贫、致贫。贫困地区往往处于生态环境较为恶劣的地区，自然灾害频发，因灾致贫和返贫的概率较大。全国 832 个贫困县中，有 690 个县处于干旱和极度干旱地区，有 771 个县为山洪灾害易发县。同时，受市场因素影响，由经营失败或经济周期性变化而引起的务工机会减少和消失，都有可能导致收入大幅度下降或缺失而返贫。特别是在农业产业扶贫过程中，自然风险和市场风险都较大，已脱贫人口的返贫风险很大。此外，调研了解到，疾病、教育、住房、婚姻等大额支出已经成为新增贫困人口、脱贫困难人口返贫的主要原因，因此，一次性大额支出也将导致暂时性贫困甚至慢性贫困。

最后，绝对贫困标准的调整将导致贫困人口数量的变化。贫困是一个动态的社会经济过程，贫困标准是一个动态的概念，会随经济社会发展而变化，而贫困标准的每一次调整都会随之带来贫困人口规模和数量上的变动。因此，如果 2020 年后绝对贫困标准提高，从统计上来看，很大一部分临界脱贫人口将重新进入绝对贫困行列。

二、收入贫困与多维贫困

贫困是一个多维的概念，除收入外，还包括许多非货币的维度，如教育、健康、住房及公共物品的获得等。例如，世界银行认为，贫困是人们想逃避的一种生存状态，贫困意味着饥饿、缺医少药、失业、无上学机会，以及权利和自由的丧失。不同的学者和机构对多维贫困维度的选择不完全一致。我国目前所确定的"两不愁三保障"的目标，实际上也是一个多维目标。如果从更广义的角度考虑，把贫困理解为一种能力剥夺，剥夺可以在多个方面表现出来，如政治、经济、文化、社会、生态等方面。随着"两不愁三保障"层面贫困的消除，政治、文化、社会、生态方面的剥夺或贫困就会显得更加重要，2020年后贫困地区的贫困状况将进入到新层次上的收入贫困与多维贫困并存的阶段。

一方面，相对收入差距较大的问题将日益凸显。根据国家统计局的统计结果，全国20%的低收入组农户与其他收入组农户的收入差距在过去几年一直在拉大。例如，低收入组农户与中下收入组农户的人均可支配收入的比例，从2013年的1∶2.1扩大到了2016年的1∶2.6，这将使2020年后提高低收入人群的收入和缩小低收入人群与社会其他群体之间的收入差距成为公共政策和扶贫政策的重点与难点。

另一方面，业已存在的农村居民之间、城乡居民之间在教育、健康、社保等公共服务、基础设施和生活条件之间的差异将更加凸显。我国贫困地区人口的人力资本总体质量较低，全国大部分的文盲集中于此，约8%的人口不识字或识字不多，高中及以上文化程度占比仅为11.5%；只有27.4%的贫困农村劳动力接受过技能培训，接受过非农技能培训的劳动力仅有13.6%。贫困地区的医疗水平较低，贫困人口的营养健康状况堪忧，2013年全国建档立卡数据库中，因病致贫的比例超过40%。《中国农村贫困监测报告2018》显示，全国14个集中连片特困地区中上小学便利的农户比重仅为88%，而深度贫困地区吕梁山区的比重仅为59%，这也在一定程度上显示了贫困地区农村的教育公共服务供给能力亟待提升。贫困地区在教育、医疗等公共服务供给方面的不足，将导致人力资本投资不足、自我发展能力弱，进一步造成严重的贫困代际传递现象。

三、个体贫困和区域性贫困

随着区域性整体贫困的消除，阻碍人口流动的体制性和政策性障碍将进一步减小和消除，贫困人口呈明显的区域分布的格局也将发生改变。2020年后，贫困人口可能形成大分散、小集中的分布，这要求新的扶贫开发工作同时面对个体贫困和区域性贫困。

一方面，贫困地区农村劳动力大量外流，农村老龄化、空心化问题不断凸显，其中儿童、老年人及残疾人等特殊贫困群体比重将持续上升。近年来，贫困儿童的营养、教育问题越发突出。根据Scott Rozelle团队的相关研究结果，中国3/4的儿童生活在农村，农村儿童的营养健康和教育问题堪忧，27%的儿童贫血，3岁以下儿童中有15%的儿童认知能力低下、15%发展缓慢，63%的农村孩子没有上过高中。虽然很多专家对其数据的准确性提出了质疑，但都普遍认可我国农村儿童的健康和教育问题非常突出。对于部分地区的农村，由于人口外流问题异常突出，老年人口的养老也将是一个潜在的巨大问题。在河北怀安县调研时发现，一个发展条件相对较好的村中，全村超过80%的劳动力外流，户籍人口中60岁以上人口占比已经达到30%，常住人口中60岁以上人口占比达到45%，50岁以下的劳动力人口非常少。

另一方面，在脱贫攻坚政策的大力支持下，我国当前贫困地区的发展水平较之前已经有了非常明显的提高，但从全国来看，大部分贫困地区依然是全国经济社会发展水平较低的欠发达地区。根据2015年全国县市统计数据，按人均地区生产总值排序，底层10%县市的人均地区生产总值仅相当于全国人均水平的1/5，相当于全国县市平均水平的1/3；底层20%县市的人均地区生产总值也仅为全国县市平均水平的40%；最贫困的10%县市公共财政收入只能承担其财政支出的14%。特别是连片特困地区、老区边境、少数民族地区及深度贫困地区等特殊贫困区域，地理位置偏僻、自然条件较差、生态脆弱、经济资源和资本不丰富，存在民族、宗教等复杂因素，2020年消除绝对贫困后这些区域依旧存在发展滞后，与其他地区经济社会发展差距大等问题。以"三区三州"为例，2016年平均每县的地区生产总值仅为全国平均值的10.95%，公共财政收入和税收收入仅为全国县域平均值的4%左右。对这些深度贫困地区，依然需要有特殊的扶贫开发政策，如果仅采取转移支付的方式缩小地区间的收入差距，不仅中央政府不堪重负，而且不利于区域发展能力的整体提高和国土的安全。

四、农村贫困和城市贫困

受城乡二元体制和城乡间发展差异的影响，我国迄今为止一直实行城乡分割的碎片化扶贫体制。其主要特点是：以户籍为基础的城乡扶贫体制各自独立，户籍在农村、生活在城镇的进城务工人员的扶贫存在制度性缺失；中央扶贫政策和资源向农村倾斜，在农村建立了包括开发式扶贫、社会保障和惠农政策在内的比较完备的扶贫治理和干预体系；城镇户籍人口的扶贫，主要通过公共就业支持和社会保障来提供。2020年消除农村绝对贫困后，包括进城务工人员在内的相对贫困问题将逐渐凸显。城市贫困人口陷入贫困不是因为他们缺乏劳动能力，而是就业权的丧失或缺乏新的就业机会。

长期以来，我国扶贫体系中没有赋予进城务工人员以应有的地位，进城务工人员的贫困基本上在体制和政策层面被忽略。值得注意的是，我国进城务工人员从20世纪90年代中期开始大规模出现以来，经过多年的发展，其年龄结构和就业结构与之前相比已经发生了较大的变化。2016年全国进城务工人员平均年龄为39岁，其中40岁及以上的占46.1%，50岁以上的占19.2%。这些40岁及以上的进城务工人员在就业、就医和养老方面面临与年轻的进城务工人员不同的挑战，特别需要在就业、社会保障政策方面得到政府的支持。尤其是其中一些农村土地已经被征占、与农村老家社会经济联系已经比较少的中老年进城务工人员，将很有可能留在打工所在的城镇养老，如果没有相应的扶贫政策扶持，他们将成为一个数量较大的潜在贫困人群。另外，2016年自主就业进城务工人员已占到进城务工人员总数的30%。这些被统计到自主就业的进城务工人员中，相当部分在非正规部门从事不稳定的就业。其收入水平低且不稳定，面临很大的失业风险。如果没有相应的就业支持和社会救助政策的扶持，自主就业的进城务工人员陷入贫困的风险会非常高。即使是在相对正规的制造业就业的进城务工人员，受经济结构调整和技术进步的影响，他们中的相当部分人员也面临比较高的失业风险，同样需要政府和社会的帮助。

第三节 脱贫攻坚长效机制构建需要考虑的几个问题

在2015年中央扶贫开发工作会议上，习近平总书记重点回答了"扶持谁""谁来扶""怎么扶"三个关键性问题[①]。构建脱贫攻坚长效机制的关键，也是要解决好"扶持谁""谁来扶""怎么扶"这三个基本问题，并将脱贫攻坚时期的临时性政策调整为常规性、制度化政策。

一、扶持谁——贫困标准和识别问题

脱贫攻坚贵在精准，"扶持谁"是建立脱贫攻坚长效机制的基础性问题。随着2020年后现行标准下的贫困人口全部脱贫、贫困县全部摘帽，贫困地区贫困人口与非贫困人口之间的差异、贫困村与非贫困村之间的差异将逐渐缩小，关于调整贫困线和完善贫困人口动态调整机制的问题日益凸显。

一是关于贫困标准的调整问题。贫困标准一直是理论界争论的焦点，贫困标准也影响着国际社会对我国减贫成就的认同。随着绝对贫困的消除，解决相对贫困将成为下一步扶贫工作的重点。国务院印发的《国家人口发展规划（2016—2030年）》明确提出，要探索建立符合国情的贫困人口治理体系，推动扶贫开发由主要

---

① 《扶持谁？谁来扶？怎么扶？习近平答中国扶贫关键三问》，http://fj.people.com.cn/n/2015/1129/c350390-27202252.html[2015-11-29]。

解决绝对贫困向缓解相对贫困转变，由主要解决农村贫困向统筹解决城乡贫困转变。一些专家、学者提出，2020年后要重新设置国家贫困线，从全面、多维、动态的角度出发，科学预测贫困人口数量，制定相对贫困标准，开展新一轮扶贫、减贫工作。汪三贵和曾小溪认为，使用相对贫困标准较难体现扶贫成效，建议参照大多数发展中国家的通常做法，根据人的基本需求变化来确定新的贫困标准（可以不使用"绝对贫困"，而采用"低收入""欠发达"等表述）[①]。

从长期来看，随着我国经济社会发展，现行贫困标准必将进行较大幅度的调整，但是在脱贫攻坚后的短期内，国家层面的贫困标准不宜调整。一方面，贫困县摘帽后培育和巩固自我发展能力需要有个过程。脱贫攻坚需要扶上马、再送一程，保证贫困县脱贫摘帽后各方面扶持政策能够继续执行一段时间，确保贫困人口稳定脱贫、不返贫。周扬等从人口综合素质、自然资源禀赋、社会经济发展状况三个维度出发，运用BP（back propagation，反向传播）神经网络模型对2020年后仍需重点扶持的欠发达县域进行了识别，研究发现716个需要扶持的欠发达县域仍然主要分布在深度贫困地区[②]。因此，即使从多维贫困和相对贫困的视角来看，深度贫困地区依然是2020年后扶贫开发的主战场，贫困标准调整对于贫困主体识别的意义并不明显。另一方面，2020年全面消除贫困是党和国家对人民的庄严承诺，如果突然提高贫困标准，将产生一大批新的贫困人口，这会引起社会对脱贫攻坚成效的质疑。2010年按照当时的贫困线统计发布的贫困人口是2688万人，2011年贫困线调整到2300元以后，贫困人口迅速上升到1.238亿人，当时就引起了社会热议。此外，虽然国家层面的贫困标准不进行调整，但是各地区可以根据自身的经济发展状况制定各自的相对贫困标准，在确保现有标准下贫困人口不返贫的前提下，逐步缓解相对贫困问题。例如，黑龙江省齐齐哈尔市就印发了《齐齐哈尔市人民政府关于加强政策兜底建立扶贫防贫长效机制的意见》，重点关注处于贫困边缘的农村低收入户和人均收入不高、不稳的脱贫户两类临贫、易贫特殊人群，抓住因病、因学、因灾等致贫返贫关键因素，分类设置精准防贫办法；河北省怀安县也专门设立了防贫保险，有效应对非贫困低收入户、非高收入脱贫户可能出现的因病、因灾致贫返贫情况。

二是关于贫困人口的动态调整机制。建立完善的贫困家庭动态监测管理机制，有助于对潜在贫困人口或有返贫风险的贫困人口，早发现、早介入、早救助和早帮扶，有助于及时掌握贫困人口准确情况，以便采取针对性的扶持政策，实现精准扶贫、精准脱贫。2013年实施精准扶贫战略以后，在贫困户的精准识别和动态监测方面已经形成了较为规范的管理制度和操作流程，特别是建档立

---

① 汪三贵、曾小溪：《后2020贫困问题初探》，《河海大学学报（哲学社会科学版）》，2018年第2期。
② 周扬、郭远智、刘彦随：《中国县域贫困综合测度及2020年后减贫瞄准》，《地理学报》，2018年第8期。

卡工作为开展精准扶贫提供了坚实的信息基础。按照"县为单位、规模控制、分级负责、精准识别、动态管理"的总原则，全国组织开展了到村到户的贫困状况调查和建档立卡工作，具体包括群众评议、入户调查、公示公告、抽查检验、信息录入等内容。

但是调研发现，实现贫困人口的动态调整依然存在不少问题。一方面是少部分贫困户不愿意脱贫，个别贫困户存在"等、靠、要""我是贫困户，我光荣"等思想问题，已经达到脱贫标准但是依然不想脱贫，但更多的还是"想早日扔掉贫困户的帽子，又担心脱贫后无法继续享受帮扶措施和各项惠农政策"，对于脱贫不脱政策缺乏了解和信心。另一方面是贫困户指标存在层层分解的做法，造成一些贫困户被屏蔽在扶贫对象之外。有的贫困村贫困程度相对较深，指标不够用；有的贫困村条件相对好一些，一些光景不错的农户反而成了扶贫对象。特别是在一些基层两委组织能力薄弱的村庄，要实现贫困户的动态调整，难度很大。2020年后的减贫工作，需要坚持精准扶贫理念，在做好建档立卡贫困户检测的基础上，进一步完善贫困家庭识别和动态监测机制。

二、谁来扶——扶贫主体和管理问题

脱贫攻坚期间，按照中央统筹、省负总责、市县抓落实的扶贫开发工作机制，实现了五级书记一起抓脱贫攻坚，形成了专项扶贫、行业扶贫与社会扶贫相结合的"三位一体"大扶贫格局，有效发挥了我国社会主义制度优势，做到了分工明确、责任清晰、任务到人、考核到位。群众有句话，叫作"老大难老大难，领导一抓就不难"。实践证明，五级书记一起抓的工作机制为脱贫攻坚提供了坚强的政治保证，全面调动了全党、全社会力量，是脱贫攻坚取得巨大成就的一条基本经验。2020年全面脱贫后，五级书记抓扶贫的工作机制要继续坚持，但是随着工作重点的调整，一些临时性工作机制也需要进行调整。

一是贫困地区县级党政一把手的正常调整问题。"贫困县不脱贫，党政一把手不调整、不调离"是脱贫攻坚期内压实责任、激发干劲，保持工作连续性和稳定性的一项重要制度保证。但是这种高压方式仅适用于短期攻坚战，对于脱贫摘帽后的长期性扶贫、减贫工作，需要正常的组织激励调动各级干部积极性。党政一把手的调整，不仅关系这一批人本身，还关系其他各个层级干部的动态调整。随着各贫困县逐渐脱贫，对于贫困县各级干部的调整方案需要提前谋划，对于在脱贫攻坚中成绩突出的党政干部要超常规提拔重用，对于即将退休的优秀党政干部要提高退休待遇。

二是驻村工作队管理机制的完善问题。2012~2018年，全国共选派277.8万人驻村帮扶。在脱贫攻坚过程中，驻村扶贫工作队发挥了巨大作用，既促进了贫困地区的产业发展和基础设施改善，又提升了贫困人口和贫困村的发展能力，有效增进了干群关系。大量党政干部长期驻村帮扶是脱贫攻坚时期的一项特殊政策，如果驻村时间过长，不仅容易导致干部疲劳，而且会造成原单位人手不足。

三是基层党组织建设和能力提升问题。村民富不富，关键看支部；村子强不强，关键看支书。习近平总书记经常讲"帮钱帮物，不如帮助建个好支部"①。脱贫攻坚期间，在驻村工作队的大力帮扶下，一些乡村的党支部建设水平有了明显提高，但是仍然有不少基层党支部存在组织涣散、人才难找的问题。贫困地区农村劳动力流失严重，很多贫困村接近一半的农村劳动力都已外出打工，留在村里的大多是妇女、儿童、老人。加上村干部的工资待遇较低、需要处理的事情繁杂，很多贫困村存在干部难选、好干部难找的问题。

三、怎么扶——扶贫方式和动力问题

贫困地区脱贫最根本的还是要提升贫困地区的自身发展能力，要激发贫困人口的内生发展动力。如果凭空救济出一个新村，简单改变村容村貌，内在活力不行，劳动力不能回流，没有经济上的持续来源，下一步的发展还是有问题的。聚焦"两不愁三保障"的脱贫目标任务，各地坚持精准扶贫、精准脱贫，因地制宜，探索出了"五个一批"的多种具体实践形式。始终坚持把发展生产扶贫作为主攻方向，努力做到户户有增收项目、人人有脱贫门路；坚持把易地搬迁扶贫作为重要补充，确保搬得出、稳得住、能致富；坚持把生态补偿扶贫作为双赢之策，让有劳动能力的贫困人口实现生态就业，既加强生态环境建设，又增加贫困人口就业收入；坚持把发展教育扶贫作为治本之计，确保贫困人口子女都能接受良好的基础教育，具备就业创业能力，切断贫困代际传递；坚持把社会保障兜底扶贫作为基本防线，加大重点人群救助力度，用社会保障兜住失去劳动能力人口的基本生活。2020 年全面脱贫摘帽后，"五个一批"的精准扶贫方式要继续坚持，并在产业扶贫可持续性、生态扶贫长效机制构建，以及扶贫与扶志、扶智协同推进、财政资金的投入和使用等方面进一步加强。

一是产业扶贫的可持续发展问题。产业扶贫是稳定脱贫的根本之策，只有产业发展起来了，才能实现持续增收，从而彻底拔掉穷根，没有产业支撑，稳定脱贫就是一句空话。在脱贫攻坚期间，一些地区的产业扶贫措施比较重视短平快，对长远效益、稳定增收考虑不够，很难做到长期有效。一方面是产业扶贫项目低

---

① 《习近平扶贫论述摘编》，http://theory.people.com.cn/GB/68294/421125/[2019-09-20]。

端化、同质化问题突出。一些地方确定扶贫产业前期调研工作不充分，没有结合当地实际情况，选择的多数是短平快项目，缺少龙头企业、品牌引领，附加值不高，形不成规模，打不开市场，尤其是在项目选择上盲目跟风，完全没有考虑当地的市场情况，没有做好风险评判和预测，一旦市场不景气，贫困户增收的愿望就化为泡影。另一方面是利益联结机制不紧密，一些产业扶贫项目与贫困户关系不大。例如，很多地方希望借助企业带动贫困户致富，大力支持龙头企业，但很多贫困户缺乏劳动力和资金，难以实现与企业有效合作，无法真正带动贫困户增收。2017年审计署对158个县的专项扶贫审计显示，24个县的56个扶贫项目集中在龙头企业和合作社，未落实利益联结机制带动贫困群众增收脱贫，涉及扶贫资金5600多万元。

二是生态扶贫的长效机制问题。全国14个连片特困地区与25个国家重点生态功能区高度重合，重点生态功能区占贫困地区总面积的80%，划入生态敏感地带的县域有76%是贫困县，推动贫困地区扶贫开发与生态保护相协调、脱贫致富与可持续发展相促进，使贫困人口从生态保护与修复中得到更多实惠，是实现脱贫攻坚与生态文明建设的"双赢"之举。2018年国家发展和改革委员会等印发的《生态扶贫工作方案》提出，到2020年，要力争组建1.2万个生态建设扶贫专业合作社，吸纳10万贫困人口参与生态工程建设，另外要新增生态管护员岗位40万个，其中生态护林员30万个、草原管护员10万个。但是当前的生态扶贫资金主要依赖于中央财政转移支付和专项基金，基本上是中央政府买单的方式，资源渠道还比较单一，市场力量动员有限，加上贫困地区的基础设施相对落后，如何进一步将绿水青山变成金山银山还缺乏思路和举措，资源税、环境税、碳汇交易、水权交易等市场化补偿方式仍处于探索阶段。在实际推广中，也存在一些问题，如一些规划条件要求高的项目，贫困户不一定具有实施能力，从而适用范围受到一定限制；又如一些地方的林业生态建设项目重栽轻管，造成苗木的成活率较低。

三是扶贫与扶志、扶智的协同推进问题。脱贫致富不仅要注意富口袋，更要注意富脑袋。随着脱贫攻坚工程的推进，由资源、环境及生产要素制约导致的外生性贫困将逐渐减少，而由发展意愿不强引发的内生性贫困将成为脱贫攻坚面临的主要问题。在国家大力推进脱贫攻坚的过程中，贫困人口"等、靠、要"思想仍然存在，一些地区出现了争当贫困户的现象，部分已经达到脱贫条件的贫困户不愿意脱贫，赌博、生活奢侈等不良现象时有发生。另外，贫困地区的教育发展水平落后，贫困代际传递问题突出。艰苦边远地区师资力量薄弱，教师流失问题仍然普遍存在。贫困家庭学生从小享受的优质教育资源有限，再加上父母自身文化水平不高，对孩子的培养教育能力和意识不足，多数孩子完成义务教育后就选择了辍学，造成了家庭贫困的代际传递。扶志、扶智是一个循序渐进的长期过程，

2020年脱贫摘帽后，协同推进扶贫与扶志、扶智工作依然是一项十分艰巨的任务。

四是财政资金的投入和使用问题。现行贫困标准下的贫困人口全部脱贫，意味着全国农村人口的最低收入和基本生活保障从整体上提升到一个新的水平。按照我国现在使用的贫困标准，从收入方面测算达到了世界银行提出的最低贫困标准的1.2倍，加上义务教育、基本医疗和住房安全"三保障"，农村居民最基本的生活需要和较低水平的发展需要已经可以得到保证。特别是随着贫困户与非贫困户、贫困村与非贫困村之间的差异不断缩小，已经出现个别贫困村基础设施条件明显优于非贫困村的现象，2020年后如果财政扶贫资金继续沿用攻坚战时期仅聚焦贫困人口、贫困村的做法，可能会引发一些新的矛盾。在脱贫攻坚中，整合后的涉农财政资金绝大部分都不能用于非贫困户，对非贫困户个体的扶持仅有危房改造、饮水安全等少数普惠政策，不少非贫困户对医疗、教育等方面的扶贫政策存在较大的意见。另外，除深度贫困地区外，2020年后其他贫困地区的扶贫资金将逐渐转移到实施乡村振兴战略任务上来，如何实现两大战略的有序衔接也是一项重要挑战。

第四节　构建2020年后贫困地区脱贫攻坚长效机制的建议

2020年全面建成小康社会，标志着长期存在的中国农村收入型绝对贫困的基本终结。防止返贫和脱贫攻坚同样重要，贫困地区脱贫摘帽后，要继续巩固成果，增强"造血"功能，建立健全稳定脱贫长效机制，提升帮扶资源的使用效率，增强脱贫人口自我发展能力和贫困县的内生发展动力，防止各种返贫现象出现。

一、完善贫困识别和调整机制，确保彻底消除绝对贫困

全面建成小康社会，不让一个人掉队，不仅是对2020年的要求，也是对2020年后的要求。2020年全部贫困县摘帽后，要进一步巩固脱贫攻坚成果，绝不能刚宣布消除贫困没多久，就出现大面积返贫的现象。要加快完善贫困农户动态监测管理机制，定期对脱贫户、脱贫村进行核查，并逐步将非贫困户中的低保户、残疾户、重灾户、大病重病户等贫困边缘户纳入监测范围，对发现的突发性、临时性可能致贫和返贫人员经村级民主评议上报后也一并纳入监测范围。要逐步建立

防止返贫的保障机制,对存在新致贫风险的普通农户,要建立临时性救助台账,联合民政、教育、人社等社会救助管理部门,落实帮扶和社会救助措施,给予应急性、过渡性救助,有效破解临时性贫困;有条件的地区,可以逐步推进教育、医疗等扶贫政策普惠化、城乡均等化。要进一步完善贫困人口的公示制度和退出机制,积极推进乡风文明建设,大力营造脱贫光荣的良好氛围,广泛宣传主动脱贫、奋力脱贫、成功脱贫的典型代表,宣扬自强不息、勤劳实干的奋斗精神,引导已经实现稳定脱贫的贫困户逐步退出。

二、优化驻村干部管理机制,提高基层党组织治理能力

农村要发展,农民要致富,关键要靠支部。贫困地区很多农村的基层党组织力量薄弱,难以发挥带领群众脱贫致富的战斗堡垒作用。脱贫摘帽后,驻村工作队不能一下子全部撤回,第一书记制度可以长期坚持。当前,基层干部和群众对于驻村工作队的工作成效是非常认可的,如果一下子全部撤回,可能会动摇基层干部群众脱贫致富的发展信心。特别是对于经济社会发展水平较为落后的贫困村庄,脱贫摘帽后依然需要长期帮扶,第一书记制度可以长期坚持。另外,驻村帮扶也是培养干部的重要渠道,基层实践经验是干部的宝贵财富,目前很多中央干部都有扎实的乡村工作经历。但是脱贫摘帽后,驻村工作队的人员数量可以减一减,时间要求可以松一松。贫困县脱贫摘帽后,为不影响原单位的正常工作,建议允许驻村的县直机关一把手和副手逐步撤回,或者改为联络员,但是对口帮扶单位仍需要派驻一人长期驻村帮扶,待乡村自身发展能力较强后再考虑是否完全撤回。对于驻村干部的考核要注重实效,避免走形式,具体考核内容要更多体现在干事情上,而不是在驻村时间投入上。需要明确强调驻村干部的主要职能是帮扶而不是主导,要把提升乡村的自我发展能力和内生动力作为对驻村干部的重要考核内容,将工作重心由"阶段性下派"的全权负责,逐步转为"村内任职"培养后备。要紧紧抓住村支书这一关键,提升基层党组织治理能力,打破地域、行业、身份等限制,广泛汇聚能人,从致富能人、退役军人、返乡人员等群体中选拔村干部,积极推进村支书、村主任"一肩挑",不断提高村干部的待遇保障水平,至少保证村干部的工资收入不低于外出打工者的平均工资水平,统筹解决村干部的养老保险和退休工资问题,让村干部干事、创业更有底气,更有尊严,真正成为百姓脱贫致富的带头人。

三、构建开发性社会保障体系,筑牢民生安全保障网

随着绝对贫困的消除,我国农村贫困形式将发现显著变化,暂时性贫困将更

加普遍、多维贫困问题将更加凸显。要加快构建城乡统一的社会保障体系，确保救助能够兜起临时性贫困的底、低保能够兜起全面脱贫的底，并推进扶贫工作由事后救助转向贫困风险预防，由现金或物质救助转向能力培养与服务援助，由生存保障转向就业激励，使有条件的贫困人口通过工作自救和能力提升实现自我脱贫。要强化贫困地区人力资本投资，倡导优生优育，加大农村儿童和母婴的营养干预力度，提高其营养摄入水平，强化贫困地区的义务教育和职业技能培训，提高贫困人口的文化素质和知识技能，阻断贫困的代际传递，更加关注贫困儿童、贫困老年人、贫困病人及贫困残疾人等特殊群体，要完善扶贫制度，提升政策保障力度。要创新贫困地区公共服务供给方式，鉴于短时间内很难从硬件设施、服务人才等方面实现贫困地区与发达地区、农村和城市之间的公共服务均等化，要利用互联网等新技术、新手段创新城乡公共服务共享方式，通过委托培训、对口帮扶、组建集团等方式推进贫困地区共享发达地区的教育、医疗等公共服务资源，建立城市教师和医生等到边远贫困地区与农村服务的激励机制，在职称和待遇等方面向贫困地区倾斜，引导公共服务人才逆向流动。

四、构建绿色保护和开发机制，提升贫困地区发展能力

贫困地区多为"老、少、边、山"地区，其资源优势就在于生态和文化。要通过改革创新，让贫困地区的土地、劳动力、自然风光、民族文化等要素活起来，让资源变资产、资金变股金、农民变股民，让绿水青山变金山银山，带动贫困人口增收。对于生态环境脆弱的不适宜开发地区，要聚焦生态保护，完善生态扶贫机制。进一步加大对贫困村、贫困户的培训力度，采取集中培训、现场培训、到户培训等方式，开展经济林果栽培、果树整形修剪、林业有害生物防治、农药化肥使用及森林火灾预防扑救等技术技能培训，着力提升贫困户在生态保护和建设方面的能力；加强组织建设，鼓励贫困户组建脱贫攻坚合作社，以组织的形式引进高技能人才，参与更高质量要求的生态扶贫项目建设。对于具备绿色开发条件的地区，要聚焦共同富裕，完善利益联结机制。贫困地区在推进特色种养、乡村旅游、健康疗养等绿色产业开发过程中，需明确企业、合作社、村集体、农户等不同主体在产业链、利益链中的环节分工和收益份额，既要尊重市场经济规律，让企业有赚头，让合作社和村集体有收益，更要保障农户的收益，不断优化各相关主体之间的利益联结机制。特别是地方政府要做好中间服务，在土地流转、基础设施建设、农户培训等方面帮助新型经营主体节约组织成本、建设成本、时间成本，并要求龙头企业在社会责任、经营期限、对农户的服务，以及与农户之间的股权和红利分配等方面有明确的制度设计，以保障农户的合法权益。

五、完善财政资金管理办法，赋予县级政府更多支配权

2020年贫困地区脱贫摘帽后，现有扶贫资金将主要用于实施乡村振兴战略。脱贫攻坚是实施乡村振兴战略的底线任务，实施乡村振兴战略是巩固脱贫攻坚成效的重要举措。要进一步扩大整合资金使用范围，并赋予县级政府更多的支配权。允许贫困县脱贫摘帽后，逐渐将非贫困村的基础设施、非贫困户扶持政策等方面投入纳入财政涉农整合资金支出范围内，以缓解贫困村与非贫困村发展不均衡的矛盾，在教育、医疗、养老等社会保障方面，要更加突出资金使用的普惠性，并逐步提高保障水平，减少村内不同群体之间的矛盾。要进一步拓宽贫困地区融资渠道，让贫困地区的资源变资产。国家生态补偿项目要优先向贫困地区倾斜，探索完善的横向生态补偿机制。积极探索多方共赢的农村土地增值方式，加大贫困地区土地制度改革试点力度，稳步推进空心村的撤并，构建城乡统一的建设用地市场，依托土地增减挂钩和占补平衡等方式为乡村发展筹集资金。

本章执笔人：张斌。

第六章 脱贫攻坚与乡村振兴管理机制衔接研究

2017年党的十九大提出要实施乡村振兴战略，截至2018年底，全国832个贫困县中已有436个脱贫摘帽，剩余贫困县也将在2020年底前陆续摘帽[①]。2019～2020年是打赢脱贫攻坚战与实施乡村振兴战略的历史交汇期。在巩固脱贫攻坚成果的基础上，如何稳步推进乡村振兴，是贫困县脱贫摘帽后面临的一项紧迫性任务。2019年3月，课题组分别赴黑龙江省齐齐哈尔市的富裕县和依安县进行了实地调研，了解各地脱贫攻坚与乡村振兴管理机制衔接方面的情况。在与市、县、乡、村各级干部和群众的座谈交流中，大家纷纷表示，从脱贫攻坚中探索出的一些好办法、好机制要保留，临时性的政策和管理方式要调整。根据调研情况，我们认为，五级书记一起抓的工作机制要坚持，驻村工作队伍管理机制要调整，资金统筹使用范围要扩大，监督考核机制要优化。

第一节 继续坚持五级书记一起抓的工作机制

坚持五级书记抓乡村振兴，既是坚持农业农村优先发展的必然要求，也是加强党对农业农村工作领导的内在要求。习近平总书记反复强调要把实施乡村振兴战略摆在优先位置，坚持五级书记抓乡村振兴，让乡村振兴成为全党、全社会的共同行动。群众有句话，叫作"老大难老大难，领导一抓就不难"。实践证明，按照中央统筹、省负总责、市县抓落实的要求，五级书记一起抓的工作机制为脱贫攻坚提供了坚强的政治保证，是脱贫攻坚取得巨大成就的一条基本经验。县里干

---

① 《习近平：把实施乡村振兴战略摆在优先位置 让乡村振兴成为全党全社会的共同行动》，http://cpc.people.com.cn/n1/2018/0705/c64094-30129556.html[2018-11-20]。

部反映说，"脱贫攻坚是一场伟大的革命，让党的干部受到了前所未有的教育，让干部和老百姓走得更近了"。

调研发现，市、县、乡、村各级干部都非常支持将五级书记抓脱贫攻坚的工作机制应用到乡村振兴战略实施工作中，但在具体落实中有两个方面需要进一步完善。

一是要允许贫困地区县级党政一把手正常调整。"贫困县不脱贫，党政一把手不调整、不调离"是脱贫攻坚期内压实责任、激发干劲，保持工作连续性和稳定性的重要制度保证。这种方式适用于短期打攻坚战，对于乡村振兴这样的长期性工作，需要正常的组织激励调动各级干部的积极性。党政一把手的调整，不仅关系这一批人本身，还关系其他各个层级干部的调整。随着各贫困县逐渐脱贫，对于贫困县各级干部的调整方案需要提前谋划，对于在脱贫攻坚中成绩突出的党政干部要超常规提拔重用，对于即将退休的优秀党政干部要提高退休待遇。

二是要提高贫困地区农村党支部书记的工资和待遇。村民富不富，关键看支部；村子强不强，关键看支书。相比于脱贫攻坚，实施乡村振兴战略更需要激发和调动村两委与村民的积极性。贫困地区农村劳动力流失严重，调研发现很多贫困村接近一半的劳动力已外出打工，留在村里的都是50岁以上的老人，40多岁的人也只有几个，加上村干部的工资待遇较低，很多贫困村存在干部难选、好干部难找的问题。要紧紧抓住村支书这一关键，打破地域、行业、身份等限制，广泛汇聚能人，积极推进村支书、村主任"一肩挑"，不断提高村支书的待遇保障水平，至少保证村干部的工资收入不低于外出打工的平均工资水平，要探索村集体经济壮大与个人收入挂钩机制，让村支书干事、创业更有底气，更有尊严，真正成为百姓的带头人、当家人。此外，还要特别重视长期在村服务的书记的退休待遇问题，由于他们的农民身份，不能购买养老保险，也没有退休工资，普遍对退休后的生活比较担忧。富裕县刘春峰副县长也说道："在落实待遇上，首先要把当前这支队伍带好，让他们没有后顾之忧地干好村里事，心无旁骛谋发展，他们珍惜这个岗位就不会乱伸手，营商环境也会变好，营商环境好了，愿意回来的人也就多了，村里的事也算有人管了。"

第二节 调整与完善驻村工作队伍管理机制

党员干部和群众同吃、同住、同劳动，与群众打成一片，是党的群众工作的优良传统。在脱贫攻坚过程中，驻村扶贫工作队发挥了巨大作用，既促进了贫困地区的产业发展和基础设施改善，又提升了贫困人口和贫困村的发展能力，有效增近了干群关系。调研时，很多群众对我们讲"现在的干部真好"。富裕县邹浩县长说："通过脱贫攻坚，干群关系真正达到了历史最好水平。"

大量党政干部长期驻村帮扶是脱贫攻坚时期的一项特殊政策，如果驻村时间过长，不仅容易导致干部疲劳，而且会造成原单位人手不足。富裕县要求每个贫困村至少有4个驻村干部，由县直机关一把手担任驻村工作队的总领队，副手担任扶贫村第一书记，县直机关和乡里再各派一名驻村队员。加上中央、省、市、企业等派驻的扶贫干部，最多的村有8个扶贫干部，都超过了村干部的人员数量。富裕县还建立了"345"驻村管理工作机制，县级领导每月驻村不少于3天3夜，乡镇党政正职和驻村工作队长每周驻村不少于4天3夜，其他驻村干部每周驻村不少于5天4夜。可见，在脱贫攻坚中，驻村干部的工作强度相当大。调研中，市、县、乡三级干部均反映，"由于要求派驻的人员数量太多，而且很多都是业务骨干，对原单位开展正常工作造成了严重影响，有些单位一把手直接把办公室搬到了村里"。另外，个别贫困村的干部和群众还出现了"等、靠、要"思想，每件事情都找驻村干部，内生动力严重不足，在一定程度上影响了本村村组织的战斗力。因此，实施乡村振兴这样的长期性发展战略，需要进一步调整与完善驻村工作队的管理机制。

一是脱贫摘帽后，驻村工作队不能一下子全部撤回，第一书记制度可以长期坚持。当前，基层干部和群众对于驻村工作队的工作成效是非常认可的，如果一下子全部撤回，可能会动摇基层干部群众脱贫致富的发展信心。对于基层组织力量薄弱、经济发展水平较为落后的贫困村庄，脱贫摘帽后依然需要长期帮扶，第一书记制度可以长期坚持。另外，驻村帮扶也是培养后备干部的重要渠道。在调研中，我们遇到一位刚从县机关到贫困村驻村的35岁年轻干部刘星，为人热情，充满干劲，时刻想着怎么带领大家脱贫致富，不仅通过私人关系找人捐助，解决了贫困户孩子的学费问题，还通过对接企业谋划着让贫困户在家做剪纸、加工芦苇席等，获得了当地干部、群众的一致好评。

二是脱贫摘帽后，驻村工作队的人员数量可以减一减，时间要求可以松一松。贫困县脱贫摘帽后，为不影响原单位的正常工作，建议允许驻村的县直机关一把手和副手逐步撤回，或者改为联络员，但是对口帮扶单位仍需要派驻一人长期驻村帮扶，待乡村自身发展能力较强后再考虑是否撤回。对于驻村干部的考核要注重实效，避免走形式，具体考核内容要更多体现在干事情上，而不是在驻村时间投入上。需要明确强调驻村干部的主要职能是帮扶而不是主导，要把提升乡村的自我发展能力和内生动力作为对驻村干部的重要考核内容，将工作重心由"阶段性下派"的全权负责，逐步转为"村内任职"培养后备。另外，可以进一步加大跨省对接帮扶力度，通过学习交流，提升干部能力。

第三节　进一步扩大财政资金统筹使用范围

　　财政扶贫资金整合使用后，资金投向更加精确，使用效益更加明显，形成了"多个渠道引水，一个龙头放水"的扶贫投入格局，对贫困县打赢脱贫攻坚战起到了决定性的作用。按照黑龙江省关于贫困县财政涉农资金整合使用要求，2018年富裕县将20类中央和省级层面资金进行了有效整合，整合总资金约为3.25亿元，约占当年政府财政总收入的52%。从整合资金来源看，除了专项扶贫资金，主要是危房改造、基本农田建设等基础设施建设资金。中央财政专项扶贫资金9181万元，农村危房改造补助资金4620万元，农业综合开发补助资金2500万元，农业生产发展资金1279万元，产粮大县奖励资金1474万元，水利发展资金165万元，农村综合改革转移支付731万元，旅游发展基金60万元，农业资源及生态保护补助资金（对农民的直接补贴除外）2192万元，中央预算内投资用于"三农"建设部分1200万元；省级财政专项扶贫资金5669万元，省级土地整治高标准农田项目资金3392万元。从整合后的使用渠道来看，主要投向了产业扶贫和基础设施建设，其中产业扶贫投资1.58亿元、基础设施建设投资1.23亿元，另外生态扶贫达到了3426万元，主要用于垃圾、污水、粪污和秸秆处理。财政资金整合使用，有效保证了贫困户"两不愁三保障"、贫困村"三通三有一整洁"[①]目标的实现，使贫困户住上了安全房，喝上了安全水，推进了村庄整洁。富裕县和依安县已在2017年宣布脱贫，但是受资金使用范围限制，现有资金依然只能大量投向贫困村、贫困户，在一定程度上引发了贫困村与非贫困村、贫困户与非贫困户之间的矛盾冲突。

　　首先是个别非贫困村基础设施建设已明显滞后于一些贫困村。在非贫困村调研时，对于道路改善情况，农户反映说"现在的路比以前的土路好多了，但是硬化路都坏了，坑坑洼洼的，比贫困村的路差多了"。在进村的车上，我们也明显感觉到非贫困村的道路比贫困村的道路要更加颠簸。按照现有涉农整合资金有关规定，扶贫资金不能用于非贫困村基础设施建设。2018年富裕县从农民群众实际需求出发，为所有贫困村都建立了公共浴室，切实改善了农村卫生条件，受到了农户的欢迎，但是非贫困村没有建，调研时不少农户对此意见较大；两个县的光伏扶贫产业也仅在贫困村有，非贫困村没有。2018年依安县贫困村的财政扶持资

---

① "三通"为通硬化路、通广播电视、通宽带；"三有"为有文化活动场所、有卫生室、有村医；"一整洁"为人居环境干净整洁。

金投入总额是非贫困村的 3 倍，其中 102 个非贫困村每村平均 95 万元，54 个贫困村每村平均 277.3 万元，而且扶贫资金主要用于提升村庄基础设施、改善人居环境等"看得见、摸得着"的方面，造成贫困村在村容村貌、水电路网、人居环境等方面的水平大幅度超过了非贫困村。

其次是对于非贫困户的投入力度相对贫困户小，引发了一些新矛盾。调研发现，绝大多数非贫困户对于国家的扶贫政策非常支持，但是对于自己没有享受到扶贫政策还是感觉非常遗憾。在脱贫攻坚中，整合资金绝大部分都不能用于非贫困户，对非贫困户个体的扶持仅有危房改造、饮水安全等少数普惠政策，非贫困户在医疗、教育等补助政策方面存在较大的意见。为提高非贫困户对扶贫政策的认可度，地方政府也在想办法加大对边缘贫困人口的扶持力度，但限于财政压力，能够投入的资金有限。

针对上述问题，仅靠贫困县自身可能难以有效解决，需要国家层面进行提前谋划。结合调研情况，在资金统筹方面做好衔接工作，有两点建议。

一是扩大整合资金使用范围。贫困现象普遍发生于村庄，非贫困村中有贫困户，贫困村中也有不少非贫困户。建议在贫困县脱贫摘帽后，加快推进乡村振兴战略实施，及时将财政涉农资金面向全体村庄覆盖，推动贫困村、脱贫村与普通村享受公共财政服务支持均等化。特别是在基础设施建设方面，要尽快将非贫困村的基础设施投入纳入财政涉农整合资金支出范围内，以缓解贫困村与非贫困村发展不均衡的矛盾。在教育、医疗、养老等社会保障方面，要更加突出资金使用的普惠性，并逐步提高保障水平，减少村内不同群体之间的矛盾。

二是拓宽贫困地区融资渠道。贫困地区的公共财政收入有限，多为刚性支出较大为"吃饭财政"，可用于乡村振兴的本级财政资金有限，需要拓宽融资渠道。在乡村振兴工作中，中央财政要加大对贫困地区的财政转移支付力度，更大力度向"三农"倾斜，确保财政投入与乡村振兴目标任务相适应。由于我国众多深度贫困地区主要分布在生态脆弱区，生态补偿项目要优先向贫困地区倾斜。另外，要充分利用农村闲置土地资源，加大贫困地区土地制度改革试点力度，稳步推进撤屯并村，构建城乡统一的建设用地市场，依托土地增减挂钩和占补平衡等方式为乡村振兴筹集发展资金。调研发现，黑龙江地区农村居民的宅基地面积普遍较大，"空心化"问题突出，目前农村住房的实际居住率不到40%。在富裕县，我们了解到一个土地改革试点项目的成效非常明显。该项目涉及的屯有农户 26 户，但实际只住了 6 户，户均宅基地面积在 350 平方米左右，多的达到了 3500 平方米，通过撤屯并村，给予农户土房每间 1 万元、砖房每间 1.5 万元的补助，6 户常住农户购买了中心村的闲置住房，剩余 20 户保留了在中心村建房资格，最终有效节省建设用地指标 120 亩，既解决了农村居住散落的问题，也为乡村振兴筹集了资金。

第四节　优化完善监督考核机制

为加强对脱贫攻坚成效考核，中央建立了最严格的督查考核制度，包括省级之间的交叉评估、第三方评估、民主监督、媒体暗访等具体监督考核机制。完善的监督考核机制，有助于调动各方面的积极性，确保中央既定目标如期实现。必要的监督是需要的，但是不能让干部产生不信任的感觉，也不应该让基层干部把主要时间和精力用在应付迎接考核督查上。由于时间紧、任务重，脱贫攻坚考核出现了名目多、频率高、多头重复等问题，加剧了地方和基层干部的负担。虽然2018年中央出台了相关减轻基层负担的文件，但部分基层干部反映，"目前基层一年需要拿出一半以上的时间迎接检查，真正用于抓工作落实的时间和精力十分有限"。据不完全统计，2017年期间，富裕县迎接国家、省、市各类督查、检查、考核、巡视、评估等共计19次，每次少则3~5天，多则1个月，最长的达2个月之久；2018年共计接待14次，虽然接待次数略有下降，但实际接待任务依然繁重。调研了解到，目前在脱贫攻坚方面的督查考核主要有三个方面：一是水利工程、危房改造等基础设施建设的督查和验收，这一块的资金投入不高，但是次数较多；二是省委专项巡视和市级预审；三是第三方评估考核。后两方面的督查考核次数较少，但是时间、精力和经费投入较大。依安县2018年接受与扶贫有关的上级检查有30次，平均每次迎接检查的接待费用为4740元，平均每次接待6.6人，人均718.2元/次，平均每次检查需要耗费3.43天，而这只是接受督查考核的时间，还不包括工作人员提前准备材料和领导协调相关事务的时间。

在推进乡村振兴过程中，要进一步完善监督考核体系，营造良好的激励机制，调动各方力量共同推进乡村振兴。

一是要完善乡村振兴考核指标体系，创新过程管理方式。2018年齐齐哈尔市已经将产业振兴列入县级领导班子工作绩效考核体系，但是由于很多指标内涵不清晰，一些中央要求的工作任务还难以得到有效落实。同时，由于地区差异，不同县区乡村振兴的基础和短板都存在较大差异，难以构建统一适用的考核指标体系。在完善考核指标体系的基础上，要进一步创新过程管理方式，鼓励各县区自己设定相关考核目标，具体考核工作从目标设定、推进落实到实际效果进行全链条考核。在脱贫攻坚的过程中，齐齐哈尔市允许各县区自己定目标，考核的时候从目标设计就开始考核，根据目标合理性及完成进度进行考核，综合考虑存量、增量、增幅、对全市贡献率，进行过程管理和终期考核。其中，过程管理以市委工作会议形式进行，并设置主会场和分会场，主会场由县市区党政主要负责人、市直单位和中直单位主要负责人参加，县市区的四个班子成员、县直单位、乡镇负责人参加分会场，各地方每项目标完成情况以图表形式进行展示，考核结果一目了然。乡村振兴可以继续沿用这种考核办法，既避免了"一刀切"的形式造成有些目标偏离实际，又能将考核结果及时透明公开。

二是要加大各类检查整合力度，切实减轻基层负担。乡村振兴工作考核过程中，要充分考虑到基层迎接检查考核可能出现的负担和压力，建立明确的年度考核、半年度考评、季度反馈等检查机制和办法，形成规范化、制度化考核体系。对于不同主体的监督、考核结果要互认共享，压缩各类交叉检查。要充分发挥考核结果的激励作用，加大对考核优秀地区的表彰力度，对考核结果优秀的干部适当增加休假天数、提高医药费减免额度等，并作为升迁的重要依据。另外，基层干部反映，"媒体暗访经常存在以偏概全的现象，发现问题也不向地方政府反馈，容易导致小问题被扩大化"，因此要加强媒体暗访与民主监督、第三方考核等其他监督方式的有效结合。

三是要建立和完善容错机制，鼓励各级干部勇于创新。工作机制改革创新是一个不断探索和完善的过程，乡村振兴是一项全新的工作，由于各方面的不确定性，出现一些失误或判读错误在所难免，要抓紧制定出台容错免责清单，把容错机制真正建立起来，营造干事、创业的良好氛围，把干部的激情和活力激发出来，让干部放下包袱、消除顾虑、放开手脚干工作。只要主观目的是好的，只要出于公心，并经过民主决策、科学决策，最终即使出现了失误，也要给干部松绑，免于追究他的责任，让干部轻装上阵，没有思想顾虑。另外，要加强民意调查，对百姓满意、综合素质高、各项能力强的干部可以考虑打破体制壁垒，破格提拔；要通过各种学习培训让干部明白岗位、职位、权力是用来干事的，不是用来装门面、进行交换的，更不是用来谋私的，要杜绝懒政、怠政，激发基层干部的事业心、责任心、进取心。

本章执笔人：张斌、金书秦。

第三部分 调研报告

第七章　浙江省德清县农村全面建成小康社会调研报告

党的十九大报告提出，"从现在到二〇二〇年，是全面建成小康社会决胜期"[①]。小康不小康，关键看老乡。从全面建设小康社会的总体进程来看，农业仍是"四化同步"的短腿，农村仍是全面建成小康社会的短板。为准确研判我国农村地区全面建成小康社会面临的形势任务和短板弱项，本书将以我国农村发展战略转型为背景，对不同地区农村全面建成小康社会的进展及实现程度进行客观评估，找出弱项短板，总结经验启示，为农村决胜全面建成小康社会提供政策建议。

2019年7月7日至7月10日，农业农村部农村经济研究中心调研组一行赴浙江省湖州市德清县进行了深入调研，选择德清县作为调研首站，是因为德清县位于我国东部经济发达地区，是我国经济百强县，也是中国全面小康十大示范县，调研德清县可以总结该县在全面建成小康社会进程中的做法与经验，并为其他地区提供借鉴与启示。

第一节　德清县全面建成小康社会的条件与优势

德清县取名于"人有德行，如水至清"，隶属浙江省湖州市。湖州是习近平总书记"绿水青山就是金山银山"理念的发源地。在这一理念的指引下，德清县贯彻"创新、协调、绿色、开放、共享"的发展理念，在全面建成小康社会的道路

[①] 习近平：《决胜全面建成小康社会 夺取新时代中国特色社会主义伟大胜利》，北京：人民出版社，2017年10月。

上取得了突出成绩，这与德清县独特的自然区位优势、经济社会基础、历史人文条件等息息相关。

一、自然地理环境优越

德清县气候属亚热带湿润季风区，温暖湿润，四季分明，年平均气温为13～16℃，无霜期220～236天，多年平均降水量1379毫米。地势西高东低，呈现"五山一水四分田"格局，素有"鱼米之乡、丝绸之府、名山之胜、竹茶之地、文化之邦"之美誉。德清县西部有中国四大避暑胜地之一的莫干山，是国际名流、商贾云集的休养之地。中部有江南最大的原生态湿地下渚湖，东部有千年水乡古镇新市镇。近年来，立足生态优势，坚持美丽城市、美丽城镇、美丽乡村"三美"同步，德清县开创了全国首个生态原产地保护品牌"洋家乐"，成为国家生态县、全国休闲农业与乡村旅游示范县。

二、区位优势十分突出

德清县位于浙江北部，东望上海、南接杭州、北连太湖、西枕天目山麓，地处长三角腹地。总面积937.92平方千米，现辖8个镇、4个街道，户籍人口44万人。宁杭高铁、杭宁高速公路、申嘉湖杭高速公路、104国道、304省道、宣杭铁路、京杭大运河、杭湖锡线航道穿境而过，杭州K588路公交车直通县城武康。武康距杭州市中心高铁仅16分钟车程，距长三角核心城市上海、宁波、南京均在2小时车程以内，距杭州萧山国际机场40分钟车程。随着商合杭高铁、杭州绕城高速公路西复线德清段等新一批交通基础设施的提速建设，德清县得天独厚的区位优势将得到进一步凸显。

三、经济发展实力雄厚

德清县财政收入过百亿元，装备制造、生物医药、绿色家居三大主导产业形成规模，地理信息、通用航空、人工智能等战略性新兴产业蓬勃发展。建成地理信息小镇引领全国的地理信息产业集群，以智能生态城为核心的新一代人工智能应用县全面启动。农业现代化发展水平综合评价连续四年浙江省第一，休闲旅游、港行物流、金融投资、文化创意等现代服务业不断壮大。

四、历史及人文底蕴深厚

德清县历史悠久，有着5000多年的文明史，自古便是人文荟萃、民风淳朴的繁华之地，是中国原始瓷器和丝绸的发源地之一，也是古代宫廷舞蹈发祥地之一，孕育了游子文化、道德文化等一大批地域特色文化。近年来，德清县大力推动城乡公共服务均等化，成为浙江乃至全国城乡统筹发展最好的地方之一。德清县将"自治、法治、德治"相结合，创新社会治理，公共安全、社会治安良好，连续13年成为浙江省"平安县"。

五、全面推进和深化改革

2018年德清县共有65项国家和省级改革试点，"标准地"试点被誉为浙江省"最多跑一次"改革典范，公立医院综合改革获国务院通报表彰，"全面深化改革看德清"系列活动影响广泛，相关改革经验在各层面获广泛点赞；高质量发展组合拳全面推进，百亿元级项目招引取得重大突破，实现财政收入破百亿元、亿元以上工业项目开工超百个、经营性土地出让金超百亿元、新增"小升规"企业超百家、新增科技型中小企业超百家"五个一百"；花大力气解决民生方面的"关键小事"，群众获得感、幸福感、安全感进一步提升，政企同向、干群同心的氛围越来越浓厚。

第二节 德清县全面建成小康社会的进展及成效

党的十六大提出了全面建设小康社会的宏伟目标。从党的十六大到党的十九大，党中央逐步提出全面建成小康社会的各项要求，统筹推进经济建设、政治建设、文化建设、社会建设、生态文明建设，统筹城乡发展。德清县在习近平新时代中国特色社会主义思想指导下，全面小康社会建设取得显著成效，经济、政治、文化、社会、生态及城乡一体化建设等多方面均已达到或超过小康社会标准。

一、强劲的经济增长为全面小康奠定了坚实基础

2018年德清县地区生产总值528亿元，增长8.3%，位于全国综合实力百强县第36位；人均地区生产总值达到12.3万元（17 878美元），远超过当时中国人均GDP 9633美元的全国平均水平；完成财政总收入100.8亿元，增长20.4%，其中地方财政收入59.1亿元，增长21.5%；城镇、农村居民人均可支配收入分别为54 990元和32 617元，均高于全国平均水平（2018年全国居民人均可支配收入28 228元），比2018年全国城市居民和农村居民人均可支配收入分别高出15 739元和18 000元。

二、政府治理体系和治理能力现代化水平不断提升

德清县以善政促善治，坚定不移地推进党的建设。健全公款竞争性存放管理机制，"政府采购云平台"投入应用，充分发挥审计职能作用，推动审计监督全覆盖。政府机构改革平稳推进，机构设置、职能配置更趋优化。推进依法、科学决策，坚持重大事项向人大报告和政协通报，建立国有资产管理情况报告制度。创新实施跨届重点提案跟踪追办机制，办结人大代表议案114件、政协提案160件，满意和基本满意率达100%。加强重点领域信息公开，组建县人民政府咨询委员会。深化府院联动，积极化解行政争议，应诉复议质量和效率持续提升。组建国有全资数据投资管理公司和数据运营合资公司，建成全国首个阿里云ET城市大脑县域平台，推动政府数字化转型。

三、弘扬优秀传统文化，实现德治、法治协同互促

2018年，全国首家德文化学院成立，德清瓷走进故宫博物院。全国首个运动休闲指数发布，省运会取得历史最好成绩，TNF100、凯乐石跑山赛和竹海马拉松等品牌赛事圆满举办，莫干山镇获评中国体育旅游精品目的地。"基层治理四平台"高效运行，统筹抓好信访维稳、应急管理等工作，矛盾纠纷化解率达99.8%。深化"雪亮工程"建设，建成"智慧安防"小区100个。推出全省首个县域公益慈善文化品牌"寸草心"，顺利通过全国社区治理和服务创新实验区验收。依法严厉打击各类违法犯罪，全力推进扫黑除恶专项斗争，破获涉黑恶案件82起，打击处理黑恶势力团伙30个203人。平安德清实现"十三连冠"。禹

越镇紧紧围绕"文化礼堂、精神家园"的目标定位,按照"产村人文"融合发展思路,普遍建设村文化礼堂,主要设施包括电影院、图书室、健身房、儿童活动房、手工坊等,把文化礼堂作为"身有所栖"的文化场、"心有所寄"的乡愁地、"共建共享"的活动馆,打造属于农民自己的精神家园,取得了初步成效。截至2018年底,全镇10个行政村已建成文化礼堂8个,2个在建及规划中,基本实现了文化礼堂全覆盖。

四、高度重视民生,推动社会事业取得新的突破

2018年德清县民生事业投入48亿元,占全县公共财政预算支出的71.5%。保障体系不断健全,启用全市首个24小时社保自助服务区,全县户籍法定人员基本养老、基本医疗保险参保率分别达95.9%和99.2%。老年人意外伤害保险参保率达100%,建成5家区域性综合型居家养老服务中心,幸福邻里中心实现县域全覆盖。保障性安居工程提前完成省市任务,城乡居民最低生活保障标准提高到每人每月810元。省义务教育标准化学校实现全覆盖,教育现代化达成度在全省县域发展水平监测中位列第九。县域医共体建设领先全国其他地区,出台全国首个医共体地方标准规范,承办全省县域医共体建设现场会,实施先诊疗后付费等措施,让群众看病少花钱、少跑腿、少费时。

五、以改善城乡环境为抓手实现生态美、生活美

德清县污染防治持续发力,中央环保督察和生态环境部饮用水水源地专项行动反馈问题全面销号。大力推进"水气土废矿"共治,在全省首推以工业园区污水零直排为目标的"一企一管一表"智能化改造。渔业养殖尾水全域治理项目获绿色发展突出贡献奖,2018年完成治理18.9万亩。河湖长制经验在全国交流推广,并作为唯一基层典型报中央财经委员会,"五水共治"夺得"大禹鼎"银鼎。完成VOCs[①]企业治理超百家,$PM_{2.5}$平均浓度下降4.9%。全国首个城乡环境生态综合体示范基地投运,城乡生活垃圾分类全覆盖,获评省农村生活垃圾治理工作优胜县。完成"两路两侧"废弃矿山治理8个,绿色矿山建成率达100%。小城镇环境综合整治全市率先收官,获评全省优秀县。完成10个精品示范村、7个精致小村、3个省级美丽宜居示范村创建,新增3A级景区村庄12个、城乡"美丽公厕"32座,建成农村公路120公里,获评"四好农村路"省级示范县。新增珍贵

---

① VOCs,全称为volatile organic compounds,挥发性有机物。

彩色森林近万亩、平原绿化4210亩，获批创建"国家森林城市"。实施新一轮"五年强村计划"，加快消除经济基础相对薄弱的村庄，村均经营性收入突破60万元，成为"省部共建乡村振兴示范县"。

六、以统一标准为手段推动城乡一体化达到新高度

德清县高度重视城乡统筹和区域协调发展，加强统筹协调，展现了城乡一体新面貌。德清县以新型城市化为抓手，突出底线思维，深入实施主体功能区战略，推进"多规合一"，实现人口、经济和资源、环境空间均衡。建立了"中心城市、特色小镇、美丽乡村"的城乡协调发展新格局，统筹推进交通、信息等基础设施建设，提升城市治理能力，推动"智慧德清"建设，打造城乡一体、三生（生产、生活、生态）融合的美丽德清。德清县以"提水平"和"促公平"为重点，进一步保障改善民生，围绕办好人民群众更满意的教育、医疗、卫生、养老、公共交通和社会保障体系，统一城乡社会保障标准，构筑了城乡一体、优质、均衡的社会公共服务体系的目标，加强了对特定人群特殊困难的精准帮扶，增强了人民的幸福感和获得感。

第三节 德清县全面建成小康社会的做法与措施

德清县在全面建成小康社会的过程中，县内各部门结合自身职能，立足已有条件，在盘活农村资源要素、搭建技术创新平台、深化改革促进发展、全面整治农村环境、促进乡村社会和谐等方面，创新出很多好的做法和值得借鉴的经验，为全面建成小康社会打下了坚实基础，探索形成了德清模式。

一、激活农村劳动力资源，做实创业创新

德清县立足各村实际，坚持深化改革、产业发展、主体培育多管齐下，加快推动美丽资源向美丽经济转变，做到了"村村都有产业""人人都能创业"。通过大力培育农业经营主体，依托民宿学院、农民大学、乡村振兴大讲堂等载体，广泛开展农民教育培训，让更多农民有了一技之长，有效带动了创业创新。截至2018

年底，已累计培育职业农民1752名，开办农民专业合作社257家、各类家庭农场370多家。积极鼓励在外经商户、在外大学生返乡下乡创业，在资金、用地等方面给予相应支持，全县500多家民宿中2/3以上由返乡下乡农民开办。成立了全国首家县级返乡创业协会，为返乡青年们提供各种回乡创业信息、培训和服务。特别是莫干山镇仙潭村，当地人开的民宿占了80%以上，有一半村民经营民宿或者从事与民宿相关的工作。

二、盘活农村土地要素，激发市场经济活力

德清县按照"控制总量、用优增量、盘活存量、释放流量、实现减量"的要求，发挥"多规合一"优势，加大农村土地制度改革创新，有效实施各类土地整合整治工程，最大限度盘活利用农村存量建设用地资源，促进土地要素有序流动和土地节约集约利用水平提高。一是强化规划引领。以开展新一轮土地利用总体规划编制试点为契机，充分发挥土地利用总体规划的"底数、底盘、底线"作用，统筹各类规划，发挥对全域空间资源统筹管理的"一盘棋"作用，实现了城乡发展从注重增量转向存量。二是统筹项目推进。统筹推进高标准农田建设、宜耕土地开发、农用地整理、建设用地复垦、低效用地再开发、废弃矿山综合利用治理等各项工程。采取以点扩面、上下联动、区域统筹的模式，创新生态修复途径，加快推进建设用地复垦农用地。三是加大盘活存量。集合"五未"土地（批而未供、供而未用、用而未尽、建而未投、投而未达标）处置、"厂中厂"整治、"最多跑一次"改革，通过协商收回、内部挖潜等措施加大农村宅基地、工矿废弃地、低小微工业用地盘活力度，研究制定出台了加快盘活存量的激励办法，明确激励范围、提高补助标准、实行指标挂钩，切实减少项目新增建设用地比例。四是发挥改革优势。自2015年承担国家农村土地制度改革试点工作以来，德清县统筹推进农村集体经营性建设用地入市改革、土地征收制度改革和宅基地改革，进一步厘清了农民、村集体和土地的关系，有效激活农业农村发展活力。创造了"农地入市"全国第一宗、登记第一证、抵押第一单等多个全国第一，入市增值收益调节金征收制度等做法被国家部委土地政策制定及省人大立法所吸纳，在全国率先出台基于"三权分置"的宅基地管理办法。

三、重视技术创新应用，搭建平台聚集资源

德清县高度重视农业技术创新应用，加大粮食高产主栽新品种示范推广力度，加快技术装备配套应用，大力推广应用水稻"两壮两高"栽培，水稻机插秧技术、

测土配方施肥技术、病虫草害综合防治技术、水稻叶面肥喷施宝等技术的配套应用。配合"五水共治"肥药减量行动，重点示范推广新型缓释肥、高效低毒新农药、水稻喷施宝等肥药减量增效新技术。开展绿色种养模式示范，建立稻鳖（虾）共生、稻鸭共育示范方。

德清县注重平台打造，通过平台集聚要素资源。例如，三林村通过引进德清滋农乡旅旅游开发有限公司（以下简称滋农乡旅公司）共同打造三林村万鸟园田园综合体，采取"公司+村集体+多方社会力量"的合作机制，搭建产业兴旺服务平台、生态宜居服务平台、乡风文明服务平台、乡村治理服务平台、品质生活服务平台等五大平台，共同推进村庄发展。浙江大学在三林村还成立了（三林）数字乡村研究院，成为基于数字化理念和技术服务乡村振兴的产学研深度融合平台。该平台建有数字化产业提升、数字化人才培育、数字化运营、数字化手段夯实乡村治理、数字化乡村生态监管、数字化生活服务等六大体系，以乡村振兴和数字经济创新研究与成果转化优势为基础，全面提升当前现代农业与美丽乡村发展经营水平，促进传统农业面向数字经济的产业转型和升级。

四、大力推进制度创新，深化改革，促进发展

德清县围绕"三权到人（户）、权跟人（户）走"，深入推进农村综合产权制度改革、农村集体资产股份权能改革，全面完成土地承包经营权、宅基地用益物权、村（居）集体经营性资产股权等确权颁证，并赋予集体经济组织成员对集体资产股份的占有、收益、有偿退出、继承、抵押、担保等六项权能。扎实推进农村土地制度改革，"农地入市"创造了协议出让第一宗、公开竞拍第一槌、集体土地到银行抵押第一单。农村土地改革经验得到了国务院的充分肯定，以改革撬动乡村振兴的做法得到复制、推广。

五、统一城乡社保标准，助推公共服务均等化

德清县着眼于变城乡二元为城乡一体，重点补齐城乡之间在公共服务、基础设施、治理体系等方面的落差和断档，有效打破了城乡之间的"玻璃门""旋转门"。深入推进户籍制度改革，附着在户籍背后的医保、低保、养老、住房保障等33项城乡差异政策实现全面并轨。全力推进城乡社保制度衔接和整合，城乡统一的社保服务基本实现，被征地农民基本生活保障制度实现并轨，为承包土地长期流转的农村居民开辟了参加职工社会保险制度的新途径。

六、加强农村环境整治，打造美丽宜居家园

德清县以大景区、大花园的标准，持续、扎实推进美丽乡村建设、生态环境整治、常态长效管理等工作，绘就了一幅天蓝、地净、水绿、村美的江南画卷，在全国首次农村人居环境普查中位居第一。依托国家"多规合一"试点，按照"西部民国风情、中部湿地风貌、东部江南水乡"的定位，因地制宜制订完成了各村建设规划。2018年德清县投入20亿元完成全县所有行政村的美丽乡村建设，A级村庄景区达到54个，其中3A级17个，并精心打造10条覆盖全县域的美丽乡村景观线，把美丽盆景串成了美丽风景，成为浙江省首批美丽乡村示范县。例如，禹越镇把良好的村庄生态环境作为全面小康的基本条件，坚持以景区标准统筹推进美丽乡村的建设、管理和提升，做好"一张蓝图绘到底"的村庄整体规划，开展"一把扫帚扫到底"的全域环境整治，建立"一把尺子管到底"的长效管理机制，在全镇绘就了一幅天蓝、地净、水绿、村美的江南画卷。

七、创新乡村治理机制，促进乡村社会和谐

德清县坚持自治为基，全面发挥居民主体作用。一是开创以村社党组织为核心、村居自治组织为基础、社会组织为补充、居民广泛参与的社区治理新格局。二是全面推行阳光村务"七步法"，落实重大事项决策"五议两公开"[①]，把决策权交给群众。三是在全国首创"乡贤参事会"治理模式，突出"协商""参议"两大主题，以"农村智囊团"的形式，发挥补位和辅助作用，推动基层治理模式实现从"代民做主"到"由民做主"转变。例如，禹越镇持续高度重视挖掘乡贤资源，不断创新"乡贤参事会"农村治理模式，重点突出"协商""参议"两大主题，以乡村为阵地、以乡贤为核心、以乡事为重点，把"本土、外出、外来"三类乡村精英组织起来组成"农村智囊团"，广泛开展服务活动，积极献计家乡发展，真正推动农村基层治理模式实现从"代民做主"转变为"由民做主"。深耕依法治村、以德治村、自我治村的重要力量，增添基层治理新动能，确保"小事找乡贤，大事找政府"的理念深入人心。四是制定和修订村规民约，通过宣传发动、草拟初稿、讨论修改、审核把关、表决通过、乡镇备案"六步法"，实现一村一法、一社一法，确保村规民约具有群众基础和生命力。禹越镇坚持开展"孝贤家庭""十佳

---

① "五议"即村两委负责人建议、村党支部会提议、村两委会商议、党员大会审议、村民代表会议或村民会议决议；"两公开"即决议公开、实施结果公开。

好家风""十佳孝敬标兵""新年老人祈福礼"等展示村域孝贤文化特色的活动。创新引入诚信机制，提高对孝贤家庭的信贷额度，充分利用百姓宣讲团，通过百姓讲、讲百姓、百姓听的宣讲形式走村入户传播孝贤文化，在全村刮起争做孝贤标兵的良好民风。

第四节 德清县全面建成小康社会的规划与愿景

在盘活资源要素、激发市场活力、创新制度供给的基础上，德清县大部分地区已经建成了小康社会。然而，应该看到，虽然德清县发展势头较好，但城乡差距依然存在；城乡环境虽有所改善，但城市能级和辐射带动能力还不够高；经济发展速度虽快，但发展质量仍有较大提升空间。从农村全面小康到乡村全面振兴，仍需继续加强制度供给和制度创新，全方位提升农村各方面品位，在城乡一体化的基础上加大融合发展力度。

一、要全面深化改革，形成体制机制新优势

要以全面深化城乡体制改革为抓手，以结构性改革和优化供给侧机制为重点，切实提升改革的综合效应，加快形成区域协同发展的体制机制、城乡一体发展的体制机制、产业创新发展的体制机制、生态绿色发展的体制机制。加快城乡一体发展标准化建设，巩固改革成果，努力探索可复制、可推广的县域协调发展路径，为全省乃至全国高水平全面建成小康社会积累经验、提供示范，着力打造全省乃至全国创新、协调、绿色、开放、共享的改革示范区。

二、要加强统筹协调，展现城乡一体新面貌

要优化城镇、生态、农业三大空间布局，明确永久基本农田控制线、生态控制线、建设规模控制线、城乡建设开发边界控制线，建立统一的"多规合一"控制线体系，实现生产空间集约高效、生活空间舒适宜居、生态空间山清水秀。要全面推进小城镇特色化建设，努力将县域内各镇建设成为产业特色鲜明、人文气息浓厚、生态环境优美的特色小镇。要推进交通基础设施互联互通，加快形成大

交通发展格局，加快重大交通项目谋划，狠抓重大项目推进。

三、要推进高端融入，增强开放发展新动力

抢抓长三角一体化上升为国家战略的重大机遇，主动对接国家、区域、浙江省的新一轮对外开放和区域合作重大战略，创新对接合作方式和路径，加快基础设施互联互通，积极谋划高水平开放合作平台，进一步实现接沪突破和融杭深化，加快推进城市国际化，全面提升对内、对外开放的层次和水平。在区域大融合基础上，着力推动城乡融合、一二三产融合、产业内融合，以融合促发展、以融合增动力。

四、要加快转型升级，拓展产业发展新格局

要坚持先进制造业和现代服务业"双轮驱动"，突出第一、第二、第三产业融合发展和"互联网+""科技+""金融+"，加快推动产业高端化、智能化、集群化、集约化、国际化、生态化发展，不断强化金融保障，聚焦信息经济、健康产业、高端装备制造、休闲旅游四大产业，改造提升现代物流、绿色家居（装饰建材）等一批传统产业，着力培育通用航空产业体系。发展"美丽农业"，以建设"农业产业集聚区"和"现代特色农业强镇"为载体，以融合发展为途径，积极发展都市型现代生态循环农业，加快建设省级现代林业经济示范区和现代农业综合体，规划建设渔业产业集聚区和渔乡小镇等农业特色小镇，打造现代农业园区升级版。加强产业平台建设，实施转型升级重点工程，逐步构建具有都市区经济特征的产业发展格局。

第五节 德清县农村全面建成小康社会的经验与启示

德清县农村全面建成小康社会的成功实践说明，优越的资源条件、独特的市场优势、优厚的制度供给是德清县快速、全面发展的重要经验。在全面小康的道路上，德清县对其他地区的启示还在于正确处理了目标与手段的关系、政府与市场的关系、顶层设计与基层探索的关系、城市与乡村的关系。

一、确定好目标任务与手段措施的关系

小康社会是邓小平同志在 20 世纪 70 年代末 80 年代初在规划中国经济社会发展蓝图时提出的战略构想。随着中国特色社会主义建设事业的深入推进，其内涵和意义不断地得到丰富与发展。党的十八大根据我国经济社会发展实际和新的阶段性特征，在党的十六大确立的全面建设小康社会目标的基础上，提出了一些更具明确政策导向、更加针对发展难题、更加顺应人民意愿的新要求，以确保到 2020 年全面建成小康社会。这个小康社会是发展成果惠及全体中国人民的小康社会，是经济、政治、文化、社会、生态文明全面发展的小康社会，是城乡区域协调发展的小康社会。从这个意义上说，经济建设、政治建设、文化建设、社会建设、生态文明建设构成了全面建成小康社会目标的主要内容。

实现全面建成小康社会的目标，需要综合运用经济、行政、法律、思想引导等多种手段。这些手段的使用，需要结合各地实际情况，综合施策。德清县的经验在于认清自身发展所处的历史阶段和已有基础，合理选择达成目标的手段，科学制定分项目标，最终实现战略总目标。例如，德清县在农村经济建设上，坚持以构建现代农业产业体系、生产体系、经营体系为突破口，进一步加快农业转型升级，切实提高供给质量和效益，同时全面推进农业清洁化生产，在全省率先开展水产养殖尾水治理行动，大力推广稻鳖共生、稻鱼共养和农牧对接等新型生态高效种养模式，通过经济手段为主、行政手段为辅的方式，提升了德清县农业经济发展水平。在农村社会建设方面，德清县通过行政手段引导，鼓励基层创新"乡贤参事会"、建立村规民约等方式，最终从思想引导方面为农村社会和谐发展起到了推动作用。

二、处理好政府作用与市场作用的关系

政府与市场的关系是经济社会发展中不可回避的重要问题。中国改革开放以来最成功的一条经验就是在坚持社会主义制度下发展市场经济，不断理顺政府和市场的关系，使市场在资源配置中起决定性作用，更好地发挥政府的作用。在农村全面小康的道路上，更要正确处理好政府与市场的关系，让政府职能与市场经济体制的要求相适应。

德清县在农业农村建设方面，始终坚持能让市场发挥作用的就交给市场，政府解决市场解决不了的基础设施、公共服务、兜底保障等问题，努力构建"市场有效、政府有为、企业有利、百姓受益"的体制机制，实现政府治理体系和治理

能力现代化。例如,在农业产业发展方面,政府除了在农业产业环境污染治理方面加强引导之外,很少直接干预农业产业发展,而在农村居民的养老、医疗、卫生、教育、低保等社会保障方面,加大投入力度。据了解,2018年德清县的民生事业投入占全县公共财政预算支出的71.5%。

三、把握好顶层设计与基层探索的关系

改革开放在认识和实践上的每一次突破和发展,无不来自人民群众的实践和智慧。在农村全面建成小康社会的道路上,要鼓励地方、基层、群众解放思想、积极探索,鼓励不同区域进行差别化试点。同时,农村改革在经济、政治、文化、社会、生态等各领域不断深化,利益分化进程加快,改革的统筹性需求不断加强,只有将顶层设计与基层探索深化融合,农村改革才能稳步推进。

德清县地处我国东部发达地区,经济、社会、文化等各项事业发展均走在全国前列,发展过程中遇到的新问题、新挑战较多,从全国范围看,没有相关经验可以借鉴,只能通过基层探索总结经验。德清县承担了很多改革探索任务,据了解,截至2018年,德清县承担的省级及国家级改革任务达65项。与此同时,德清县非常重视顶层设计,加强规划引领。推进"多规合一",实现人口、经济和资源、环境空间均衡,因地制宜制订完成了全县所有村庄的建设规划,研究出台了《德清县智能农业发展三年行动计划(2018—2020年)》。

四、协调好城市发展与乡村发展的关系

处理城市和乡村的关系是我国在工业化、城市化、农业现代化进程中面临的重大问题之一。改革开放以来,我国历史上形成的城乡二元结构逐渐被打破,城乡融合发展成为主要趋势。在这一过程中,相对发达的城市和相对落后的农村,打破相互分割的壁垒,逐步实现生产要素的合理流动和优化组合,促使生产力在城市和乡村之间合理分布,城乡经济和社会生活紧密结合与协调发展,逐步缩小城乡各方面的差距,使农村居民和城市居民一样具有幸福感、满足感和获得感,是农村全面建成小康社会的重要内容。

德清县在处理城市和乡村关系方面的经验值得借鉴。一是以改造乡村环境为抓手,把乡村变成美丽的大花园。拥有良好的生态环境,成了吸引年轻人和社会能人返乡,开展创业创新的重要条件,有效发挥了人的积极主动性,乡村改造得越来越好,城市与乡村的互动也实现了良性发展。二是城乡基础设施互联互通,把城市的水、电、路、气、网等现代化设施接入乡村,从而把现代化的生产生活

方式引入了农村。三是城乡各项社会保障全面并轨，据了解，德清县已经没有城乡户籍制度的差别，附着在户籍背后的医保、低保、养老、住房保障等33项城乡差异政策已经实现全面并轨，拥有良好生态环境的乡村及其生产生活方式体现了自身独特的优势，已经成为很多城市人群周末休闲和养老的重要选择，城乡融合体制机制形成，城乡一体化基本实现。

　　本章执笔人：谭智心。调研组由宋洪远带队，成员有习银生、谭智心、何安华、马凯。

第八章 河北省怀安县精准扶贫引领全面小康调研报告

到2020年全面建成小康社会，是我们党向人民、向历史做出的庄严承诺。为了解贫困地区农村小康社会建设情况，2019年7月25~27日，农业农村部农村经济研究中心调研组一行赴河北省张家口市怀安县进行了调研，调研组深入到县、乡、村三级，采取会议座谈、典型访谈、实地考察等方式，对怀安县全面小康建设现状有了初步认识。调研组认为，怀安县紧紧围绕打赢脱贫攻坚战这一首要任务，以脱贫攻坚统揽经济社会发展全局，以农村产业发展为核心、基础设施和基本公共服务提升为关键、社保兜底为防线、良好作风为保障，以点带面全面推进小康社会建设，确保2020年能够如期实现全面小康任务要求，但在人口城镇化、医疗文化服务供给、生态环境改善等方面还存在一定差距，特别是相比于全国平均水平，怀安县全面小康水平的成色较浅，需要进一步加大支持力度，同时加大改革创新和攻坚力度。

第一节 怀安县的基本情况

怀安县隶属于河北省张家口市，位于河北省西北部，居晋冀蒙三省（区）交界处，辖4镇7乡273个行政村，县域面积1706平方公里。截至2020年4月，怀安县总人口24.7万人，其中农村人口16.6万人，2011年被列入国家扶贫开发工作重点县，属燕山-太行山特困片区县，2019年底实现了脱贫摘帽。怀安县历史悠久，唐穆宗长庆二年（公元822年），取"朝廷施行仁政，百姓怀恩而安"之意，始称怀安县。

（1）怀安县地理位置优越，交通便捷，距张家口市主城区45公里、北京220公里、天津新港350公里、山西大同120公里、内蒙古呼和浩特280公里，处于京津冀都市圈和晋冀蒙经济圈的交会处，素有"金三角"之称。京藏、京新高速直通怀安，京包铁路横贯全境，110 国道、207 国道途经腹地。张呼高铁、张大高铁在县城交会并设枢纽站，2019 年底高铁通车后到达北京市区仅需 50 分钟，交通优势更为明显。

（2）怀安县生态环境优美，山清水秀。全县地域辽阔，地势西高东低，属浅山丘陵区，森林覆盖率达到 38%，是省级园林县城，2017 年被纳入国家重点生态功能区，是首都水源涵养功能区和生态环境支撑区；属大陆性气候，四季分明，年均气温 8℃，是环京津避暑胜地，也是全国空气质量最好的县区之一。县境位于洋河上游，属于海河流域永定河水系，年均降水量 400 毫米，县内有常年性较大河流 5 条，是河北省水资源较为丰富的县区。

（3）怀安县经济加快发展，绿色崛起。近年来，怀安县主动适应经济发展新常态，确立了"工业立县、商贸活县、全民创业、绿色崛起"的总体思路，积极打造河北怀安经济开发区，确立了高端装备、应急制造、再生能源、现代服务四大主导产业，全县经济总量不断提高，质量效益稳中有进，城乡面貌持续改善，人民生活水平稳步提升。

第二节　怀安县全面建成小康社会的主要做法和进展成效

怀安县在习近平新时代中国特色社会主义思想的指导下，以脱贫攻坚为着力点，大力推进经济、政治、社会、文化、生态建设，农村经济社会快速发展，全面小康社会建设取得显著成效。2014 年全县建档立卡贫困人口 20 529 户 37 826 人，截至 2018 年底，已脱贫 14 534 户 27 182 人，未脱贫 5955 户 10 644 人，贫困发生率下降到 5.03%，全县 158 个贫困村中已退出 72 个，2019 年已实现全部脱贫。在全面建成小康社会的奋斗过程中，怀安县探索出了一些好的经验做法，值得在乡村振兴战略实施中进行总结推广。

一、加快构建现代产业体系，有效破解增收致富难题

脱贫致富，产业是根本。怀安县围绕农业供给侧结构性改革这一主线，不断推进农业高质量发展。一是积极培育特色种养业，根据县情实际、农村特点，怀

安县制定了《关于支持特色产业发展助力脱贫攻坚的实施意见》,支持贫困户发展蔬菜、菊花、马铃薯、肉牛等"十二类"特色产业,为贫困群众提供"菜单式"扶贫项目,已在4个乡镇建设蔬菜大棚365个,覆盖贫困户6000多户。同时,强化扶贫经营主体培育,与绿源农牧业科技发展有限公司等龙头企业合作,探索资产收益扶贫模式,全县现有市级以上龙头企业16家、合作社426家、家庭农场6家,实施新型职业农民、新型经营主体带头人培训工程,提升从业人员整体素质。二是探索电商扶贫和乡村旅游,积极推进电子商务进农村综合示范县建设,在淘宝、京东设立了怀安扶贫馆,实现怀安贡米、柴沟堡熏肉、洋河古韵草莓等网上销售。三是推进扶贫车间建设,现已建成14个扶贫车间,其中6个车间已投入生产,吸纳当地贫困人口150人就业,每人月收入1500元以上。四是发展光伏扶贫,全县共建成115个村级光伏扶贫电站,3座集中式光伏扶贫电站,188个村集体和338户贫困户屋顶分布式光伏扶贫电站。2018年光伏收益近3000万元,利用光伏收益、帮扶资金、财政补贴资金等,通过给有劳动能力的贫困户创造公益岗位、救助无劳动能力的贫困户,使更多的贫困户受益,现有保洁员、防火员、治安巡逻员、政策宣传员等公益岗位6514个,全县有劳动能力和就业愿望的贫困劳动力实现全部就业。

二、强化农村社会服务供给,有效解决基本民生问题

围绕"两不愁三保障"等基本民生问题,怀安县建立经常性排查机制,逐村逐户开展大排查、大起底,把存在的所有问题和困难了解清楚,一个问题一个问题地研究解决。一是抓好教育民生工程,切实落实农村义务教育学生营养改善、贫困寄宿生补助等各项教育资助政策,统筹推进幼儿教育、义务教育、高中教育、职业教育和特殊教育协调发展,不断完善教学设施设备;建立控辍保学责任制,对全县建档立卡贫困家庭中6~16周岁适龄人口入学情况进行全面排查,对县外上学儿童进行摸排和跟踪服务,确保无一人辍学;推进乡村教师支持计划,建立城乡教师交流机制,定期选派城镇优秀教师到农村学校支教,选调农村中小学或薄弱学校部分优秀青年教师到对口的城镇学校交流任教,锻炼提高,切实提升农村教育水平和质量。二是抓好健康民生工程,坚持预防为主的方针,宣传健康知识,开展家庭医生签约服务和免疫规划工作;实施"先诊疗、后付费"政策,全县所有定点医疗机构全部实现"一个窗口办理"的"一站式"报销服务,既让群众看得起病,又让群众看病更加方便;对于贫困人口的医疗保障情况进行全面排查,对由于无身份证、新识别、新生儿等原因没有参保的贫困人口全部进行参保。三是构建精准防贫机制,制订实施《怀安县精准防贫工作实施方案》,瞄准农村低

收入和收入不高、不稳的边缘贫困人口，全面建立防贫对象台账，设立精准防贫专项保险，由县财政安排预算300万元用于因病防贫和因灾防贫保险，切实加强对贫困边缘户的保障力度，扎实开展防贫救助工作，兜住脱贫攻坚的最后一道防线，有效提高全县群众的满意度。

三、补齐基础设施短板，不断改善农村宜居环境

"小康全面不全面，关键看环境"。怀安县深入开展对标检查，大力推进宜居环境巩固提升。一是着力保障饮水安全，制订实施《关于开展饮水安全情况排查的工作方案》，对全县所有村庄和农户的饮水情况进行普查，对季节性缺水或取水不方便的个别村、老弱病残等特殊群体，持续开展饮水安全保障工作，确保达到脱贫标准。二是着力保障住房安全，县级财政追加资金提高贫困户补助标准，积极实施农村危房改造工程，制定实施《农村土碹窑改造提升工程指导意见》，通过农民自筹、社会帮扶、财政奖补的办法筹措资金，对非建档立卡贫困户的土碹窑进行改造。三是全面实施农村基础设施提升工程，坚持贫困村和非贫困村基础建设项目同步安排，贫困村使用涉农整合资金和东西部扶贫协作资金，非贫困村使用县财政资金，全面完善村内道路硬化、路灯安装、雨污水工程、卫生室建设、文化活动中心、村委会建设等便民服务工程，实现村容村貌极大改善，村村有硬化路和太阳能路灯。四是开展农村人居环境整治行动，启动农村环卫一体化项目，采取政府购买服务形式，实行城乡垃圾统收统运，利用政府设置的公益岗位，对农村环境卫生实行全面大清理，并建立管理维护长效机制；积极推进"厕所革命"，2018年完成农村户厕改造7942座。

四、丰富群众精神文化生活，推进文化强县建设

一是推进内源扶贫，杜绝精神贫困，建设新时代讲习所，巡回开展扶贫政策讲习、党课讲习、道德讲习、宗教讲习、感恩讲习、文艺讲习等，充分调动贫困人口发展的积极性。二是传承孝善，弘扬孝德之风，县财政出资建立孝善养老基金，以户为单位按季发放，子女分100元、200元两个档次缴纳赡养金，政府按10%比例进行补助，有效解决老人生活经费来源问题。三是推进农村公共文化服务体系建设，启动"多馆合一"综合性公共文化服务项目，全县11个乡镇全部建成综合文化站，273个行政村村村有农家书屋；广泛开展广场舞大赛、送戏下乡、送电影下乡等文化惠民演出活动，让群众有更多的文化获得感。四是推进传统文化传承和旅游开发相融合，积极做好柴沟堡熏肉、怀安软秧歌、蹦鼓子舞、胡家

屯九曲黄河灯、社火道四句、左卫墙围画等非物质文化遗产保护和开发工作；抓住京津冀协同发展、京张携手举办冬奥会等战略机遇，积极打造金菊香果小镇、稻香田园小镇、奥日碹窑艺术小镇、牡丹观光园区等特色小镇，推动旅游与文化、体育、生态、康养深度融合发展。

五、强化农村治理体系建设，有效提升基层组织管理能力

以"基层基础规范提升"和"脱贫攻坚党旗红"活动为载体，凝聚脱贫攻坚合力，夯实脱贫攻坚基础。一是驻村工作全覆盖，坚持贫困村与非贫困村统筹考虑，实现全县273个村驻村帮扶全覆盖。印发《关于统筹抓好农村"新三支队伍"建设的实施意见》，对驻村干部队伍建设提出五个方面20条具体要求；定期调度省市贫困村和非贫困村驻村工作队第一书记及县直派出单位主要负责人，并及时协调解决问题。二是村级班子配齐配强，做好农村两委换届工作，不断把讲政治、有能力、敢担当的优秀人才推选进村两委班子；实施"党支部质量提升"、党支部书记"领头羊"工程，增强基层党组织凝聚力、战斗力，提升全心全意为人民服务水平，积极主动为民排忧解难；举办精准扶贫脱贫、政策交流答疑、农业产业扶贫、新一轮农村党组织书记轮训等培训班7期，对所有驻村干部、村党组织书记、各乡镇扶贫干部等进行全覆盖集中培训。三是开展暖心帮扶行动，严格落实派出单位、驻村干部、帮扶责任人的责任，通过实行"月双访"、开展"六个一"、遍访"所有户"、关爱"特困户"、村务"全公开"、讲解"好政策"等具体举措，拉近与群众之间的距离，做群众的贴心人、服务队，解决好群众实际问题，提高群众满意度。调研时，我们还发现有的村建立了村民微信群、基于村民向善行为打分的爱心超市，积极利用互联网等平台创新乡村治理方式。

第三节 怀安县农村全面建成小康社会的短板弱项

随着脱贫攻坚的深入推进，怀安县经济、社会、文化、生态等各方面都取得了长足的发展。近年来怀安县农村居民收入持续增长，增速明显高于全国平均水平，教育、医疗等基本公共服务供给水平显著提高，水电路网等基础设施不断完

善。但按照全面建成小康社会的目标要求，怀安县在人口城镇化、卫生健康保障、文化服务供给、生态环境改善等方面还存在一定差距，特别是相比于全国平均水平，怀安县全面小康水平的成色较浅。结合实地调研发现，怀安县全面建成小康社会主要存在如下几个方面的短板弱项。

（1）农业农村基础设施相对滞后。在农业生产方面，全县水利基础设施薄弱，水利系统不健全，灌溉成本高，怀安县基本是十年九旱，灌溉设施不足严重制约了农村产业发展。在生活设施方面，农村的水、电、气、路、教育、文化、网络等依然存在供给不足问题。住房安全方面，通过农村危房改造和农村土碹窑改造提升，已基本达到安全住房标准，但建设标准、使用面积等距小康社会还存在一定差距，1～2人户的标准面积仅30平方米，过年孩子回老家都没有地方住，部分乡镇窑洞危房改造特别是改造后新旧连体问题突出，部分存在安全隐患。饮水安全方面，目前农村居民已经基本解决饮水困难问题，但是饮用水源地保护工作落实难，存在较大的安全隐患。人居环境方面，农村开展垃圾集中回收后，所有垃圾向县城处理中心集中，出现了垃圾处理中心处理能力不足问题；农村污水处理设施基本没有，新一轮改厕工作尚处于起步阶段，农村卫生厕所普及率全面小康目标值为大于或等于85%，2018年全县完成42.78%，实现程度为50.33%。文化生活方面，全县273个行政村，拥有村文化活动中心的只有113个村，拥有文化广场的只有152个村，开展文化活动的场地设施严重不足；人均公共文化财政支出全面小康目标值为大于或等于150元，2018年全县达到91.68元，实现程度仅为61.12%。

（2）农村公共服务保障能力较低。在教育保障方面，城乡教育质量差异较大，目前很多农村孩子都去城市上学，家长陪读，出现了农村学校招不到学生、城市学校班级规模超标的现象，不合理的师资配比，严重影响了城乡教师资源的配置。在医疗服务方面，全县医疗水平和服务能力偏低，不能满足当地群众的看病需求。绝大多数大病患者首诊选择在县外，县级医院由于服务水平和能力的问题只能提供大病患者的中、后期服务，服务水平和质量不高；每万人拥有执业（助理）医师数的全面小康目标值为大于或等于20人，2018年全县达到14.1人，实现程度仅为70.5%。在社会保障方面，城乡一体化程度低，2019年城市低保保障标准为每人每年79 200元，而农村低保标准为4440元，远低于城市保障水平。

（3）农村地区人才流失严重。随着大量农村劳动力外出务工，农村教师、乡村医生、致富带头人严重不足。全县共有乡村医生309人，其中60岁以上148人，约占总人数的48%，老龄化现象突出；中专以上学历68人，取得助理及以上医师职称的仅有24人，人员素质总体较低，基层服务能力明显不足，导致基本公共卫生、基本医疗及家庭医生签约服务工作质量不高。同时，农村空心化、老龄化问题突出。目前全县空置率超过50%的行政村占比达到15%。我们调研的西沙城乡北庄堡村是一个在全县具有代表性的村庄,全村常住人口从2000年的1000余人减少到了2019年的400多人,老龄化程度较深,60岁以上人口占比接近50%,20~50岁的人口中外出占比超过80%,常住人口年龄结构分布与户籍人口分布严重脱节。

(4)农业供给质量和效益不高。一方面,特色种养业产销不衔接问题突出,这是我们调研时村干部反映最多的一个问题。一直以来,当地农民以种植玉米、土豆等粮食作物为主,近年来积极发展设施蔬菜和水果,但由于缺乏市场信息,经常不知道该种什么,种了东西也缺乏销售渠道,只能通过商贩上门低价出售。同时,农业产业主要集中在种养初级环节,产品附加值较低,品牌建设严重滞后,全县暂时没有一个"三品一标"品牌。另一方面,三产融合发展难度大,乡村旅游刚刚起步,特色小镇的知名度还较低,经典旅游路线尚未形成,还没有一家A级景区,全县的配套服务也有待完善,目前全县还没有统一的出租车,也没有一家星级酒店。

(5)农民持续增收难度大。近年来,怀安县农村居民收入水平快速上升,由2015年的7945元上升到了2018年的11 024元,但远低于全国平均水平。从收入结构来看,农村居民工资性收入增长潜力已经不大,传统经营性收入增长难度较大,转移性收入增长具有很大的不确定性,财产性收入比重较低,未来持续增收难度大。

(6)农村组织化程度较低。一是农业组织化程度低,怀安县的新型经营主体数量相对比较少,对于小农户的带动能力还比较弱。调研时,发现一些乡村存在严重的土地抛荒现象,由于地块分散、组织能力不足等多方面的原因,土地流转和连片整治难度较大。二是农村基层组织力量薄弱,在光伏扶贫项目的支持下,怀安县贫困村都有一定的村级集体收入,而非贫困村则基本没有村级集体收入,这在很大程度上造成了农村基层组织力量薄弱。目前村干部收入较低,普遍在1000~3000元/月,远低于外出打工的收入,缺乏对村干部和致富带头人的激励机制,年轻人普遍不愿意留在村里做村干部,影响了村干部队伍的稳定性,农村两委班子目前普遍存在年龄老化、知识结构不合理等问题。部分村庄选举存在家族势力干预问题,难以实现公平、公正选举干部。

(7)部分农村居民的环保意识较低。在环境方面,由于农民的环保意识较低,加上宣传引导不到位,部分农户乱扔、乱堆、随意倾倒生活垃圾的习惯没有实质性改变,偷盗、损坏垃圾桶问题严重(已达总数的50%,其中丢失约占20%),导致部分地点垃圾收运不到位,严重影响了农村垃圾的收运工作。在健康方面,农民对疾病预防控制的知晓度还不高,不注重预防疾病,生病了才去治疗,健康防范意识有待提高。在住房方面,一些农户已经领到新房的钥匙,但是依然居住在尚未拆除的危房中,安全意识有待提高。

第四节　关于贫困地区全面建成小康社会的几点建议

贫困地区是全面建成小康社会的最大短板。贫困地区聚焦脱贫攻坚的同时，要以点带面稳步推进全面小康社会建设，针对薄弱环节问题，补齐短板，缩小差距，如期打赢脱贫攻坚战，全面实现2020年小康社会的决胜目标。

一、明确贫困地区全面小康的目标要求，不能将全面小康与全面振兴目标相混淆

习近平总书记指出，"'两个翻番'意味着'十三五'时期全国年均经济增长要保持在6.5%以上，全国城乡居民人均可支配收入年均增长5.8%以上，力争发展和居民收入增长同步，但各地不可能都保持这样的速度，有些高一点、有些低一点才符合实际"[1]。对于一些贫困地区、农产品主产区、重点生态功能区，主要目标是保障国家粮食安全、保障国家生态安全的主体功能得到加强，各项事业有明显进步，特别是人民生活、公共服务水平有明显提高。因此，需要明确贫困地区全面小康的标志就是全面脱贫，对于贫困人口而言，就是要实现"两不愁三保障"的目标。

二、加快建立持续减贫和防贫机制，确保贫困人口如期脱贫不返贫

防止返贫和脱贫攻坚同样重要，要持续巩固现有脱贫成果，增强"造血"功能，建立健全稳定脱贫长效机制，提升帮扶资源的使用效率，增强贫困人口自我发展能力和贫困县的内生发展动力，防止各种返贫现象出现。一方面，要加快完善贫困农户动态监测管理机制，定期开展全面核查，确保现有贫困人口如期脱贫，

---

[1]《在党的十八届五中全会第二次全体会议上的讲话（节选）》，http://news.12371.cn/2015/12/31/ARTI1451569653433470.shtml[2015-12-31]。

已脱贫人口持续增收不返贫，并将非贫困户中的低保户、残疾户、重灾户、大病重病户等"贫困边缘户"纳入监测范围，对发现的突发性、临时性可能致贫和返贫人员经村级民主评议上报后一并纳入监测范围。另一方面，要逐步建立防止返贫的保障机制，对存在新致贫风险或返贫风险的农户，要建立临时性救助台账，联合民政、教育、人社等社会救助管理部门，落实帮扶和社会救助措施，给予应急性、过渡性救助，有效破解临时性贫困难题。

三、加大支持力度，提高贫困地区公共服务城乡一体化水平

小康不小康，关键看老乡。鉴于短时间内很难从硬件设施方面实现贫困地区与发达地区、农村和城市之间的基础设施与公共服务均等化，要重点聚焦城乡公共服务一体化，切实提升农村居民的幸福感、获得感。一方面，要加快构建城乡统一的社会保障体系，加大中央财政支持力度，提高农村低保救助标准，确保救助能够兜起临时性贫困的底、低保能够兜起全面脱贫的底，并推进扶贫工作由事后救助转向贫困风险预防，由现金或物质救助转向能力培养与服务援助，由生存保障转向就业激励，使有条件的贫困人口通过工作自救和能力提升实现自我脱贫。另一方面，要创新贫困地区公共服务供给方式，要利用互联网等新技术、新手段创新城乡公共服务共享方式，通过委托培训、对口帮扶、组建集团等方式推进贫困地区共享发达地区的教育、医疗、文化等公共服务资源，建立城市教师和医生等到边远贫困地区与农村服务的激励机制，在职称和待遇等方面向贫困地区倾斜，引导公共服务人才逆向流动。

四、加快建立农业绿色开发机制，促进贫困地区农村居民稳定、持续增收

贫困地区多为"老、少、边、山"地区，其资源优势在于生态和文化。要通过改革创新，让贫困地区的土地、劳动力、自然风光、民族文化等要素活起来，让资源变资产、资金变股金、农民变股民，让绿水青山变金山银山，带动贫困人口持续增收。一方面，要提升特色种养产业的质量效益，强化技术和品牌支撑，积极引进新型经营主体，创新小农户和新型经营主体的利益联结机制，打造具有市场竞争力的特色产业；另一方面，要大力发展农村电商、康养旅游等新兴产业，完善配套服务，加快推进第一、第二、第三产业融合发展，打造新的增长极。

五、贫困地区脱贫摘帽后,要尽快制订实施乡村振兴战略规划

乡村全面振兴是长期性战略目标,全面小康是目前的短期性战略目标,全面小康是全面振兴的基础,但是在实施乡村振兴战略过程中,部分村庄必然将走向消亡,在那些未来可能消亡的村庄投入过多的基础设施建设,不仅浪费资源,而且可能给未来的开放建设造成一定的困难,因此,必须加强战略规划指导,稳步推进贫困地区的空乡村治理。表8.1呈现了怀安县全面小康社会的建设情况。

表8.1 怀安县全面小康社会建设情况

指标	怀安县全面小康目标值	怀安 2015年	怀安 2018年	全国 2015年	全国 2018年
人均地区生产总值/万元	≥3.8	2.99	4.48	5	6.46
城镇人口比重/%	≥50	39.2	44.8	56.1	59.6
农民人均收入/元	≥6000	7 945	11 024	11 422	14 617
农村居民恩格尔系数/%	≤40	37.3	34.3	37.7	30.1
高中阶段毛入学率/%	≥90	90.3	93	87	88.8
5岁以下儿童死亡率/‰	≤12	2	3	10.7	8.4
每万人拥有执业(助理)医师数/人	≥20	8	14	22	24
互联网普及率/%	≥50	42.1	62.3	50.3	59.6
农村自来水普及率/%	≥80	95.4	100	76	81
对生活垃圾进行处理的行政村比例/%	≥95	81.8	100	62.2	75[a]
农村卫生厕所普及率/%	≥85	46.81	42.78	78.4	81.8[a]
人均公共文化财政支出/元	≥150	62.13	91.68	49.68	66.53

资料来源:怀安县全面小康目标值及各指标具体数据来源于怀安县统计局提供的《全面小康社会监测报告》;全国数据来源于国家相关统计年鉴

a 表示由于2018年度数据尚未公布,指标值为2017年底数据

本章执笔人:张斌。调研组由陈洁带队,成员有习银生、谭智心、张斌、胡钰。

第九章　浙江省德清县三林村小康建设调研报告

近年来，在推进农村建成小康社会和实施乡村振兴的过程中，各地根据乡村拥有的资源禀赋、地理区位、市场潜力等因素，探索出许多各具特色的村庄发展模式。浙江省德清县三林村"村企互动"模式为我们提供了一条"村企搭台筑巢引凤"的村庄发展思路。三林村和滋农乡旅公司的联合与互动，是村庄与社会资本的合作，有效地为村庄发展引进了人才、先进理念和建设资金，为农村小康社会和乡村振兴奠定了良好基础。

第一节　三林村概况

三林村地处浙江省湖州市德清县东部水乡平原地区，位于禹越镇西北部，地理区位优势明显，既属于长三角都市圈，距离上海143公里，仅1.5小时车程；也是杭州近郊旅游圈，在杭州第二绕城高速范围内，融入杭州大都市圈，与杭州市余杭区无缝对接。2010年11月，三来村与茅林村合并为三林村，下设37个村民小组。2019年三林村全村地域面积6平方公里，户籍在册总户数955户，人口3962人。村两委班子成员4人，村党总支下设2个党支部，共有党员95名。该村处于典型的湿地农业系统内，多鱼塘桑园，其中水田3070亩、桑地1291亩、鱼塘460亩。2010年并村后，村庄发展迅速，2018年农村经济总收入63 987万元，其中工业总产值56 309万元，村集体经济收入106.9万元。村民收入主要依靠非农就业，人均可支配收入从2017年的31 653元增加到2018年的34 818元。

第二节　以"村企互动"长效合作机制推动乡村发展

德清滋农乡旅公司是一家服务乡村振兴的运营管理平台公司，以"服务乡村振兴，实现四共理想"为宗旨，汇聚城乡各方力量，为乡村振兴提供系统性、整体性管理运营方案及工作支撑。2016年，三林村引进滋农乡旅公司共同打造三林村万鸟园田园综合体，该项目涉及资金2500万元，其中三林村以各类财政项目形成村级资产1000万元入股，占股40%，滋农乡旅公司出资1500万元并负责后期管理维护，占股60%。三林村和滋农乡旅公司采取"公司+村集体+多方社会力量"的合作机制共同推进村庄发展。

村企互动是推动乡村振兴的一种有益探索，也是推进农村建成小康社会的重要途径之一。过去的艰难发展历程让三林村村委班子认识到，光靠农民自己发展是不行的，所以他们引入了滋农乡旅公司，将村庄农文旅运营交给公司进行专业化经营，同时滋农乡旅公司也知道光靠一家公司难以全面振兴整个三林村，还需要更多的社会力量参与进来。因此，三林村和滋农乡旅公司明确了"政府支持、合作投入、公司运营"的思路，进行村企合作，打造田园综合体样板。

所谓政府支持，是指禹越镇政府与三林村两委积极支持并努力争取相关政策，在初期发展、村民合作、发展政策、配套项目、经营独家性、品牌活动等方面对三林村的美丽经济发展给予支持。合作投入是指滋农乡旅公司先跟三林村签订战略合作协议，确定双方的合作关系，再以"陪伴式投入、陪伴式发展"为原则，投入一定的人力、物力、财力和社会资源，与三林村合作发展。公司运营是指滋农乡旅公司在取得三林村旅游运营权后，成立三林村旅游投资运营公司，负责景区的开发、管理、招商运营工作，三林村股份经济合作社参与景区的运营并分享运营公司一定比例的分红。

光靠三林村和滋农乡旅公司还不足以把整个三林村的农文旅资源高效盘活利用起来，还需要更多的社会资本参与进来。对此，三林村和滋农乡旅公司共同搭建了乡村振兴服务平台，通过服务平台下的创客中心为乡村创客团队提供办公、住宿、餐饮服务和各级政府沟通的服务，降低了他们进入三林村创业的成本，提高其创业成功率。例如，服务平台引入浙江农林大学园林学院、浙江大学（三林）数字乡村研究院落户三林村，进一步加强地方政府与高校的产学研一体化校地合作，促进高校研究成果转化，探索高校参与乡村振兴的新模式。

第三节 村企互动推进农村小康社会的"三林经验"

一、注重村庄发展规划，明确产业发展布局

2016年以来，三林村以乡村振兴为统领，在政府和村党支部的领导下，努力推进农业供给侧结构性改革，高标准规划、快速推进乡村振兴的各项工作。2016年三林村编制了《德清县禹越镇三林村精致小村的规划方案》，规划以"白鹭水乡·国际慢村"为设计理念，全面打造白鹭水乡慢生活区，以国家级3A级景区的标准推进村庄环境建设。随后该村又制定了《德清县禹越镇三林村白鹭水乡旅游区总体规划》，明确村庄产业发展布局。第一产业按照"南果、中渔、北牧、东桑"进行布局，发展旅游观光休闲农业，具体布局是：在白龙潭周边兴建四季采摘水果园，村委会办公地点周边发展观光渔田，S13高速公路以北建设美丽牧场，三林大道沿线东段两侧布局桑园，形成以水产养殖为基础，桑、果、花、菜为局部亮点的"水产养殖+"水乡农业观光带。第二产业聚焦三林大道东段的村级工业园区，打造千丝情观光工厂展示馆，一方面按照观光工厂的要求改善外部景观环境，另一方面在展示馆内部增设蚕桑文化展示墙、丝绵被制作流程体验室、优质丝绵被产品展销厅等。第三产业瞄准乡村旅游配套产业，通过乡村振兴服务平台招商运营，引导社会资本在核心景区周边的自然村分散发展餐饮、民宿、电商等配套项目。目前，三林村已形成渔桑生态循环农业、丝绵加工与电商销售产业、乡村休闲旅游与文创产业"三足鼎立"全面融合的农村产业结构。

二、村企合作，围绕乡村振兴搭建五大服务平台

三林村和滋农乡旅公司按照"产业兴旺、生态宜居、乡风文明、治理有效、生活富裕"的乡村振兴总要求，从五大方面开展村庄建设工作。

（1）搭建产业兴旺服务平台。以产业融合发展为着力点，通过模式、技术创新推动产业发展。在第一产业上，主要通过芯片鱼技术引进和推广提高黑鱼养殖

经济效益。通过农旅结合，提高村民养蚕积极性。在第三产业上主要通过旅游发展，激活乡村资源、引导生产转型、集聚社会力量，从而带动村民增收，壮大集体经济。

（2）搭建生态宜居服务平台。以浙江农林大学园林学院马军山团队为主，编制了《德清县禹越镇三林村精致小村的规划方案》《三林村的美化绿化方案》《民宿的设计方案和垃圾分类设计方案》。团队采用驻村工作方式，持续为三林村的美化提供坚强的技术和人才支撑。

（3）搭建乡风文明服务平台。农村的发展，既要"富口袋"，也要"富脑袋"。滋农乡旅公司引入了许山老师团队，建立三林书院，每周定期举办至少一场公益讲座，邀请来自各行各业的优秀专家学者前来讲课，在润物无声中植入了民淳俗厚的新风尚。三林村在 2017 年获评全国文明村。

（4）搭建乡村治理服务平台。在乡村治理方面，三林村创新工作机制，激活乡贤资源，引导农村社会组织参与基层社会治理，打造"乡贤参事会"这一特色基层自治品牌，乡贤参事为村两委决策出点子、提意见，是村两委议事的好帮手，逐步形成村党组织领导下的群策群议、一体运作的运行体系。

（5）搭建品质生活服务平台。三林村地处经济发达的长三角地区，城乡居民都有对品质生活的强烈要求。滋农乡旅公司带领村民聚力村庄清洁、畜禽粪污资源化利用，实现"水清、河畅、岸绿、景美"，打造"白鹭水乡·国际慢村"，建设生态绿色美丽乡村，乡村环境面貌持续改善。2016 年以来，该村陆续建设了大湖原舍民宿、水乡传艺馆、白鹭 YOUNG 咖啡馆、白鹭文化园、国际农庄等，游客可以在基地进行鹭鸟生活的观察、蚕桑文化的体验、香樟树下微党课的学习、孝贤传统的感知，体验三林村"白鹭水乡·国际慢村"的品质生活。

三、发展数字经济，提升产业经营和乡村治理能力

2019 年 5 月，三林村与浙江大学德清先进技术与产业研究院签订战略合作协议，共建浙江大学（三林）数字乡村研究院，该研究院也是全国首个院址设在村里的数字乡村研究机构。研究院从五大振兴着手，以"数字化生产、数字化运营、数字化人才、数字化治理、数字化生活、数字化生态"为研究和实践方向，通过数字化的产业技术，将浙江大学的产学研成果与三林村的优势结合，通过数字经济为三林村注入发展新动能，促进传统农业面向数字经济的产业转型和升级，推动三林村打造农村数字经济第一村。

（1）数字化提升农业产业效益。以三林村的黑鱼养殖为例，通过为黑鱼植入芯片，全程记录黑鱼的生长和流通信息，消费者通过扫码即可了解黑鱼的生长环境和流通过程，这样的"数字鱼"可以卖到 20 元/斤左右，比传统养殖的黑鱼高出 13 元/斤。好产品也怕无人识，数字乡村研究院在三林村启动全国首个"抖音村"项目，建立乡村抖音宣传矩阵，推出代表乡村各个领域的正能量网红，策划、创作反映乡村题材的优质网络文化内容，结合融媒体平台通过互联网进行传播，让村民、乡贤不仅做乡村销售员，还要做乡村新闻官，让乡村的农特产品、优美田园风光走进消费者的视野。

（2）数字化提升乡村治理能力。通过开展"互联网+党建"的研发与应用，将大数据与虚拟技术应用在党建管理与党课学习中，结合互联网授课形式和学习强国等平台加强了党在农村基层的思想教育工作。将互联网手段应用到三务公开与村务监督中，建立基于互联网社群理念的乡村治理结构和村民自治机制，让乡村治理更加便捷、高效。

（3）数字化推动乡村环境美化。利用卫星遥感技术、无人机、高清远程视频监控系统和物联网传感器对三林村的土壤、水、农村污染源、污染物开展全时全程监测，然后开展智能化的农村污水处理与农业生产废水、废料处理，进行这些探索无疑会让三林村的环境更加优美、宜居。

四、携手解决垃圾分类处理问题，共建美丽乡村

良好的村庄人居环境是乡村休闲旅游发展的前提条件，而做好垃圾分类处理是改善人居环境的重要内容之一。如何利用好垃圾是垃圾分类工作的最终目的和长效手段。三林村和滋农乡旅公司共同制订垃圾利用方案，一方面，把垃圾资源化利用，如做成酵素、文创产品，做成家家户户的庭院景观，实现"变废为宝、变脏为景"；另一方面，在景区运营中把垃圾分类做成研学景观带和体验项目，真正让垃圾分类变成了产业，为壮大村集体经济增添新动力。2019 年 6 月，三林村启动了垃圾分类研学游，在 2 个月时间里招收了 200 多名学员。此外，数字化手段在垃圾分类中也大显身手。例如，（三林）数字乡村研究院联合浙江在线等机构共同发起乡村垃圾分类的抖音大赛，让三林村的村民家家户户以流行的形式都能参与到垃圾分类良好习惯的养成中来，促进村民营造文明乡风。推广智能化的垃圾分类设施与基于物联网科技的生物餐厨垃圾处理，探索垃圾处理新模式。

第四节　村企互动推进农村小康社会取得的成效

一、生态效益明显

一是村庄房屋违建问题得到明显遏制。截至 2018 年 12 月，三林村累计拆除违法违章建筑 32 起，清理废品堆放场 23 起，立面改造 182 户。二是农村家庭卫生厕所革命、农村生活污水治理全覆盖。截至 2018 年 12 月，消除露天粪池及简易茅厕 4 处，建设公共厕所 4 座，其中万鸟园公共厕所为三星级旅游厕所，建成 4 个集中式生活污水处理设施，全村生活污水治理覆盖率 100%。三是垃圾分类工作取得很大进展。通过垃圾分类节点、绿色积分兑换制度及入户宣传等措施，有效调动农户积极推行垃圾源头分类，落实全村 100% 的家庭设置厨余垃圾投入箱。四是中小河流治理成效显著。结合五水共治工作，清理小东港等河道淤泥 5 万多立方米，木鱼桥港、中家舍港积极创建德清县美丽河道，环境改善受到当地群众一致好评。此外，三林村还新种树木 1 万株，巩固了以白鹭万鸟园为特色的水乡农业湿地生态系统。

二、经济效益显著

近年来，三林村充分发挥优美村庄环境、便捷交通条件、紧邻大都市圈等优势，大力招商引资，促成了大禹生态农庄和样样红花卉市场两个项目落户三林村。村里还将原先的废弃工厂改建成为创业园，盘活了村集体闲置资产。另外，三林村筹建了乡村双创基地，形成了开放式多元合作平台，已引入数字乡村研究院、小毛驴市民农园、滋农游学、汉图景观设计院等 10 余家创客团队，连接了外部支持团队 10 多个。目前三林村集合了民宿、餐饮、研学、旅游等各种业态，经营状况良好，年吸引游客 10 万余人，预计每年能为村集体带来 70 万元收入。

三、社会效益良好

近年来，三林村还举办了白鹭水乡漫游节、德清禹越镇三林村孝贤主题运动节、浙江省第二届生态运动会等活动，提高了三林村的社会知名度。2017年三林村获评全国文明村。2018年底，三林村在湖州市乡村振兴现场评比中，与来自安吉县、吴兴区等5个县区的10个代表村庄同台竞技，并最终取得了第一名的好成绩，成功创建成国家AAA级旅游景区。随着白鹭水乡慢生活区的初步建成和社会资本日益深度参与乡村新型产业发展，三林村分享到的发展红利将会越来越多，村庄的生产生活环境将会不断改善，村民的生活质量也会大幅提升。

本章执笔人：何安华。调研组由宋洪远带队，成员有习银生、谭智心、何安华、马凯。

第十章　黑龙江省富裕县脱贫攻坚与乡村振兴有机衔接调研报告

第一节　富裕县基本情况

富裕县位于黑龙江西部，地处松嫩平原北部，面积4026平方公里，辖6镇4乡、90个行政村。截至2018年底，人口为28万人，其中农业人口16万人。农村劳动力总量11.1万人，其中常年外出务工2.8万人，季节性外出务工1.5万人。耕地面积240万亩，草原95万亩，属半农半牧县，是全国奶牛生产强县、全国粮食生产先进县。2018年全县地区生产总值71.6亿元。其中，第一、第二、第三产业占比分别为38.7%、32.2%、29.1%。城镇居民人均可支配收入24 253元，农村居民人均可支配收入10 458元。全县财政总收入62 723万元，其中公共财政预算收入40 083万元，政府性基金预算收入2998万元。财政总支出291 439万元，其中专项支出146 076万元，公共财政预算支出114 299万元，基金预算支出31 064万元。

第二节　富裕县脱贫攻坚的总体状况

2011年富裕县被列为大兴安岭南麓片区县，根据2014年贫困户建档立卡评定结果，共有贫困村46个，贫困人口11 569户、27 659人。致贫因素主要为因灾、因病、因残、因学等。2014～2017年，经过4年的集中脱贫攻坚，全县贫困退出11 071户、26 587人，2018年6月通过国家第三方贫困县退出专项评估，贫困发生率从16.1%降至0.63%。

富裕县在脱贫攻坚中，紧紧围绕"两不愁三保障"，坚持以精准识贫为基础、以精准扶贫为核心、以精准脱贫为目标，制定实施了产业带动、转移就业、教育扶贫、医疗救助、保障兜底、提升基础设施建设水平和公共服务水平，以及加强基层党建、提高群众满意度的"6+2"系列脱贫政策措施，举全县之力，致力于户脱贫、村出列，取得了显著成效。2016年在全省28个贫困县党政班子和领导干部脱贫攻坚成效考核中被评定为A等，2017年全市考核排名第一，2018年实现贫困县脱贫摘帽。

一、着眼"两不愁"，努力增加贫困户收入

解决贫困人口不愁吃、不愁穿问题的核心是要解决好贫困人口的收入问题。为此，富裕县针对有劳动能力的贫困人口和完全或部分丧失劳动能力的贫困人口，因人而异，分类施策，进行精准扶持。

（1）对有劳动能力的贫困人口"扶起来"。①金融扶持。县财政拿出1000万元的风险补偿金，将贫困户精准扶贫"一卡通"作为偿还信用贷款承诺的保障，金融部门累计向4259户发放扶贫小额贷款9000万元。②生产奖补。对特色种养家庭增收项目达到一定规模的贫困户给予500~1000元的奖补资金，累计向6831户发放552.4万元，户均增收3000元；2018年，对贫困户通过流转土地，经营面积达到一定规模的，每年每户给予3000元奖补，共补贴1709户、1072.7万元。全县有36个合作社、家庭农场参与产业扶贫，共流转贫困户土地15 599亩、吸纳贫困户务工570人、吸收贫困户入股42万元，为贫困户增收931.8万元。③劳务补助。对贫困劳动力免费培训合格后，在县内累计就业1个月以上、收入3000元以上的给予每人每年500元培训就业补助；县外务工6个月以上的给予每人每年300元的交通补助。共发放补助736.94万元，促进10 102名贫困人口转移就业，户均增收1.5万元。为县内外务工贫困劳动力每人每年缴纳30元意外伤害险，共缴纳48.75万元。④以工代赈。引导贫困劳动力到省级重大基础工程建设工地务工，吸纳贫困劳动力800余人，人均收入万元以上。

（2）对完全或部分丧失劳动能力的特殊贫困人口"保起来"。①政策兜底。将60岁以上体弱多病的，丧失劳动能力的，患有17种重大疾病的，重度残疾人，高中以上因学致贫且人均承包地少于8亩的，采取其他措施无法脱贫的六类贫困户共3671户、6621人纳入低保户。②产业分红。整合涉农资金3.03亿元，投入粮食仓储、奶牛养殖、光伏发电、生猪养殖等项目，通过"政府+合作社（企业）+村集体+贫困户"的资产收益扶贫模式，2018年实现1800万元效益，对低保户和贫困户分别按300元/户和700元/户的标准分配，结余资金定额补助村集体，由村

集体开发公益岗位，并安排有劳动能力的贫困户劳动力就业。③公益保障。利用国家生态林保护政策，组建女子护林队，选聘608名贫困妇女任护林员，每人每年增收3600元；通过政府购买服务，组建爱心服务队，开发道路保洁等公益岗位5311个，每年人均岗位补贴4800元。

二、着眼"三保障"，努力减少贫困户支出

（1）抓好教育保障。通过"助、免、贷、改"措施，投入资金578万元，救助8235人次，使贫困学生人均减少支出1460元，杜绝因学致贫、因学返贫现象。①"助"。对所有建档立卡贫困学生（含在校大学生），按照每人1000~5000元不等的标准，进行资助。②"免"。对义务教育建档立卡贫困学生免收书本费和学杂费。③"贷"。对贫困大学生提供生源地助学贷款，本、专科学生每人每年最高8000元，研究生最高12 000元。④"改"。将学生营养餐由课间加餐改为食堂供应午餐，每人每天4元全部补贴到学生的饭碗里，每个贫困学生年均减少用餐支出800元。学校所需大宗食品原料通过乡镇向贫困户采购，可带动194个贫困户户均年增收3421元。

（2）抓好医疗保障。对每个贫困人口、低保、五保户个人缴费部分进行全额补贴，参合率达100%，同时建立三道保障防线。①没病的防好。开展为期5年的精准医疗帮扶，驻村进行免费肿瘤筛查和体检，每年循环一遍，13 000人已参与体检。②慢病的看好。将10种常见慢性病、常年用药又不在报销目录范围内、负担较重的贫困人口，纳入县级慢性病报销范围，给予400~1200元不等的定额补贴，已补贴6524人、1080万元。③大病的治好。构建了基本医疗保险、大病保险、医疗兜底保险、商业补充保险、医疗救助、慈善救助等6条保障线，基本医疗在原基础上报销比例提高5%，合规费用在县内报销90%以上，共为贫困患者报销医药费7571万元，减少患者支出1955万元。对贫困人口患大病转诊到外地公立三级医院住院15天以上的，给予省内每天50元、省外每天80元的生活补助，最高补助50天。县内住院实行"先诊疗、后付费"和"一站式"窗口即时结算服务。

（3）抓好住房保障。共投入资金1亿元，改造危房5977个，户均减少支出1.7万元。明确危房改造对象和改造方式。对建档立卡贫困户、低保户、分散供养五保户、贫困残疾人家庭等四类重点对象，采取新建、修缮加固、购买安全房、租赁四种改造方式，满足基本居住需要，确保改得满意、住得舒服。明确补助标准。对新建和购买的每户补助2.8万元，建设幸福大院的每户补助3.7万元，修缮加固的户均补助1.8万元，租赁的每年补助1000元。此外，对居住在C级、D级

危房的非贫困户，按照户均1.1万元的标准统筹改造。

三、着眼"三通三有"，努力提升贫困村基础设施建设水平和公共服务水平

对照贫困村退出标准，着力加强村屯道路、卫生、信息化、文化等基础设施建设和公共服务，改善农村生产生活条件和村容村貌。共投入2.7亿元，全县90个村均已实现"三通三有"。

（1）解决"三通"问题。①通硬化路。投入1.2亿元，按照"四好农村路"的要求和标准建设，全县90个村全部达标，通乡通村率实现100%，客车通达率100%，好路率90%以上，获得首批"四好"农村路全国示范县。投入6817.5万元，1.69万个农户喝上了自来水，为2264个农户安装了小型净水器，全县50户以上的村都喝上了自来水，所有农村人口都喝上了安全水、放心水、干净水。②通广播电视。投入4324万元，加大建设力度，90个村全部达标。③通宽带。投入3580万元，开展贫困村信息化建设，90个村全部达标。

（2）解决"三有"问题。①有文化活动场所。投入900万元，建设村级文化活动广场，配备音箱、健身器材等文体设施，90个村全部达标。②有卫生室。投入470万元建设村卫生室，86个村达标。③有村医。通过培训、考试和考核，取得执业助理医师资格的村医由2014年的23名增加到92名。

四、坚持问题导向，做好脱贫摘帽后的巩固提升工作

（1）认真整改脱贫摘帽考核中发现的问题。根据国务院扶贫开发领导小组办公室对富裕县退出贫困县专项评估检查中反馈的三个方面的六个问题，县委、县政府迅速采取措施落实整改。例如，针对个别村屯村内道路坑洼的情况，县财政投入565万元，使90个行政村的砂石路全部铺上了砂石；针对一些村屯农田水利灌溉设施落后问题，投资5299万元，对机电井缺少配电设备的47个村进行了修缮，完善各村的水利设施管护机制，对非贫困村农田水利建设，已纳入全县乡村振兴三年规划。

（2）巩固提升脱贫摘帽后的扶贫工作。富裕县制订了《脱贫退出巩固提升工作方案》和《打好"6+2"脱贫攻坚持久战三年行动方案》，严格按照脱贫不摘责任、不摘政策、不摘帮扶、不摘监管的要求，继续完善"6+2"脱贫攻坚政策体系，落实好"三级书记"抓扶贫的责任体系，执行好"345"驻村工作制度，聚焦残疾

人、孤寡老人、长期患病、教育文化水平低、缺乏技能等五类特殊贫困群众，以及收入水平略高于建档立卡贫困户的低收入户，解决好"两不愁三保障"面临的突出问题，减少和防止贫困人口返贫。

第三节　富裕县乡村振兴的进展情况

在继续扎实做好脱贫攻坚的同时，富裕县积极推进实施乡村振兴战略，并努力做好脱贫攻坚与乡村振兴的衔接工作。

（1）启动编制乡村振兴规划。2018年初，富裕县成立了乡村振兴规划编制小组，由发展和改革局牵头，农业农村局等相关部门配合，通过分解任务，开展专题调研等，2018年底形成了规划初稿，并开展了两轮意见征求，待省市两级规划出台后进行修改完善，并着手准备启动乡村两级的规划编制工作。

（2）努力抓好产业振兴。产业兴旺是乡村振兴的基础。富裕县立足当地耕地和粮食等资源优势，着力培育乡村产业体系，推进乡村第一、第二、第三产业融合发展。培育县级主导产业。利用当地粮食资源，将粮食精深加工和养殖业作为立县的主导产业，通过延长产业链，实现由产粮向产品转变，将加工增值收益留在本地。目前已引进了世界500强企业益海嘉里集团，建设粮食现代农业产业园，一期规划投资85亿元，年加工玉米180万吨、小麦60万吨、大豆20万吨，占地面积296万平方米，员工3500人，预计年产值超过100亿元，税收5.2亿元，有望使全县年财政收入翻番。引导推动牧原食品股份有限公司百万头生猪养殖、北京大北农科技集团股份有限公司生猪一体化、光明乳业股份有限公司万头生态牛场等项目建设，带动全域规模养殖转型升级。这些产业既为脱贫攻坚发挥了积极作用，也为贫困地区产业兴旺奠定了坚实基础。发展村级特色产业，打造水稻、辣椒、中草药等特色小镇；发展庭院经济，通过培育发展种养大户、家庭农场、合作社、农产品加工企业等各类新型经营主体，引导规模经营发展，提高农业市场化程度，探索小农户与现代农业有机衔接的有效途径。

（3）努力抓好生态振兴。开展农村人居环境治理。成立了农村人居环境综合整治工作领导小组，出台了《富裕县农村人居环境整治三年行动实施方案》，先行试点，逐步推开，重点从六个方面开展。第一，生活垃圾处理。按照"户分类、村收集、乡转运、县处理"模式，2018年选择4个乡镇13个村进行试点，2019年在其余77个村推广，实现农村生活垃圾收运处理全覆盖。第二，农村厕所改造。选择塔哈镇吉斯堡村开展整村试点，逐步普及室内外、冬夏两用改厕模式，已完成260户。为解决农民洗澡难题，已在44个贫困村建设村内公共浴室。第三，污水处理。采取"分户收集、集中处理"的模式，处理农村生活污水，在塔哈镇大哈柏村开展小型污水处理站建设试点。第四，提升村容村貌。以16个特色小镇为重点，逐步硬化村内道路，计划对特色小镇的21公里道路、15个边远村屯的43公里主次街路进行整治；计划投入2400余万元，安装村内路灯4954盏；开展庭院整治专项行动，已拆除垃圾房318个。第五，规划编制。梳理过去编制完成的乡村建设规划，以龙安桥镇小河东村村庄规划为蓝本，启动了村庄规划修编。第六，建立管护机制。以乡镇为主体，利用设立的2700个村级公益岗位，建立村级物业服务队，长期负责村屯内垃圾收集、公共基础设施管护等工作。建设美丽乡村。以基础设施建设为重点，打造通航小镇、光伏小镇、移民小镇、旅游小镇、稻田小镇、辣椒小镇、农业小镇等16个特色小镇。开展污染防治攻坚战。抓好秸秆离田禁烧，推动秸秆综合利用，打好蓝天保卫战；落实好河湖长制度，开展水污染防治，加强湿地保护，抓好粪污资源化利用整治，打好碧水保卫战。2018年建设区域性集中处理中心3处、规模养殖场新建或改扩建粪污处理设施17个、建设村级集中堆粪场17个，全县规模养殖场粪污处理设施配套率达到95%，畜禽粪污综合利用率达到75%；推进高标准农田建设，扩大轮作休耕范围，以农业"三减"为抓手，推进农业面源污染防治和土壤污染治理，打好黑土保卫战。开发生态资源。发挥大湿地、大草原等自然资源优势，发展湿地生态游、休闲度假游，推动第一、第二、第三产业融合发展。

（4）努力抓好文化振兴。富裕县在抓好教育脱贫攻坚工作的同时，积极开展群众性文化活动，推进移风易俗，培育文明乡风，提升农民素质。完善群众文化活动设施和服务。建立文化活动场所和文化书屋长效管理机制，采取政府购买服务方式，选好草根文艺人，带领群众开展文化活动，每人每年补助2000~3000元。各种文化协会集聚办公，每个协会补助1万元。创办"农民讲堂"等教育平台，开展"村里好人""美丽家庭"评选，修订、完善村规民约，开展红白理事会试点，开展文明村镇创建。2018年共评出"村里好人"56人，"美丽家庭"69户，"十星级文明户"89户。有4个乡镇、12个村、5个社区荣获市级群众精神文明创建活动先进集体。

（5）努力抓好人才振兴。针对各类人才大量外流的问题，富裕县坚持人才优先发展战略，多措并举引进培养农村人才队伍。①引进党政人才。出台引进事业、党务各类人才的办法，特别是吸引家在富裕县、两地分居、有工作经验的有为青年、有志之士回家乡发展。②培养致富带头人。实施"四培养"工程，把党员培养成致富能手，把致富能手培养成党员，把致富带头人培养成村干部，把村干部培养成致富带头人，鼓励乡土人才带领村民共同致富。逐村建立项目库，列出资源优势、发展规划、合作方式和预期效益，广泛联系企业家与产业项目对接，引导其投资兴业。③培养职业农民。整合各类培训资源，依托扶贫车间、就业基地、职教中心等，采取以工代训、机构结业培训等方式，提高农民劳动技能，培养新一代新型职业农民。

（6）努力抓好组织振兴。村组织的振兴关键在村书记，富裕县制订了《加强村党组织书记队伍建设实施方案》，通过村内挖潜、机关选派、离岗返聘、跨村兼职、社会招聘等方式选优配强村党组织书记，并通过实行村党组织书记工资待遇"基础工资+绩效工资+创收奖励"制度、推进村书记和村主任"一肩挑"、建立村书记报酬动态增长机制、发放离职村书记生活补贴、推进村书记养老保险体系建设、落实政治待遇，以及选拔优秀村书记进入乡镇班子等多项政策，解决村书记干有激情、退有保障的问题。

第四节　脱贫攻坚与乡村振兴有机衔接的有关问题与建议

贫困地区脱贫攻坚是乡村振兴的底线任务，两者目标同向、工作连续，但两者又有很大区别，脱贫攻坚是阶段性任务，乡村振兴是长期目标，实现脱贫攻坚与乡村振兴的有机衔接，是今后贫困地区实施乡村振兴战略的当务之急，总的取向应是保留并完善有实效、管长远的政策和机制，调整或取消一些为完成阶段性任务所采取的临时性措施，尤其要注重解决好以下几个方面的衔接问题。

一、资金整合的衔接问题

（一）当地财政涉农资金整合情况

支持贫困县开展统筹整合使用财政涉农资金试点，是中央为打好脱贫攻坚战采取的重大措施。2016年以来，富裕县按照《国务院办公厅关于支持贫困县开展统筹整合使用财政涉农资金试点的意见》和《黑龙江省人民政府办公厅关于进一步支持贫困县开展统筹整合使用财政涉农资金试点的实施意见》等文件要求，连续3年开展了财政涉农资金统筹整合，用于脱贫攻坚，并制定了财政涉农资金整合管理办法，资金整合力度不断加大，整合范围逐步扩大。

从整合涉农资金的来源看，2016年整合扶贫发展资金4226万元，少数民族发展资金1824万元，以工代赈资金489万元，产粮大县奖励资金2478万元，合计整合资金9827万元。其中，中央财政资金9017万元，省级财政资金810万元。2017年整合范围仍为上述四类资金，但整合力度加大，合计整合资金14981.99万元。其中，中央财政资金13071万元，省级财政资金1910.99万元。2018年富裕县将中央和省级层面所有20类资金做到了"应整尽整，因需而整"，整合了中央财政专项扶贫资金9181万元、水利发展资金165万元、农业生产发展资金1279万元、农业综合开发补助资金2500万元、农村综合改革转移支付资金731万元、农村危房改造补助资金4620万元、产粮大县奖励资金1474万元、农业资源及生态保护补助资金（对农民的直接补贴除外）2191.62万元、旅游发展基金59.77万元、中央预算内投资用于"三农"建设部分1200万元、省级财政专项扶贫资金5669万元、省级土地整治高标准农田项目资金3392.41万元。合计整合资金32462.8万元，约占当年政府财政总收入的52%。其中，中央财政资金23086.39万元，省级财政资金9376.41万元，如表10.1所示。

表10.1　2016~2018年富裕县财政涉农资金整合情况（单位：万元）

资金来源	2016年	2017年	2018年
中央财政	9 017	13 071	23 086.39
省级财政	810	1 910.99	9 376.41
整合资金总额	9 827	14 981.99	32 462.8

从整合后的使用渠道来看，以2018年为例，主要投向有五个方面。一是产业扶贫投资15767.94万元，主要用于建设生猪养殖场、光伏电站、风险补偿金、贫困劳动力转移补贴、小型稳定规模经营、机械购置等14个产业扶贫项目，涉及部门主要包括扶贫工作领导小组办公室（以下简称扶贫办）、农业农村局、农村富余劳动力转移工作领导小组办公室（以下简称劳转办）及各乡镇。二是基础设施建设投资12302.1万元，主要用于危房改造、饮水安全、村屯环境整治、特色小镇基础设施、村级浴池、贫困户厕所改造、新建村屯过路桥涵、村级路灯、村级水泥路、自来水改造等10个项目，涉及部门包括危房改造领导小组办公室（以下简称危改办）、水务局、交通运输局及各乡镇。三是生态扶贫3426.29万元，主要用于垃圾、污水、粪污和秸秆处理，涉及部门包括畜牧兽医局、农业农村局、城市管理综合行政执法局（以下简称城管局）和试点乡镇。四是教育脱贫83.65万元，用于教育资助，涉及部门为扶贫办。五是其他项目882.82万元，主要用于贷款贴息、公益岗劳务补助、项目管理费、残疾人康复器械，涉及部门包括扶贫办、残疾人联合会（以下简称残联）和各乡镇。如表10.2所示。

表10.2　2018年富裕县整合财政资金使用情况（单位：万元）

类别	资金总额	责任单位	整合资金	资金主要用途
产业扶贫	15 767.94	农业农村局	1 026.2	贫困户及村集体小型稳定规模经营
		扶贫办	188.62	贫困户家庭增收以奖代补
		劳转办	423	贫困劳动力转移补贴
		各乡镇	12.7	乡镇培训费
		扶贫办	3 620	新建光伏电站
		扶贫办	192.57	新建机械库房
		扶贫办	420	新建农村电商辣椒基地
		扶贫办	4 175.03	新建生猪养殖场
		各乡镇	1 398	乡级扶贫发展资金
		各乡镇	969.82	购置秸秆处理机械
		扶贫办	104	粮食仓储库项目
		扶贫办	3 000	风险补偿金
		忠厚乡	150	实施土地复垦项目
		扶贫办	88	采购机械设备
教育脱贫	83.65	扶贫办	83.65	教育资助
生态扶贫	3 426.29	塔哈镇	130	污水处理
		畜牧兽医局	326.29	粪污处理
		农业农村局	1 030	秸秆压块站
		城管局	1 940	垃圾清运
基础设施建设	12 302.1	危改办	2 857	危房改造
		水务局	3 030	饮水安全
		各乡镇	2 035	村屯环境整治
		各乡镇	891	特色小镇基础设施
		各乡镇	1 000	村级浴池
		各乡镇	26.1	贫困户厕所改造
		忠厚乡	20	新建村屯过路桥涵
		各乡镇	650	村级路灯
		交通运输局、各乡镇	1 612	村级水泥路
		富海镇	181	自来水改造
其他项目	882.82	扶贫办	170	贷款贴息
		各乡镇	422.82	公益岗劳务补助
		扶贫办	90	项目管理费
		残联	200	残疾人康复器械

（二）财政扶贫资金整合使用效果

由县级按要求整合使用财政扶贫资金，使财政扶贫资金投向更加精确，使用效益更加明显，形成了"多个渠道引水，一个龙头放水"的扶贫投入格局，促进了贫困乡村产业发展，有效保证了贫困户"两不愁三保障"、贫困村"三通三有一整洁"目标的实现，使贫困户住上了安全房、喝上了安全饮水，推进了村庄整洁，对贫困县打赢脱贫攻坚战起到了决定性的作用。地方各级、各部门一致认为，应继续坚持脱贫攻坚中的涉农财政资金统筹整合使用机制，并加以完善，使之适应实施乡村振兴战略的需要。

（三）统筹整合涉农资金存在的问题

受资金使用范围限制，现有资金只能投向贫困村、贫困户，在一定程度上造成贫困村与非贫困村、贫困户与非贫困户之间出现了悬崖效应，引发了一些矛盾和问题。一是非贫困村基础设施建设明显滞后于贫困村。按照涉农整合资金的相关规定，整合资金不能用于非贫困村基础设施建设。富裕县有非贫困村44个，占全县行政村的近一半，也面临着脱贫任务，村级基础设施也需要进一步完善，但由于资金限制，这些非贫困村基础设施在脱贫攻坚期间相对于贫困村滞后较多，而富裕县自身财力有限，无法依靠本级财力投资大量资金补齐非贫困村基础设施的短板。2018年富裕县为所有贫困村都建立了公共浴室，切实改善了农村卫生条件，但非贫困村都没有公共浴室，不少农户对此意见较大。光伏扶贫产业也仅在贫困村有，非贫困村都没有。二是对非贫困户投入力度相对贫困户较小，可能引发新的矛盾。在脱贫攻坚中对贫困户扶持力度大，财政涉农整合资金绝大部分都不能用于非贫困户，对非贫困户的扶持仅有危房改造、饮水安全等少数普惠政策，一些非贫困户特别是边缘户对此有意见，尤其是在医保报销、教育的减免贷补等方面差距大，容易引起矛盾。为提高非贫困户对扶贫政策的认可度，地方政府也在想办法加大对边缘贫困人口的扶持力度，但限于财政压力，能够投入的资金有限。

（四）完善财政涉农资金统筹整合使用的建议

贫困地区脱贫摘帽后，面临的乡村振兴任务依然十分艰巨，且覆盖面更广，持续时间更长，需要调整完善财政涉农资金统筹整合使用办法。一是进一步扩大整合资金使用范围，加大整合力度。建议贫困县脱贫摘帽后，给予贫困县更大的自主权，在做好脱贫攻坚巩固提升工作的基础上，逐步将扶贫资金由到村到户到人的精准帮扶转向普惠性政策和项目，用于乡村振兴，允许将非贫困村的基础设施、非贫困户扶持政策等方面支出纳入财政涉农整合资金支出范围内，以缓解贫困村与非贫困村发展不均衡的矛盾。在教育、医疗、养老、就业培训等社会保障和补助政策方面，要分门别类地研究制定相应的调整办法，更加突出资金使用的普惠性，并逐步提高保障水平，减少村与村之间、村内不同群体之间的矛盾。脱贫攻坚期结束后，对贫困人群和低收入群体，以兜底保障政策为主。二是拓宽贫困地区融资渠道。贫困地区的公共财政收入有限，刚性支出较大，是"吃饭"财政，可用于乡村振兴的本级财政资金不足，需要拓宽融资渠道。在乡村振兴工作中，中央财政要加大对贫困地区的财政转移支付力度，更大力度向"三农"倾斜，确保财政投入与乡村振兴目标任务相适应。生态补偿项目要优先向贫困地区倾斜。另外，要在政策上对贫困地区拓宽融资渠道给予一定倾斜。黑龙江地区农村居民的宅基地面积普遍较大，空心化问题突出，目前农村住房的实际居住率不到40%，要加大贫困地区土地制度改革试点力度，稳妥推进撤屯并村，构建城乡统一的建设用地市场，通过土地增减挂钩和占补平衡等方式为乡村振兴筹集发展资金。例如，富裕县正在进行农村住房和宅基地改革试点，该项目涉及农户26户，但实际只住了6户，户均宅基地面积在350平方米左右，多的达到了3500平方米，通过撤屯并村，给予农户土房每间1万元、砖房每间1.5万元的补助，6户常住农户购买了中心村的闲置住房，其余20户保留了在中心村建房资格，可复垦耕地和有效节省建设用地指标120亩，既解决了农村居住散落的问题，也为乡村振兴筹集了资金。

二、产业发展的衔接问题

（一）当地产业发展衔接的情况与进展

产业兴旺是乡村振兴的关键和基础。富裕县在脱贫摘帽后，正在一边开展巩固提升工作，一边开展乡村振兴战略的启动工作，主要包括：①开展乡村振兴规划的初步编制工作，县发展和改革局围绕乡村振兴五个方面的总体要求，提出到2020年的目标是，乡村振兴取得重要进展，全面建成小康社会的目标如期实现，现行标准下农村贫困人口全部实现脱贫，农村人居环境整治三年行动取得明显成效。到2022年的目标是，乡村振兴的制度框架和政策体系初步健全。在全面建成小康社会基础上，实现农村产业、生态环境、乡风文明、社会治理、农民生活"五好"。②在产业发展导向上，与产业扶贫更注重见效快不同的是，全县主要以培育优势、打造特色产业为目标，以一村一品、一乡一业为重点，打造乡村十大优势主导产业，着力实现全县乡村产业的全面兴旺。

（二）产业发展衔接中存在的问题

一是产业规划衔接不畅，特别是村庄发展规划如何编制并得到落实难度大。富裕县曾于2011年编制了县域空间布局规划，并有71个行政村编制了村庄规划，但由于是按照城市规划方法编制的，不接地气，未考虑资金、拆迁等因素，因而都只停留在纸面上。如何根据村情编制简单、实用、易于让村民广泛参与的村庄发展规划，是当地面临的主要任务和挑战。二是如何因地制宜确定主导产业，延长乡村产业链，建立农民增收长效机制面临挑战。贫困地区经济基础薄弱，乡村产业发展多处于初级阶段，新型经营主体发育不足，第一、第二、第三产业融合发展水平较低，带动农民增收能力较弱。2018年富裕县地区生产总值中第一产业的比重比全国平均水平高31.5个百分点。第二、第三产业比重分别比全国平均水平低8.5、23.1个百分点，是个典型的农业县，第二、第三产业发展明显滞后。新型农业经营主体也不发达，农产品深加工企业很少，合作社以农机专业合作社为主，主要通过流转农户土地经营，真正实行农民股份合作的较少，与农民的利益联结不紧密，在延长产业链、带动农民长期增收方面作用有限。现有产业扶贫项目虽然见效快，但规模较小，有些仍需要财政支持才能持续，难以成为具有县域辐射带动力的主导产业。三是产业发展面临人才短缺问题。贫困地区经济社会发展相对滞后，工资水平和人文环境对人才的吸引力都不足，在与其他地区特别是东部发达地区的人才竞争中处于劣势。富裕县地处东北地区，近年来遭遇的人才发展困境尤为明显。2015年全县常住人口29万人，2018年减少到28万人，其中，农村人口由16.7万人减少到16万人；农村劳动力总量由11.7万人减少到11.1万人。当地领导认为，在乡村振兴中最缺的是人才，最大的问题也是人才。由于人才渠道不畅，许多政策无法落实，包括身份、户口、待遇保障等问题都解决不了，导致各类人才青黄不接。益海嘉里（富裕）生物科技有限公司负责人表示，企业建成投产后，需要招募3000名左右的大学毕业生等专业人才，但报名者一听说企业在东北，而且还是边远地区，大多不愿意来，报名者寥寥无几。四是产业发展面临环境约束趋紧问题。贫困地区经济尚未发展起来，却面临与其他地区同样的环境约束。富裕县是粮食生产大县，每年秸秆可收集量约120万吨，其中玉米秸秆100万吨，畜禽粪污产生量139万吨，在产业发展中面临的主要环境问题是秸秆禁烧和养殖业的粪污处理问题，不仅所需资金量大，成本高，而且技术要求高，操作难度大，难以通过市场机制实现产业化发展。此外，受环境容量的制约，一些工业污染源正在逐渐向农村转移渗透，土壤污染防治工作起步晚，农药、地膜等污染因子还不同程度地存在，也逐渐成为环境监管的焦点、难点。

（三）实现产业有机衔接的有关建议

一是产业规划衔接上，要注重实用，选准、选好当地的主导产业。既要在产业扶贫的基础上提升当地乡村产业发展的层次和水平，又要与当地资源禀赋和经济社会发展的条件相适应；既要符合当地实际，又要有前瞻性和长远性。要在充分论证当地乡村人口、交通、人文等基础上科学、合理地编制村庄发展规划，以人口集聚为引导，注重发挥农民的主体作用，打造美丽乡村，防止盲目大拆大建。二是使中央对贫困地区的资金和政策扶持保持稳定，现有扶贫资金和相关政策延续用于扶持贫困地区产业发展与乡村振兴，确保资金力度不减。三是在人才政策方面向贫困地区倾斜。进一步加大转移支付力度，提高贫困地区县级可用财力和工薪人员工资标准，支持贫困地区在户口、工资待遇、养老保险等方面采取更为灵活的政策。四是加大对贫困地区绿色环保产业的扶持力度。在秸秆禁烧和资源化利用、畜禽粪污处理、土壤污染防治与修复、休耕轮作等方面给予贫困地区更大的资金和技术支持，疏堵结合，促进贫困地区乡村绿色环保产业持续发展。

三、督查考核的衔接问题

（1）脱贫攻坚中督查考核的情况与问题。实行严格的督查考核是确保打赢脱贫攻坚战的必要措施。为加强对脱贫攻坚的成效考核，中央建立了最严格的督查考核制度，包括中央对省级党委和政府扶贫开发工作的成效考核制度、省级对贫困县扶贫绩效考核制度、逐级督查制度、联合督查、省级之间的交叉评估、第三方评估、重点项目和资金管理的跟踪审计、财政监督检查和项目稽查、巡视和执纪问责制度、民主监督、媒体暗访等。完善的监督考核机制有助于调动各方积极性，增强责任感，确保脱贫攻坚目标如期实现。适度的监督考核是必需的，也确实起到了强化工作，确保脱贫攻坚目标如期实现的效果。但监督考核中也存在一些问题，时间要求紧、任务急，由此带来了一些负面影响，影响了正常精准脱贫工作的开展和为群众办实事的效果。虽然国家出台了相关减轻基层负担的文件，但基层干部反映，"目前基层一年需要拿出一半以上的时间迎接检查，真正用于抓工作落实的时间和精力十分有限"。据不完全统计，2017年，富裕县迎接国家省市各类督查、检查、考核、巡视、评估等共计19次，少则3~5天，多则1个月，最长的达2个月之久，总人次累计207人次，总天数累计197天。其中，督查16次144人次182天；考核1次6人次5天；巡视验收2次57人次10天。2018年共计接待14次，接待次数虽略有下降，但实际接待任务依然繁重，累计接待242人次102天。其中，督查7次19人次40天，巡视验收4次116人次54天，观摩学习3次107人次8天。如表10.3所示。

表10.3 富裕县2017年和2018年各月份接待督查考核情况

	项目	1月	2月	3月	4月	5月	6月	7月	8月	9月	10月	11月	12月
2017年	次数/次	—	—	1	1	2	3	2	—	—	1	5	4
	人次/人	—	—	7	10	11	20	12	—	—	15	55	77
	天数/天	—	—	30	5	35	16	7	—	—	60	26	18
	参与部门/个	—	—	20	15	36	41	21	—	—	20	90	177
2018年	次数/次	4	—	—	—	—	1	3	3	1	1	1	—
	人次/人	53	—	—	—	—	53	7	107	3	16	3	—
	天数/天	26	—	—	—	—	8	25	8	1	30	4	—
	参与部门/个	33	—	—	—	—	90	21	7	3	90	21	—

（2）乡村振兴中完善督查考核的建议。在推进乡村振兴过程中，要进一步完善监督考核体系和激励机制，调动各方力量共同推进乡村振兴。一是建立完善的乡村振兴考核指标体系。2018年齐齐哈尔市已经将产业振兴列入县级领导班子工作绩效考核体系，但是由于很多指标内涵不清晰，一些中央要求的工作任务还难以得到有效落实。同时，由于地区差异，不同县区乡村振兴的基础和短板都存在较大差异，难以构建统一、适用的考核指标体系。建议中央出台乡村振兴的相关考核意见，指导各地制定具体的考核实施办法，并允许各县区设定符合当地实际的相关考核目标，具体考核工作从目标设定、推进落实到实际效果进行全链条考核。二是加大各类监督检查整合力度，切实减轻基层负担。建立明确的年度考核、半年度考评、季度反馈等检查机制和办法，形成规范化、制度化考核体系。适度整合各部门的督查考核，完善联合督查制度，尽量减少不必要的督查。要打破体制壁垒，对于不同主体的监督、考核结果要互认共享，压缩各类交叉检查。另外，基层干部反映，"媒体暗访经常存在以偏概全的现象，发现问题也不向地方政府反馈，容易导致小问题被扩大化"，因此要加强媒体暗访与民主监督、第三方评估等其他监督方式的有效结合。工作机制改革创新是一个不断探索和完善的过程，由于各方面的不确定性，出现一些失误或错误在所难免，要把容错机制真正建立起来，鼓励基层政府勇于创新和试验。

四、干部队伍的衔接问题

（1）当地脱贫攻坚干部队伍的建设情况。向贫困村派驻第一书记和驻村工作队，是精准脱贫工作的重要举措，中央要求注重选派思想好、作风正、能力强的优秀年轻干部到贫困地区驻村，选聘高校毕业生到贫困村工作。根据贫困村的实际需求，精准选配第一书记，精准选派驻村工作队，提高县以上机关派出干部比例。富裕县高度重视脱贫攻坚中的干部队伍建设工作，按照中央、省、市要求，系统地开展了驻村帮扶工作。一是从县直机关在职在编人员中选派了425人组成驻村工作队。每个贫困村至少有4个驻村干部，由县直机关一把手担任驻村工作队总领队，副手担任扶贫第一书记，县直机关和乡里再各派一名驻村队员。二是选派帮扶人员。从各单位选派帮扶人员2356人，每月不少于4次，进村入户结对帮扶，主要是帮志气、帮生产、帮生活、帮就业、帮政策。三是建立"345"驻村管理工作机制。规定包户到村的县级领导每月驻村不少于3天3夜，乡镇党政正职和总领队每周驻村不少于4天3夜，其他驻村干部每周驻村不少于5天4夜。组建扶贫党支部，由驻村工作队总领队任支部书记。四是设置阶段性工作任务。明确各阶段驻村工作队的具体工作任务，以明细表的方式下发到各工作队。五是开展巡查。县委成立巡查工作领导小组，对各驻村工作队的工作情况进行巡查，并不定期进行抽查。六是加强服务保障。每年安排所有驻村工作人员体检一次，并购买一份人身意外伤害险，财政投入1000万元，为驻村工作人员提供基本保障，确保工作人员在村里能够待得住。

（2）驻村工作队在脱贫攻坚中的成效。党员干部和群众同吃、同住、同劳动，与群众打成一片，是党的群众工作的优良传统。在脱贫攻坚过程中，驻村扶贫工作队发挥了巨大作用，既促进了贫困地区的产业发展和基础设施改善，又提升了贫困人口和贫困村的发展能力；既广泛宣传了党的扶贫政策，又有效增进了干群关系，切实提高了党在群众中的威望。很多群众表示，"现在的干部真好"。当地领导干部说，"通过脱贫攻坚，干群关系真正达到了历史最好水平"。

（3）脱贫攻坚中干部队伍管理存在的问题。大量党政干部长期驻村帮扶是脱贫攻坚时期的一项特殊政策，短期内的确可以发挥巨大作用，但如果长期实行驻村工作制度，容易带来一系列问题。一是驻村干部工作强度和精神压力都很大，容易导致身心疲惫。二是影响原单位正常开展工作。每个村至少选派4人驻村，加上中央、省、市、企业等派驻的扶贫干部，最多的村有8个扶贫干部，超过了村干部的人员数量。长期选派大量驻村工作人员，会造成原单位人手不足。调研中，市、县、乡三级干部均反映，"要求派驻的人员数量太多，很多都是业务骨干，对原单位开展正常工作造成了严重影响，有些单位一把手直接把办公室搬到了村里"。三是容易弱化贫困村和贫困户的内生发展动力。个别贫困村的干部和群众出现了"等、靠、要"思想，什么事情都找驻村干部，村组织的战斗力也在一定程度上受到了影响。

（4）做好干部队伍衔接的有关建议。乡村振兴是长期性的发展战略，实现这一长期目标不宜采取长期派驻村工作队的非常规做法，但也不能一撤了之，而应调整、完善管理机制，有计划、分步骤逐步退出。一是脱贫摘帽后，驻村工作队不能一下子全部撤回。当前，基层干部和群众对于驻村工作队的工作成效是非常认可的，如果一下子全部撤回，可能会动摇基层干部群众脱贫致富的发展信心。对于多数村庄可以逐步撤回驻村工作队，对于基层组织软弱涣散、经济发展落后、集体经济薄弱的贫困村，脱贫摘帽后依然需要长期帮扶，可以继续派驻第一书记。据富裕县组织部门评估，全县 90 个行政村中，优秀村 31 个，良好村 45 个，薄弱村 14 个。这 14 个薄弱村在脱贫攻坚过渡期结束后，可因地制宜继续派驻干部，帮助薄弱村进一步增强村庄发展的内生动力。另外，驻村帮扶也是培养干部的重要渠道，驻村第一书记可以年轻后备干部为主，培养他们热爱"三农"，为民办事的作风和能力。二是脱贫摘帽后，驻村工作队的人员数量可以减一减，时间要求可以松一松。贫困县脱贫摘帽后，为不影响原单位的正常工作，建议驻村方式可以灵活多样，允许驻村的县直机关一把手和副手可以逐步撤回，或者改为联络员，但是对口帮扶单位仍可派驻 1 人驻村帮扶，待乡村自身发展能力较强后再考虑撤回。对于驻村干部的考核要注重实效，避免走形式，具体考核内容要更多体现在干事情上，而不是在驻村时间投入上，保障发挥帮扶实效。需要明确强调驻村干部的主要职能是帮扶而不是主导，更不是包办村内事务，要把提升乡村的自我发展能力和内生动力作为对驻村干部的重要考核内容，将工作重心由"阶段性下派"的全权负责，逐步转为"村内任职"培养后备。另外，应该继续坚持并完善跨省帮扶机制，加大东西协作力度，通过学习交流，提升干部能力。

五、工作机制的衔接问题

（1）脱贫攻坚中的工作机制情况及成效。实行脱贫攻坚领导责任制，是中央对脱贫攻坚工作做出的重大部署。中央明确要求实行中央统筹、省（自治区、直辖市）负总责、市（地）县抓落实的工作机制。党中央、国务院主要负责统筹制定扶贫开发大政方针，出台重大政策，规划重大工程项目。省（自治区、直辖市）党委和政府对扶贫开发工作负总责，抓好目标确定、项目下达、资金投放、组织动员、监督考核等工作。市（地）党委和政府做好上下衔接、域内协调、督促检查工作。县级党委和政府承担主体责任，书记和县长是第一责任人，做好进度安排、项目落地、资金使用、人力调配、推进实施等工作，并要求层层签订脱贫攻坚责任书。省（自治区、直辖市）党委和政府要向市（地）县（市）、乡镇提出要求，层层落实责任制。实践证明，按照中央统筹、省负总责、市县抓落实的要求，五级书记一起抓的工作机制为脱贫攻坚提供了坚强的政治保证，是脱贫攻坚取得巨大成就的一条基本经验。县里干部反映，"脱贫攻坚是一场伟大的革命，让党的干部受到了前所未有的教育，让干部和老百姓走得更近了"。

（2）脱贫工作机制中存在的问题。一是县级党政一把手正常调整机制被冻结。中央要求，脱贫攻坚期内贫困县县级领导班子要保持稳定，贫困地区在脱贫攻坚期基本停止了县级党政一把手的正常调整，"贫困县不脱贫，党政一把手不调整、不调离"是脱贫攻坚期内压实责任、激发干劲，保持工作连续性和稳定性的重要制度保证，但不利于调动各级干部的积极性，县级党政一把手不能调动和调整，基层其他各级干部的正常调整就会受到很大影响。二是贫困地区农村党支部书记的待遇明显偏低。村民富不富，关键看支部；村子强不强，关键看支书。"上面千条线，下面一根针"，政策落实的"最后一公尺"在村一级，村级工作的关键在村书记。当前，农村劳动力和人才资源流失严重，而村干部的工资待遇偏低，很多贫困村存在干部难选、好干部难找的问题。村干部在身份上和普通农民一样，不能购买城市居民的养老保险，离岗后没有退休工资，缺乏生活保障，更进一步抑制了村干部的工作积极性，加剧了村干部难选、难找的矛盾。

（3）完善乡村振兴有关工作机制的建议。一是坚持五级书记一起抓的工作机制。坚持五级书记抓乡村振兴，既是坚持农业农村优先发展的必然要求，也是农业农村工作中加强党的领导的内在要求。要把实施乡村振兴战略摆在优先位置，坚持五级书记抓乡村振兴，让乡村振兴成为全党全社会的共同行动。群众有句话，叫作"老大难老大难，领导一抓就不难"。调研中，市、县、乡、村各级干部都一致表示，非常支持将五级书记抓脱贫攻坚的工作机制应用到乡村振兴战略实施工作中。二是要允许贫困地区县级党政一把手正常调整。贫困地区脱贫攻坚期内不调整县级党政一把手，这种方式仅适用于短期脱贫攻坚战，对于乡村振兴这样的长期性工作，需要正常的组织激励调动各级干部积极性。党政一把手的调整，不仅关系这一批人本身，还关系其他各个层级干部的调整。随着各贫困县逐渐脱贫，对于贫困县各级干部的调整方案需要提前谋划，对于在脱贫攻坚中成绩突出的党政干部要超常规提拔重用，对于即将退休的优秀党政干部要提高退休待遇。三是要提高贫困地区农村党支部书记的工资和待遇。相比于脱贫攻坚，实施乡村振兴战略更需要激发和调动村两委与村民的积极性。要紧紧抓住村支书这一关键，打破地域、行业、身份等限制，四面八方汇聚能人，积极推进村支书、村主任"一肩挑"，不断提高村支书的待遇保障水平，至少保证村干部的工资收入不低于外出打工者的平均工资水平，要探索村集体经济壮大与个人收入挂钩机制，并研究将村支书纳入公职人员管理体系的可能性，让村支书干事、创业更有底气，更有尊严，真正成为百姓的带头人、当家人。此外，还要特别重视长期在村服务的书记的退休待遇问题,将其纳入城镇养老保险体系,保障村书记离岗退休后没有后顾之忧。

本章执笔人:习银生、张静宜、付饶。调研组由陈洁带队,成员有:习银生、张斌、金书秦、张静宜、付饶。

第十一章　黑龙江省依安县脱贫攻坚与乡村振兴有机衔接调研报告

2019年3月1～5日，农业农村部农村经济研究中心宋洪远主任一行6人赴黑龙江省齐齐哈尔市依安县开展了"脱贫攻坚与乡村振兴有机衔接"专题调研，先后与县党政领导、组织部、发展和改革局、财政局、农业农村局、扶贫办等部门的负责同志座谈，赴2个乡镇、5个村，与基层干部和驻村工作组、帮扶干部进行了交流，对109个农户进行入户问卷调查。依安县已于2017年下半年整体脱贫，2018年摘掉"省级贫困县"的帽子，目前驻村干部仍在一线坚持工作，广大县、乡、村干部保持着饱满的工作热情，已经脱贫的农民对党和政府充满了感激，富裕起来的农民对国家扶贫政策和乡村振兴战略给予高度肯定，大家都期待着日子一天天好起来。目前，该县的乡村振兴规划已经编制完成，脱贫攻坚之后的相关工作与乡村振兴战略的实施开始衔接。现将调研情况汇报如下。

第一节　依安县基本情况

依安县是农业农村部对口扶贫的贫困县之一，位于小兴安岭西南麓，松嫩平原北部，全县辖区面积3678平方公里，辖15个乡镇、149个行政村和5个农林牧场。2018年依安县人口为50.8万人，其中农村人口40万人。2018年全县地区生产总值为58.86亿元，同比增长4.7%；固定资产投资为20.1亿元，同比增长6.6%；一般公共预算收入为31 877万元，同比增长5.6%；全社会消费品零售总额为32.9亿元，同比增长4.8%；城乡居民人均可支配收入分别为22 271元、12 408元，同比分别增长5.7%、9.2%；万元GDP综合能耗下降3%。

依安县是国家重要的商品粮基地县之一，具有丰富的历史文化积淀，是特色经济县，主要特色产品有糖、鹅、乳、豆、菜、薯、瓷等，被誉为"中国紫花油豆角之乡""丹顶鹤项下明珠""美丽的绿色食品名城"。依安县地势东北高、西南低，位于克拜波状平原和松嫩平原过渡地带，地形由东北向西南缓缓倾斜，北部丘陵海拔 280 米，中部乌裕尔河流域河滩地带海拔 160 米，平均海拔 220 米。依安县有耕地面积 398 万亩，均为黑土、黑钙土。黑土表层厚 30 厘米以上，有机质含量 5%，呈酸性，有良好的团粒结构，占全县土壤面积的 18.3%；黑钙土以草甸黑钙土和碳酸黑钙土为主。土壤有机质含量高，适宜玉米、大豆、水稻等各种作物生长。全县有林面积 65 万亩，林木覆盖率达 12% 以上。多年来，营造各种防护林面积 50 万亩，防护体系粗具规模，农田防护林防风固沙，调节气候，庇护农田 270 万亩，风剥地现象杜绝。水保林控制水土流失 60 万亩。依安县属寒温带大陆性季风气候，四季分明。年平均气温 2.4℃，一年中有 5 个月平均气温在 0℃以下。依安县主要河流有乌裕尔河、双阳河、宝泉河等，均为季节性河流。

第二节 脱贫攻坚总体效果

2017 年 12 月 31 日，全县共有建档立卡贫困户 11 371 户 26 211 人，其中 8271 户 20 346 人实现脱贫退出，未脱贫 3100 户 5865 人。2018 年 6 月，经第三方评估，该县 54 个贫困村全部出列，经黑龙江省政府批准脱贫退出，实现了脱贫摘帽目标。2018 年该县对扶贫对象进行了动态管理，年底时全县建档贫困人口为 11 187 户 24 250 人，其中已脱贫 9323 户 21 004 人，未脱贫 1864 户 3246 人，全县贫困发生率降至 0.80%。从贫困户的致贫原因看，因病致贫的占 58.68%，因残致贫的占 12.19%，缺劳动力的占 9.77%，缺资金的占 6.19%，因灾致贫的占 6.46%，缺技术、缺土地、因学、自身发展动力不足及其他情况等致贫的占 6.71%。

2018 年全县新建和修缮 166 处饮水工程，受益群众 8.75 万人。宽带全部入村，有线电视全部进屯，电视信号覆盖到户。54 个贫困村中心屯全部通硬化路，文化广场、活动室、卫生所全部达标，建立乡村长效保洁机制，村屯环境明显改善。全县共评选出"五星新农家"2340 户，实施"六个带动工程"，产业扶贫扎实开展，实现了产业全覆盖。全面落实贫困户 C 级、D 级危房补贴政策，4875 户危房贫困户住上安全房。全县一、二级医疗机构开辟贫困人口就医绿色通道，全面落实"一免七减""两个补助、三个 100% 报销、四个零起付""先诊疗、后付费"等政策，已有 4.1 万人次在各级医院进行诊疗，全面落实教育资助政策，全年共资助建档立卡贫困家庭学生 1528 人次，发放各项助学金 141 万元，全县贫困户共纳入低保 4714 户 8236 人，实现了应保尽保。调研组在依安县调查了 109 户农户，样本农户中有 37 户是贫困户，他们普遍支持国家的各项脱贫攻坚政策，对目前的政府扶贫政策十分满意，对扶贫工作方式也十分满意，对驻村工作队的工作高度认可，精准扶贫的各项政策让农民感受到了实实在在的好处，提振了他们生活的信心和勇气。新发乡利民村的魏清河一家已于 2017 年底脱贫，他老伴说："我们真赶上好时候了，要不然我们不知道会是什么样。扶贫干部经常来看我们，给我们送来米、面、油。我真想当面给习主席磕个头，要不是他领导共产党的干部关心我们，我们哪来今天的好日子？"新发乡福来村的赵玉杰和 34 岁的生病儿子相依为命，在扶贫政策的支持下，她家有了稳定的收入来源，实现了"两不愁三保障"，她说："要不是政府的帮扶，我都不知道该怎么过下这日子。"

第三节 产业扶贫与产业振兴衔接的路径探索和思考

产业扶贫政策是依安县打赢脱贫攻坚战的重要抓手。从主要做法来看，县政府一方面通过财政撬动、招商引资的办法，积极吸引可行的乡村产业政策落地；另一方面，创新产业项目发展的利益联结机制，将股份制活用于最大限度带动贫困户增收。从长远来看，坚持因地制宜的特色农业产业发展、吸引人才下乡、完善利益联结机制、激发农村集体经济活力是巩固脱贫成果、实现乡村产业振兴的重要途径。

一、政府推动产业扶贫的主要做法

（1）提供政策引领、资金保障与技术支持。依安县通过县政府招商引资，吸引县内外企业家到依安县投资兴业，建立起因地制宜、落地扎根产生经济效益的产业项目，并对落地的产业扶贫项目进行财政补贴。目前，依安县实施了"半亩园、一亩种薯、百只鹅、千袋菌"等四大产业扶贫项目，均是当地政府招商引资、牵线对接的成果。为促进这些项目落地生根，县财政拿出 1405.62 万元来补贴，其中，"半亩园"项目鲜食黏玉米每亩种子补助 36 元，甜玉米每亩种子补助 100 元，共补贴资金 29.88 万元；"一亩种薯"项目发放补贴资金 684.78 万元（600 元/亩）；"百只鹅"项目补贴资金 452.07 万元（5 元/只）；"千袋菌"项目补贴资金 238.89 万元（0.8 元/包）。在农业龙头企业、专业合作社、种养大户等新型农业经营主体收购贫困户的产品时给予补贴，政府积极聘请专家进行生产技术指导。自2015年起，农业农村局邀请了克山马铃薯研究所、东北农业大学和牡丹江食用菌研究所专家针对贫困户开办马铃薯、食用菌、鲜食玉米种植等高产栽培实用技术班累计63期，受益贫困户达到5000人次。

（2）探索产业与贫困户利益联结的新形式。为了使无劳动能力的贫困家庭分享扶贫产业发展带来的经济收益，依安县提倡以资金、土地入股经营主体参与扶贫产业项目，主要包括四种模式：一是贫困户资金入股。在"一亩种薯"产业发展上，贫困户以资入股合作社，每人1股，每股500元，合作社经营种薯收益每股分红350元。二是贫困户土地入股。在"千袋菌"产业上，除了以资入股，贫困户还可以通过承包地折算入股合作社的方式参与分红。三是帮扶干部垫资入股。对无资金入股的特困户家庭，县里安排定点帮扶干部为其代为垫资入股产业项目，产业分红收益归贫困户所有。四是村集体代养代种。贫困户以资、以地等入股村集体，由村集体委托大户、个人进行种养，所获收益按照村集体20%、贫困户80%的比例进行分配。

二、产业扶贫面临的主要问题

（1）传统农业产业发展带动能力弱，制约脱贫效果。玉米种植是当地最主要的农业产业。由于缺少大型农产品加工企业带动，近几年很多农户面临玉米价格偏低、产销衔接不畅的难题。安乐村蒋明亮集中流转了230亩土地种植玉米。他认为，产业扶贫是好事，但对于他这样的非贫困农户的帮助不大，他更关心玉米市场价格。"今年玉米价格低，一斤不到7毛钱，刨去流转费用和生产成本，加上国家补贴，一亩地只能赚200元。""县里有两家淀粉厂，他们的收购价格低，我觉得不划算，可不卖给他们又能卖给谁呢？""我们这里不种玉米就种大豆，都不景气，那来年又能指望种什么呢？"

（2）新兴农业产业带动力不强。无论是半亩园、一亩种薯，还是百只鹅、千袋菌在当地都是刚刚起步的朝阳行业。这些扶贫产业依靠少数几家经营主体带动发展，发展势头虽好，但尚未形成引领当地乡村发展的龙头产业。多数农业产业链条短，加工业不发达，还停留在鲜食销售层面，增值收益不稳定。从长期看，只有乡村产业立得住、立得稳，经济收益长流不绝，才能帮助贫困农户长期脱贫、不返贫。

（3）产业带头人才少，群众创业内生动力不强。为顺利完成脱贫攻坚任务，依安县每年拿出1400余万元财政资金进行补贴支持，另外还鼓励帮扶干部垫资入股。在调研中，基层干部普遍认为，防止脱贫户返贫，不能靠输血，必须让其有造血功能。但从内生动力看,人才流失严重,农村以留守人口居多,年轻人少,乡村产业发展的人才短板突出。依靠激发贫困户、留守人口等群体的内生发展动力实现乡村振兴是不现实的。

三、产业发展有效衔接的思路和建议

(1)大力培育乡村特色产业。产业扶贫中培育起发展项目是乡村振兴中产业兴旺的重要内容,这些项目以市场为导向,企业、政府、农户三方参与,往往能够为乡村产生持续的经济效益,从而保障脱贫农户不返贫。例如,依安县半亩园、一亩种薯、百只鹅、千袋菌等产业项目,均已经产生了经济效益,对农户增收产生了积极的效果。尽管每年分红资金不多,但年年都有,这使贫困群众能够参与产业发展中,增强了他们的获得感。这些建立起来的产业项目,核心竞争力来自依安县农村要素、禀赋、人才、特色农业资源。政府推出的农业产业扶贫人才下乡、社会资本下乡、政策下乡、财政下乡等举措实现了"抛砖引玉",将特色农业的潜力转化为促进乡村发展的活力。在发展特色产业的同时,需加强政策引导,推进传统农业产业的升级转型,推动实现农村第一、第二、第三产业融合发展。

(2)建立农户与产业发展的利益联结机制。在调研中发现,依安县通过财政出资、干部垫资、土地折股等方式,为贫困户提供股本,再利用政府担保、企业经营、股份合作的方式,让贫困户每年获得稳定股金收入,从而使他们持续分享到企业发展农业产业获得的经济收益。这种"先赋资,再入股,再分红"的产业扶贫利益联结机制,使贫困户摆脱了由于人力与社会资本匮乏无法参与生产经营活动的困境,使农户能够参与到"第一次分配"过程中,从而获得更多收益,既增强了贫困户的参与感与获得感,也保护了经营者权益,调动了他们的生产经营积极性,未来在乡村产业发展中应保持并不断加以探索、完善。

(3)加强智力扶贫,千方百计引进企业家人才发展本地经济。"授人以鱼不如授人以渔",扶贫既要扶产业,更要扶理念。域内经济发展水平低,贫困地区本地青壮年劳动力大量涌向发达地区寻求发展,导致本地人才外流严重,思想观念落后、人才匮乏成为制约贫困县脱贫发展的瓶颈。通过智力扶贫,培养起一支"高素质、有闯劲、想干事、有能力"的本地企业家队伍,是实现贫困地区产业持续发展的重要保障。应通过对种养大户、家庭农场主、专业合作社理事长等主体开展培训、聘请专家讲课、组织外出考察学习等方式,在农村培育一批新型职业农民,使之成为发展现代农业的骨干力量。

(4)增强村集体经济活力,发挥好村级经济组织在产业兴旺中的引领作用。"扶贫要变输血为造血,送政策不如送产业,送产业先要引人才,引人才亟须实村庄"，这是调研中很多关心乡村发展的基层干部与农户的共识。村庄是各类人才下乡创业的重要载体，是乡村振兴的微观基础与对象，是留守人才的集中所在。随着大量人才外出务工，留守农村的精英群体往往多集中于村干部队伍中。很多村党委书记，本身也是村里的能人、种粮大户，或者农民企业家。他们有眼界、有头脑、懂农村，也有意愿、有情怀为村民做事情。要鼓励农村集体经济发展，以村集体作为乡村发展的龙头，为农村能人促进乡村发展提供平台与机遇。在缺乏集体资产的空壳村，一方面，要通过加强村级党组织建设，打造过硬干部队伍，提高村两委培育农村集体经济组织、发展村庄经济的能力；另一方面，要进一步明确村两委权责，调动其增加收入、搞活集体经济的积极性，为长期脱贫与乡村振兴打下基础。

（5）避免实施高于财政支撑能力的兜底政策，吊高脱贫攻坚的胃口。一些社会兜底性质的公共事业政策，超过了当地财政负担能力，长期看是不可持续的。例如，依安县曾出现为贫困户垫资购买养老保险、贫困户患病费用财政全部报销等福利性质的政策，占用了较多公共资源，也产生了很大的财政负担，县域财政无法在长期进行维持，因此被及时叫停。社会福利保障偏向于贫困户也是一种公共服务非均等化的行为，会形成新的社会不公。很多普通群众抱怨贫困户看病报销比例太高，产生了希望争当贫困户的怨言。社会兜底政策对贫困户的支持水平必须与当地经济发展水平相适应，不能通过政府举债、借债或者依靠上级财政输血公共福利事业。

第四节 关于项目资金衔接的路径探索和思考

黑龙江省于2017年在省内14个国家级扶贫开发工作重点县与6个连片特困地区县开展了财政涉农资金统筹整合使用试点，探索全部涉农资金切块使用的办法。依安县是已经摘帽的省级贫困县，不属于试点县范围，因此财政涉农资金中仅扶贫专项资金可以切块使用。在项目资金衔接方面，地方只有整合本级财政资金的能力，对上级下达的资金基本无法整合。

一、财政涉农资金整合使用情况

2018年依安县涉农资金总额共计24 013万元，其中中央财政资金2599万元，省级财政资金8369万元，本级财政资金13 045万元。按照用途分类，财政专项扶贫资金合计9800万元，该类资金可以县级整合使用，即上级只明确资金额度，不明确具体项目，项目安排和资金使用权完全下放到县。其他各类涉农资金共计14 213万元，该类资金专款专用，即上级部门划拨的项目专项经费，有明确额度、范围、目标，县里没有统筹整合使用权限。用当地干部的话，前者被称为"切块的钱"，后者被称为"戴帽的钱"。

二、财政涉农资金使用中的问题

（1）县级资金统筹整合使用打乱了上级部门的工作安排。从贫困县的角度看，县级政府倾向于整合使用上级资金，将资金安排的权限留在县里。原因在于戴帽子的钱专款专用，即使有结余也不能转做其他用途，使用效率相对较低；切块使用的钱可以根据实际需要安排项目，调剂资金，使用效率相对较高。但上级拨款部门倾向于将资金使用权限留在部门。原因在于，地方政府进行资金整合往往会打乱下拨项目的上级职能部门的工作部署。只明确资金额度，不明确具体项目的办法，导致上级资金不能实现专款专用，不能将资金来源与成绩明确挂钩，难以充分保障上级部门的工作效果。长此以往，上级职能部门缺乏向资金整合使用的地方政府安排项目的积极性。如何在县统筹整合财政涉农资金时，兼顾好上级部门与基层政府之间的权责利关系，是下一步财政涉农资金统筹整合需要突破的难点。

（2）财政扶贫资金安排侧重贫困村，导致村庄间发展不平衡。依安县农民户均耕地面积较大，村庄之间发展差异较小，脱贫攻坚以后村庄发展不平衡的问题比较突出。一方面，为保障脱贫攻坚任务的圆满完成，基层将扶贫项目集中安排到贫困村用于促进当地经济、社会事业发展。2018年全县102个非贫困村，每个村享受财政扶贫扶持资金95万元；54个贫困村，每个村享受财政涉农资金277.3万元，后者约是前者的3倍。另一方面，财政涉农资金项目在提升村庄基础设施、改善人居环境等"看得见、摸得着"的方面支持多，在具有市场风险的产业发展支持方面相对较少。2018年全县涉农财政资金总额为2.4亿元，其中用于贫困村基础设施建设、贫困户房屋改造、危房鉴定、道路修建、农村饮水安全等硬件条件提升的资金为1.04亿元，占到43.3%；产业发展直接补贴、光伏发电扶贫项目、脱贫养殖奖补、贫困户小额贷款等各类产业扶贫资金为0.81亿元，占到34%。在原本村庄发展差异小，集体收入水平普遍低的情况下，财政涉农资金向贫困村集中，向提升基础设施建设水平倾斜，使得贫困村在财政资金帮扶下实现了跨越式发展，特别是在村容村貌、水电路网、人居环境等方面的水平大幅度超过了非贫困村。

三、推动财政涉农资金有效衔接的政策建议

（1）完善财政涉农资金县级统筹整合使用的机制。在实施乡村振兴战略过程中，需进一步探索中央、省级政府各部门财政资金统筹整合使用的机制，要从源头上对涉农资金进行整合。建议省里在资金整合工作初期阶段，应以县级部门整合为主，由县级部门根据当年本部门分管专项资金来源、额度，将分管资金进行归并，结合行业发展情况，区分轻重缓急，最终确定本部门重点支持项目，上报省财政部门。同时，在前期扶贫资金整合试点的基础上，逐步实现行业、部门之间同类项目的大范围资金整合，进一步创新时间和空间整合方式，丰富整合模式和拓展整合方式，充分发挥支农资金整合的综合效益。

（2）根据乡村振兴战略推进资金统筹工作。贫困现象普遍发生在贫困村，而非贫困村中也有贫困户，但贫困村中大多数是贫困户。在实施乡村振兴战略过程中，要推进实现脱贫攻坚规划与乡村振兴规划的有效衔接，在保障按计划完成脱贫任务以后，及时将财政涉农资金面向全体村庄覆盖，推动贫困村、脱贫村与普通村实现公共财政服务支持均等化，推进乡村振兴战略的落实。

（3）切实强化统筹资金的监管。健全落实责任制和责任追究机制，进一步加大统筹资金拨付力度，提高资金使用效益。一是要明晰资金流向，建立台账，确保资金使用有据可查；对统筹资金涉及政府采购、招投标等问题的，要积极完善制度办法和操作规程，既要强化监管，又要简便易行。二是要建立健全整合资金的工作机制，厘清牵头部门与各主管实施部门之间的责任，要进一步落实责任和追究机制，对以各种借口推诿、阻碍盘活统筹资金，虚假统筹整合或借统筹使用的名义违反中央八项规定精神使用资金等行为，严肃追究相关部门、单位和个人的责任。三是及时按计划拨付统筹资金，财政及有关主管部门进一步加强对统筹资金的管理，严格项目的设立、审批、资金的拨付和使用，加大对资金的监督力度，任何部门在任何环节都不得滞留统筹资金，促进统筹资金尽快使用并发挥效益。

第五节 关于督查考核衔接的问题与建议

督查考核工作是推动党的路线方针政策、党中央决策部署贯彻落实的重要手段。为了打赢脱贫攻坚战，中央出台了严格的监督考察机制，以便及时发现地方

在落实任务过程中出现的问题，加强督促整改，确保各地各部门高效、高质量地完成各项指标任务。但由于时间紧、任务重，存在督查考核名目多、频率高、多头重复等问题，加重了地方和基层干部的负担，这是推进乡村振兴任务时应该避免的问题。

一、2018年依安县接受各类督查考核的情况

据不完全统计，依安县2018年接受与扶贫有关的上级检查有30次。其中督查14次，巡视验收4次，观摩学习调研2次，其他检查和指导10次。接待经费支出约14.22万元，其中1.9万元用于督查，10.98万元用于巡视验收，0.1万元用于观摩学习，1.24万元用于其他检查和指导，单次接待经费最多花费5.85万元。接待197人次，其中单次接待人数最多为36人。累计接待102天，其中单次接待天数最多为30天。单月检查次数最多达5次。具体如表11.1所示。

表11.1　2018年依安县每月接受督查考核情况

项目	1月	2月	3月	4月	5月	6月	7月	8月	9月	10月	11月	12月
次数/次	2	0	1	1	3	3	4	5	2	4	3	2
人次/人	19	0	36	3	13	12	39	20	8	15	14	18
天数/天	12	0	6	1	6	4	20	5	4	4	4	34
费用/万元	1.23	0	2.3	0.04	0.27	0.17	3.13	0.24	0.28	0.19	0.37	7

来自省部级的督查、考核、调研情况：省扶贫办督导检查脱贫攻坚工作3次，省水利厅检查6次，省水土保持科学研究院水土保持调研1次，省金融抽查组检查金融扶贫工作1次，省委巡视组脱贫攻坚专项巡视1次。来自市级有关部门的督查、指导情况：市住房和城乡建设局进行危房改造督查和检查5次，市扶贫办督导问题整改2次，市水务局进行汛期检查和水土保护督查3次。来自第三方的评估、审计、检查情况：2018年7月东北农业大学进行第三方评估，1次30人7天，支出2.7万元。省聘第三方先后4次审计扶贫资金，2018年7月2次分别为3人7天花费2600元、2人5天花费1200元；9月1次，4人5天，花费2400元；12月1次，3人4天，花费1500元。2018年9月黑龙江工程大学前来观摩调研幸福大院，6人1天，花费600元。2018年10月绥棱县住房和城乡建设局进行全省危房改造互检，6人2天，花费1300元。总的来说，平均每次迎检的接待费用为4740元，平均每次接待6.6人，人均718.2元/次，平均每次检查需要耗费3.43天，而这只是接受督查考核的时间，还不包括工作

人员提前准备材料和领导协调相关事务的时间。

二、完善督查考核办法的相关建议

监督检查无疑能够使基层政府在打赢脱贫攻坚战的过程中绷紧神经，毫不松懈。但是过多、过频的检查容易造成基层干部疲于迎评、迎检，无法将精力集中到为群众解难事、办实事、做好事上来。2019年中央一号文件和两会政府工作报告强调，要"清理规范各类检查评比、考核督导事项"、"坚决反对和整治一切形式主义、官僚主义，让干部从文山会海、迎评迎检、材料报表中解脱出来，把精力用在解决实际问题上"。为实现脱贫攻坚与乡村振兴的有机衔接，特提出以下建议。

（1）制定规范的考核指标体系。与脱贫攻坚不同的是，乡村振兴更加着眼于长远发展和全面振兴，既不能急功近利，也不能片面追求某一方面的发展，因此有必要设计一整套合理而规范的考核指标体系。应提高考核结果的利用率，形成"多表合一、一表多用"，以减轻基层填报表格的压力，防止出现不同数据打架的情形。加大部门之间联合检查的力度，将能集中检查的问题尽量集中检查，争取一次检查能够解决多个问题，检查人员应该高效工作，合理规划时间和路线，能一天检查完的绝不拖延至两天，严格遵守中央八项规定精神，减少基层接待费用。

（2）加强对考核结果的应用。加强对考核结果的应用，健全激励约束机制和尽职免责机制。自觉接受群众监督和媒体舆论监督，加大对不作为、慢作为、乱作为干部的曝光力度，加大对违法违纪违规行为的惩处力度，加大对不公正、不文明、不科学执法的整治力度，营造清正廉洁、求真务实、积极有为的环境。将考核结果纳入基层干部的政绩评估中来，完善奖励机制，激发干部愿干事、敢干事、能干事的内生动力，提拔重用与群众联系紧密的优秀干部。善于打破体制壁垒，给真正干事的干部提供更广阔的平台和舞台。

（3）健全容错纠错机制。在打赢脱贫攻坚战的过程中，由于任务重、压力大，基层干部夙兴夜寐地干工作，付出了大量心血。有时候因为活干得多，出现失误的可能性就大，甚至可能受到处分，在一定程度上挫伤了干部谋事干事的积极性。因此，应该全面落实习总书记关于"三个区分开来"的要求，切实完善容错纠错机制，允许干部有一定的犯错空间，营造激励广大干部新时代新担当新作为的氛围。

第六节　关于干部队伍衔接的探索与思考

脱贫攻坚之所以能够取得史无前例的成就，很大一部分原因在于拥有强有力的干部队伍。在精准脱贫、精准扶贫的基本方略下，精准派人到村，强化定点扶贫工作责任制，充实壮大基层党组织力量，锻炼并造就了一支懂农业、爱农村、爱农民的"三农"工作队伍。

一、脱贫攻坚干部队伍建设

依安县在打赢脱贫攻坚战、如期摘帽的过程中，严格执行一把手负责制，充分发挥各级党委的领导核心作用，健全精准扶贫工作机制，构建了一支强大的脱贫攻坚干部队伍。

（1）抓好"三支队伍"建设。坚持用政治标准选用优秀干部，建立了驻村工作队、第一书记、帮扶责任人"三支队伍"，及时轮换和调整一批党员干部，加强日常监管，创新教育培训方式，激发干事热情。新兴镇安乐村七十多岁的老书记，依然奋斗在基层一线，为支部建设呕心沥血、为村内产业发展谋思路，由支部领办的农机和马铃薯合作社已经开始营业，带动村民增收致富的作用明显。哈尔滨海关驻村工作队，发挥引领作用，找准定位，走屯进户体察民情，抓村规民约制度落实，加强乡风文明建设，开展智志双扶活动，调动农户自觉参与增收和村经济发展的积极性，激发群众内生动力和活力。

（2）加强农村基层党组织建设，充分发挥党员作用。通过党委领航创产业、支部领路创品业、党员领头创实业、新型经营主体与经纪人领跑创家业，促使各个层次同频共振、同向发力，增加村集体和贫困户收入，切实把党建工作的组织优势和资源优势转化为促进脱贫攻坚的经济优势和发展优势，不断拓宽村集体经济发展路径，确保贫困户脱贫不返贫。在应当佩戴党员徽章的岗位、场合等佩戴党员徽章，亮出党员身份；置挂"共产党员户"标识牌，增强表率意识；在职党员做出年度目标和任期目标承诺，激发党员的内生动力；发挥无职党员模范带动作用，积极参与调解民事、护林防火、治安巡逻等事务，为乡村发展做出贡献。

（3）整合各方力量，构建大扶贫格局。统筹推进专项扶贫、行业扶贫、社会扶贫"三位一体"布局，动员各方力量参与扶贫，充分释放社会扶贫潜力。组织、引导、发动民营企业、工商户、社会组织等社会力量，尤其是在外发展的依安籍成功人士，以义卖、捐资、建公益基金和乐捐微信群等方式助学、助老、助残、助医，助力脱贫攻坚。借助"10·17"扶贫日，采取县、乡、村、户四级联动和形式，加大脱贫攻坚宣传力度，利用广播、电视、门户网站、微信群、村村大喇叭广泛宣传扶贫政策、总体形势和取得成效，营造全民支持扶贫、参与扶贫、助力扶贫的良好舆论氛围。

二、存在的主要问题

（1）基层干部超负荷工作比较普遍。新兴镇原党委书记说："现在各个层面的检查太多，包括省、市级交叉互检，还有自己组织的一些检查。基层干部基本上都能完成本职工作，但是检查确实太多。村里一年的考核有20多次。"

（2）基层自治组织有待进一步壮大。在打赢脱贫攻坚战的过程中，很多工作都是在扶贫工作队的帮助下完成的，容易使基层干部和群众产生依赖心理，缺乏其他社会组织和力量的参与。长远来看，村庄发展应该由当地人主导。然而当前基层自治组织人才队伍老龄化、受教育程度不高，从村庄的长远发展来看不利于发挥当地群众的主体作用。

三、干部队伍与乡村振兴衔接的建议

（1）坚持五级书记一起抓的工作机制，取消驻村工作队，改为定点联系制。五级书记一起抓使得脱贫攻坚各项任务得以顺利完成。在乡村振兴的过程中，应该继续坚持五级书记一起抓的工作机制，强化责任意识，层层落实到位。驻村工作队机制可以考虑改为定点联系机制，以避免影响派出单位的工作。根据村庄的社会经济发展需求，与各单位之间建立一对一、一对多或多对一的联系机制，在村庄遇到任何问题时向定点联系单位寻求政策、资金等的帮助和支持。

（2）建立科学的考核体系。在脱贫攻坚的过程中，齐齐哈尔市允许各县区自己定目标，考核的时候从目标设计就开始考核，根据目标合理性及完成进度进行考核，综合考虑存量、增量、增幅、对全市贡献率，进行过程管理和终期考核。过程管理以市委工作会议形式进行，设置主会场和分会场，县市区党政主要负责人、市直单位和中直单位主要负责人参加主会场，县市区的四个班子成员、县直单位、乡镇负责人参加分会场，各地方每项目标完成情况以图表形式进行展示，考核结果一目了然。乡村振兴可以继续沿用这种考核办法，既避免了"一刀切"的形式造成有些目标偏离实际，又能将考核结果及时透明公开。

第七节　关于工作机制衔接的探索与思考

中央统筹、省（自治区、直辖市）负总责、市（地）县抓落实的扶贫开发工作机制，分工明确、责任清晰、任务到人、考核到位，提高了脱贫攻坚的成效。在实施乡村振兴战略的过程中，依然离不开健全的工作机制。

一、脱贫攻坚的工作机制

（1）领导体制健全。依安县成立了县扶贫开发领导小组，44家相关部门作为成员单位。成立了脱贫攻坚工作指挥部，总指挥由县委书记和县长担任，七个专项推进组（项目推进组、产业增收组、宣传教育组、帮扶推进组、业务综合组、材料综合组、督查巡察组）分别由主管扶贫的县委副书记和县政府副县长担任组长，各相关部门作为推进组成员单位。15个乡镇全部成立了脱贫攻坚领导组织，并配齐扶贫专干。

（2）强化责任落实。一是强化部署推进。依安县先后召开37次扶贫开发领导小组会、20余次推进会、7次"千人大会"，研究部署脱贫攻坚工作。为了不耽误白天正常工作，大大小小的会通常都是晚上开。二是督促问题整改。依安县对照贫困县退出省级第三方评估、5次省市督导检查、3次国家和省扶贫办聘请第三方进行扶贫资金检查、1次国务院大督查网民留言和2次对照2017年成效考核整改，共梳理问题309个，已经整改完成308个，正在整改问题1个（村集体持续增收问题）。

（3）鼓励务实工作。每月至少有一次县委常委会议、县政府常务会议或县扶贫开发领导小组会议研究部署扶贫开发工作。县委书记和县长每个月至少要有5个工作日用于忙扶贫工作，开展3轮领导干部"走百村、进万户"转作风大调研活动，走屯入户征求整改建议9000余条。县委书记到15个乡镇直接听取包村乡镇干部和村书记工作汇报，县级领导到所包乡镇督导召开"脱贫攻坚问题整改专题民主生活会"，集中点评和督促乡村问题整改。依安县委、县政府与15个乡（镇）签订脱贫攻坚责任状。已经问责干部19人，提拔在脱贫攻坚中表现突出的干部86人。

二、工作机制衔接的建议

（1）避免问责泛化挫伤基层干部积极性。主抓扶贫的基层干部的工作量大，压力大，责任也大，几乎是"5+2"、白加黑的工作，也容易出现失误。要抓紧制定出台容错免责清单，营造干事、创业的良好氛围，把干部的激情和活力激发出来，让干部放下包袱、消除顾虑、放开手脚干工作。只要主观目的是好的，只要是出于公心，并经过民主决策、科学决策，最终即使出现了失误，也要给干部松绑，免于追究他的责任，让干部轻装上阵，没有思想顾虑。

（2）营造认真干事的社会风气。要通过各种学习培训让干部明白岗位、职位、权力是用来干事的，不是用来谋私的。鼓励基层干部要有强烈的事业心、责任感，积极进取。加强民意调查，对百姓满意、综合素质高、各项能力强的干部可以考虑打破体制壁垒，破格提拔。完善政绩考核方法，加大对考核结果的分析应用，加大表彰力度，对获得重要荣誉的干部适当增加休假天数、提高医药费减免额度等，并作为升迁的重要依据。

第八节　关于防止返贫问题的思考建议

目前我国脱贫攻坚已经进入关键时期，担心脱贫摘帽后的返贫问题，这种隐忧不无道理。但越是此时，越需要定力坚持正确的工作方法与思路，在扶贫实践中需做到坚持发展产业、强化农户参与、健全市场机制、加强统筹协调，只有这样，才能更好实现剩余贫困人口脱贫，更好地巩固已有脱贫成果，顺利推进贫困地区的乡村振兴。

一、选准产业发展是根本

产业发展是实现贫困地区贫困人口脱贫的压舱石，对于增加财税、创造就业机会、吸纳就业人口、促进个人收入增加具有根本性的作用。在产业扶贫过程中，要正确区分非扶贫产业和扶贫产业两种类型的作用。非扶贫产业发展主要通过拉动地方经济增长、促进区域发展，以涓滴效应自动惠及贫困人口。扶贫产业发展的核心是要实现产业发展与贫困人口的精准对接。一方面，要求扶贫产业本身的发展要可持续，能够发挥资源禀赋、体现地方特色、符合市场要求，克服产业同质化、短期化、盲目化、形式化的问题，能够从无到有、从小到大、从弱到强地发展壮大，在激烈的市场竞争中具有一定的竞争力，实现内生发展；另一方面，要求产业发展的效应能够精准作用于贫困人口，真正让贫困人口从产业发展中受益，防止贫困人口被扶贫产业发展排斥和边缘化，防止出现产业越发展贫困人口越贫穷的异化现象。

二、发动农民参与是前提

脱贫攻坚需要多元主体参与，形成政府、贫困农户、企业、社会广泛参与，以及东西部扶贫协作、各部门定点扶贫的大扶贫格局。但不管怎样，贫困人口既是扶贫的主体，又是扶贫的客体，发动其参与是持续脱贫的前提，也是乡村振兴的前提。让贫困农户参与，需要从三个方面着力。一是要千方百计地调动贫困户脱贫的主动性、积极性，激发内生脱贫动力，真正变"要我脱贫"为"我要脱贫"，使贫困户有参与的意愿；二是扶贫项目及扶贫产业的设计、选择要以贫困户为中心，能够为贫困户提供多种就业岗位、技能培训、创业扶持等帮扶，使贫困户有参与的机会；三是要坚持实事求是的原则，使设计、选择的各种帮扶项目和产业，真正匹配贫困人口参与能力和实际需求，让贫困户参与进来后能做事、想做事，工作后有获得感、满足感，使贫困户有参与的效果。

三、建立市场机制是关键

在精准扶贫中，会有各种扶贫项目、扶贫产业、扶贫资金、扶贫信贷等资源流向贫困地区和贫困人口，提高资源的扶贫效率关键在于发挥市场作用，按经济规律办事。首先，要健全农村扶贫的机制，树立市场观念，让市场主体能够按照市场规则参与到农村扶贫中来，让市场资源（包括扶贫资源）能够按市场规则在农村扶贫中流动；其次，要按市场机制运作扶贫资源，不能以过度的行政手段挤占市场机制的功能，特别是在扶贫产业的选择上要充分考虑生产风险和市场风险，在扶贫资金的使用上要考虑短期、中期、长期效益，金融扶贫的放款要充分结合贫困户的真实需求，强调扶贫的真实成效；最后，扶贫资源的扶贫绩效不能简单以其转化的规模、数量来衡量，而应将其置于市场机制中考察扶贫效应的可持续性。

四、加强统筹协调是重点

一是要统筹推进贫困村与非贫困村的基础设施建设，特别是边缘贫困村，要予以重点关注，防止差距过大；二是要统筹贫困户与边缘贫困户的帮扶工作，防止扶贫资源、发展机会与边缘贫困户隔绝，造成贫困户与非贫困户的不平衡；三是要统筹长期效应和短期效应，更好地使用扶贫资源和扶贫手段，防止注重眼前，看重即时成效，忽略长远利益，轻视持久动力；四是统筹扶贫项目与乡村振兴项目，把认定为有益的扶贫项目有机整合到乡村振兴项目中来。

本章执笔人：龙文军、孙昊。调研组由宋洪远带队，成员有：龙文军、何安华、孙昊、李竣、郭金秀。

第十二章 甘肃省临夏州东乡县、广河县脱贫攻坚与乡村振兴有机衔接调研报告

2017年11月,中共中央办公厅、国务院办公厅印发了《关于支持深度贫困地区脱贫攻坚的实施意见》,将三区三州及贫困发生率超过18%的贫困县和贫困发生率超过20%的贫困村确定为国家深度贫困地区。深度贫困地区脱贫攻坚是我国如期实现脱贫攻坚目标的难中之难、重中之重。深度贫困地区贫困的特点及其致贫原因的特殊性、复杂性,要求必须结合深度贫困地区实际,加大政策倾斜力度,采取非常规的政策和举措来实现其脱贫攻坚任务和实现脱贫攻坚与乡村振兴的有机衔接。"全国脱贫看甘肃,甘肃脱贫看临夏",为此,我们选取甘肃临夏州的东乡族自治县(以下简称东乡县)和广河县作为调研对象,于2019年3月进行实地调研,对两县在脱贫攻坚中的做法和效果进行总结,梳理脱贫攻坚与乡村振兴有机衔接中存在的问题,最后提出思路和对策建议。

第一节 甘肃省临夏州东乡县和广河县基本情况

"全国脱贫看甘肃,甘肃脱贫看临夏,临夏脱贫看东乡",当地的顺口溜很直观地体现出临夏州和临夏州东乡县的贫困程度。东乡县和广河县位于甘肃省中部和西南部,均属"三区三州"贫困县,其中东乡县为六盘山片区国家扶贫开发工作重点县、全省58个连片特困片区县和23个深度贫困县之一。两县均为少数民族高度聚集的县,其中东乡县是全国唯一的以东乡族为主体的少数民族自治县,

广河县回族、东乡族等少数民族人口占总人口的98%。

东乡县全县总面积1510平方公里,耕地面积36.78万亩,其中山旱地占87.3%,人均耕地1.26亩。全县海拔1735~2664米,沟壑纵横,绝大部分乡镇地处海拔2200米左右的山区,年均降水量350毫米,年蒸发量高达1387毫米。全县境内30多万群众分散居住在1750条梁峁和3083条沟壑中。全县人口密度为每平方千米202人,经联合国粮食及农业组织测算,该县土地承载量是同类地区土地承载人口临界数量的9倍。全县经济社会发展滞后,主要经济社会指标人均水平处于全省、全州末位,脱贫攻坚任务艰巨。2017年全县地区生产总值18.74亿元,农业增加值4.91亿元,工业增加值6528万元,固定资产投资11.48亿元,公共财政预算收入8059万元,财政支出超过40亿元。农村居民人均可支配收入为4908元,农民人均占有粮食量281.6千克。截至2018年底,东乡县全县剩余贫困人口9731户49 323人,贫困发生率16.39%,剩余贫困村146个。

广河县位于甘肃省中部西南方,是临夏州的"东大门",平均海拔1953米,属大陆性半干旱气候,年平均气温6.9℃,降雨量466.5毫米,无霜期140天左右,平均日照2571小时。2018年全县完成地区生产总值22.56亿元,同比增长5.9%;固定资产投资16.62亿元,同比下降10.82%;社会消费品零售总额9.09亿元,同比增长9.0%;公共预算财政收入9571万元,同比下降27.84%;城镇居民人均可支配收入19 850.6元,比上年增长7.5%;农村居民人均可支配收入7455.6元,比上年增长9.9%。截至2018年底,广河县有贫困人口4000户21 023人,贫困发生率8.63%。

第二节 东乡县和广河县脱贫攻坚的成效与做法

近年来,聚焦"六个精准"要求,落实"五个一批"脱贫措施,以"一户一策"脱贫计划为抓手,东乡县和广河县重点做好了以下五个方面的工作。

一、产业扶贫和劳务输出促增收

农业是东乡县和广河县贫困人口收入的主要来源。针对土地规模小、耕作条件差的问题,临夏州立足当地资源禀赋条件和生产传统,发展草食畜牧业和家庭手工业，在省外建立劳务基地。

一是大力发展以农户家庭为主要养殖单元的牛羊养殖和推行粮改饲。一方面，支持贫困户购买牲畜。东乡县以整村推进的方式，在全县推广牛羊产业达标提升工程，针对3626个养殖规模达到20只基础母羊或5头牛的贫困户（该规模可吸纳1~2个非壮年劳动力），每户落实奖励6000元，针对非建档立卡户协助落实3万元免息贷款。广河县着眼于贫困户与非贫困户均衡发展，实施基础母畜示范工程，按照贫困户6000元、非贫困户5000元的标准，鼓励农户购买母牛，通过统一品种、统一采购、统一防疫、统一服务的方式，在49个贫困村奖补基础母牛12 504头，其中贫困户7313头，非贫困户5191头，已产犊7450头，代养牛犊5270头。另一方面，积极推进粮改饲，解决了小规模养殖户饲料来源问题。基于粮改饲项目，对购买青贮饲料的企业每吨给予600元补贴，农户平均每亩地收入约2100元，比单纯种植籽粒玉米增收600多元。小农户4~5亩地的全株玉米供应饲草料的同时还起到消纳牲畜粪便的作用，也实现了秸秆综合利用。

二是针对民族地区特点和产业优势，大力引进劳动密集型产业，带动贫困户就地就近就业。东乡县和广河县属于传统民族地区，农村妇女婚后在家以照顾老人、孩子为主，并无工资收入，长期以来脱贫无望。东乡县探索扶贫工厂模式，扶持发展八宝茶包装、油炸和干鲜食品制作、服装布鞋、羊毛衫、雨具、地毯加工等劳动密集型产业，使在家的妇女们"早上做好全家的饭，把娃娃送到幼儿园，到扶贫车间或企业上班，下班时把娃娃接回家，家也顾了，钱也赚了"，带动了贫困妇女增收，在扶贫车间，每人每月可收入2000~3000元。广河县则积极发展电子商务，全县有电商企业205家，是全国电子商务进农村综合示范县，其"电子商务与传统优势产业融合发展模式"是全省电商发展三大模式之一，2018年电商线上销售额达1.53亿元。立足电商产业优势，广河县采取"前店后厂、延伸到村、覆盖到户"的模式设立扶贫车间，对在扶贫车间上班的贫困户每人每月奖补400元，非贫困户每人每月奖补200元，让贫困户在家门口实现就业。全县共设立扶贫车间22个，带动3100多人就业，其中贫困户1770人，月收入都在2000元以上。

三是鼓励外出务工，赚取劳务收入。外出务工是深度贫困地区贫困人口获取收入的最快捷方式。广河县在东南沿海地区建立了19个稳定的劳务基地，在广河籍务工人员相对集中的长三角、珠三角地区设立了2个劳务工作站，向5个300人以上的企业派驻协管员。突出奖补扶持，对稳定就业半年的贫困户每人奖补1500元，稳定就业一年的每人再奖补3000元。全县已落实奖补资金128万元，组织输转和就业安置建档立卡贫困户劳动力9100多人。东乡县协调联系10家台资企业签订长期用工协议，输转劳务人员1500多人，并与台资企业签订农产品采购、饲料加工技术服务、农业人才培训等方面的合作框架协议，对口帮扶厦门火炬高新区5个企业和湖里区3个对口联系企业，共吸纳该县劳务人员1100多人。

二、生态扶贫保绿增收

贫困地区大多有受污染程度较小的生态优势，但总体看生态较脆弱，水土资源匮乏，因此无论发展什么产业，都要守住生态环境质量不退化的底线，将穷山恶水变成绿水青山和金山银山。东乡县和广河县通过加大生态建设力度，实施生态补偿来保证生态扶贫，通过推进农村人居环境改善来落实生态振兴。

林业扶贫实现了惠民增收。林业惠民政策可切实增加困难群众收入。东乡县建立了退耕还林、生态护林员、生态效益补偿、省级林果产业、帮扶力量精准到户和国土绿化精准倾斜的"五个精准到户、一个精准倾斜"的林业扶贫举措。其中，建档立卡生态护林员受益贫困人口458户、1414人，享受补助资金310.72万元；新一轮退耕还林受益贫困户2100户、10 527人，享受补助资金2689.62万元；生态效益补偿资金受益贫困户8160户、41 189人，补助资金23.32万元；省级林果产业发展受益贫困户256户、1152人，享受补助资金38.1万元。

生态补偿脱贫效果显著。生态建设与扶贫工作相结合，是统筹生态建设和民生发展的重要举措。东乡县强化贫困户生态护林员、草原管护员管理，从建档立卡户中选聘174名生态护林员，每人每年补助0.8万元，选聘220名草原管护员，每人每年补助0.2万元；以坡改梯为重点，将梯田与道路、截排水沟、水窖、林草等相结合，突出生态清洁和精品示范小流域建设，实施流域治理、土地整治、生态修复、河道整治、人居环境整治等项目。广河县2018年选聘建档立卡户成为生态护林员170人，每年每户增收8000元，帮助脱贫67户、330人。2019年选聘245人，增加75人，持续脱贫效果明显。

三、控辍保学，夯实教育软硬件

部分深度贫困的民族地区学生上学意愿不强，主动辍学率高，成为"三保障"中的短板。为做好控辍保学工作，民族地区"软硬兼施"。

一是建好设施，配强师资。东乡县建设寄宿制学校、村级幼儿园、教师周转房等项目，提升师资队伍素质，优化办学、教学环境。2018年投资7325万元新建村级幼儿园106所，投资9162万元，新建、改扩建学校114所，通过"特岗计划"招录教师68人，开展教师培训4617人次，全县九年义务教育巩固率达到95.05%。

二是劝返失辍学生，结对帮扶按户抓。失辍学生保学工作充满了内因外因、民族文化交错等难点，村干部的结对帮扶工作使得失辍儿童劝返数量不断增加。东乡县为了确保就学率，每年8月包两辆大巴，将本乡去青海摘枸杞的孩子接回来。广河县严格坚持干部结对帮扶工作制，采用村干部包户帮扶，定期家访，督导检查，电话沟通联络的方式，累计劝返失辍学生1668人，同期在校生新增3697人，九年义务教育巩固率达95.17%。

四、"筑巢引凤"培育人才

从引才上下功夫，确保第一书记下得去，待得住，干得好。第一书记是乡村振兴的排头兵。东乡县坚持因村派人、因人定村、人岗相适的原则，积极协调省州县各派出单位严格按标准从单位骨干中择优选派159名机关党员干部到贫困村担任第一书记，实现了贫困村第一书记全覆盖。广河县在全县102个村派驻第一书记，同时在全县51个非贫困村同步选派第一书记，实现工作全覆盖。将44个大学生村官调整到贫困村任职；培养致富带头人42名，党员脱贫致富带头人346名。

从聚才上下功夫，发挥"一线指挥员"的模范先锋作用。俗话说："村看村，户看户，群众看村干部"，村干部举好旗、领好路的人才作用毋庸置疑。广河县探索实行村干部县级联审制度。严格村干部选任标准，注重选拔政治素质好、道德品行好、致富能力强、群众信得过、愿意为群众服务的优秀大学生村官、复员退伍军人、农村致富带头人、专业合作组织负责人担任村干部。

在用才上下功夫，发挥人才优势精准扶贫。不断探讨学习扶贫经验，确保基层扶贫人才工作做到实处。广河县利用甘肃省党员教育智慧云平台对全县1122名基层扶贫干部进行了网络集中培训，培训完成率为100%。全年共举办脱贫攻坚专题培训班6期，培训2293人次，不断提高基层干部服务群众能力。

在留才上下功夫，发挥党员人才带头作用。各基层党员在脱贫攻坚和乡村振兴中亮身份、作表率，创新党员发挥了重要的作用。东乡县通过设立党员示范岗、党员突击队、无职党员设岗定责等，充分发挥广大党员在脱贫攻坚中的先锋模范作用，实施党建发展模式，树立党员示范种植（养殖）户，建立党员责任岗，带动有劳动力的贫困户和家庭妇女进一步增加收入。

在育才上下功夫，引导本地农民参加培训学习，激发其内生动力。农村实用人才的培养是深度贫困地区脱贫的根本和基石。东乡县在全面开展集中培训的同时，坚持走出去学习，组织部门乡镇负责人先后赴厦门市湖里区、定西市渭源县、武威市天祝藏族自治县，就基层党建和党支部标准化建设进行实地学习。另外，强化农村实用人才开发培训，助推全州百亿元产业发展，举办劳务、餐饮、旅游类培训班 25 期、培训农村实用技术人才 3500 人，为脱贫攻坚提供了强有力的人才支撑。

五、组织保障激励干部

坚持党建引领，促进脱贫攻坚。"扶贫抓党建，抓好党建促扶贫，检验党建看脱贫"是弘扬右玉精神，抓班子、强队伍，树导向、增活力的重要理念。东乡县和广河县充分发挥各级组织在脱贫攻坚中的领头雁作用，坚持党建工作与精准脱贫同目标、同部署、同推进、同考核。制定出台了扶贫工作责任、脱贫攻坚督查追责问责、领导干部联乡包村联户扶贫等系列实施意见、办法，实行县级领导、党员干部和贫困村、贫困户一对一包抓、点对点包扶，不脱贫不脱钩，各级党委书记为脱贫攻坚的第一责任人，领导包抓、部门联动、工作队驻村、干部结对联户。

发挥村支部书记的关键作用。村支部书记是脱贫攻坚的村级掌舵人。东乡县结合村两委换届和村两委班子集中整治，把一批政治能力强、群众公认的能人选为村支部书记，2018 年以来，共集中调整村干部 166 名，从县直单位和乡镇选派 34 名优秀党员干部专职担任村党支部书记，从选派管理、教育培训、日常监管、履职尽责等方面加强管理，确保专职村书记在工作中发挥先锋带头作用，成为脱贫攻坚骨干力量。

落实扶贫工作党建考核，发挥"指挥棒"作用。全面、客观、公正、准确、科学的考察考核制度是激励干部工作的有效方式。东乡县在年度考核中专列扶贫工作项占 40%的分值，注重在扶贫一线、边远山区、复杂艰苦环境中培养锻炼、考察识别、选拔任用干部，选派优秀年轻干部到乡镇扶贫一线工作，从县直单位集中选派 270 名优秀年轻干部到乡镇工作，聘用 189 名高校毕业生安排到乡镇扶贫专岗，充实基层工作力量。另外，严格第一书记考核结果运用，考核结果作为评选先进、提拔任用、晋升职级的重要依据，对工作特别优秀的 11 名第一书记进行了提拔任用，对 32 名工作不力的第一书记由选派单位召回并重新选派，让第一书记真正成为脱贫攻坚一线的骨干力量。

日常管理上不断深化干部教育培训工作。培训可以强化干部的自我净化、自我完善、自我革新、自我提高的能力，提高党组织的凝聚力和投入工作的高效性与执行力。2018 年东乡县共开展各类培训 45 期，培训 6589 人次；参加中央、省、州调训培训班 35 期，培训 1385 人次。开展演讲比赛、知识竞赛、党建培训、结对共建、评选表彰、文艺比赛等。

根据考核结果，整顿一批干部。东乡县根据 2018 年度考核结果，对全县 24 个乡镇和扶贫专责部门领导班子运行情况综合分析研判，及时调整了作风不实、情绪萎靡、工作不在状态等不适宜担任现职的领导干部，选优配强贫困乡镇领导班子，调整乡镇党政班子成员 8 名，其中转任非领导职务 3 名、优化调整 5 名。广河县持续深化"两查两保"专项行动，定期不定期开展明察暗访和专项督查，大力整治扶贫领域腐败和作风问题。2016 年至今，纪检监察机关查处扶贫领域违规违纪问题 52 件，处理 68 人。赏罚分明的制度有效提高了扶贫工作的效率。

第三节　深度贫困地区脱贫攻坚与乡村振兴有机衔接面临的问题

尽管本次调研的两县均尚未摘帽，但总体来看，深度贫困地区干部和群众精神面貌普遍较好、干劲很足，大家对 2020 年按时脱贫摘帽、顺利进入乡村振兴轨道信心较强。但是深度贫困地区乡村振兴起点低、战线长，在脱贫攻坚和乡村振兴交汇重叠期要重视以下几方面困难和问题。

一是政策惠及区域和人群的不均衡问题。在区域上，经过近年来针对贫困地区的持续投入，水、电、路、气、房等基础设施建设已经普遍赶上甚至超过非贫困村。甚至由于涉农资金整合集中向贫困村投入，挤占了原本可用于普通村的资金，一些边缘村的基础设施建设滞后，对比差异巨大。在人群主体上，贫困户和边缘户差异明显。由于政策惠及程度不同，一些边缘户的收入低于贫困户，导致了心理失衡和社会矛盾，这在贫困地区具有一定的普遍性。在深度贫困地区，一个较为突出的不均衡现象体现在易地搬迁上。据基层反映，有的村 80% 的贫困户都搬走了，剩下 20% 的非贫困户留在原村，有的就剩下几户，易地搬迁的村庄生产和生活等各方面条件本来就恶劣，搬迁后由于人少地偏，基本公共设施更加滞后，生产、生活条件比过去不升反降。

二是产业持续增收的机制仍然脆弱。深度贫困地区的主导产业是农业，这些地区之所以贫困，很大程度上就是因为资源禀赋不足，区位和自然条件恶劣。因此，即便在扶贫政策的支持下建了圈舍、买了牛羊，但农户短期在养殖技术、对接市场等方面难有实质的改变，仍然摆脱不了靠天吃饭的局面。由于风险保障机制缺乏和产销衔接问题，如果遭遇大范围疫情、天灾或市场风险，返贫的风险较大。

三是当前鼓励劳动力外出与下一步乡村振兴后继无人的矛盾。深度贫困地区采取了一系列有力措施鼓励劳动力外出，解决农民收入问题，但农村劳动人口不断外流，加剧了农村空心化。无论是产业振兴，还是其他四个振兴，人都是最核心的因素。因此，既要着眼当前劳动力出得去，还要考虑本地的产业兴旺，确保各类劳动力和人才回得来。

四是产业发展与生态保护的矛盾。西北干旱缺水地区大力发展养殖业，必然会导致用水量的增加，畜禽粪便处理利用不当也可能导致污染。如果发展高度规模化集中养殖，在县乡区域单元内动辄发展十万、上百万头的规模养殖场，若环保不达标、资源化利用效率不高可能会导致局部区域地下水、地表水和土壤环境质量的严重破坏。又如各地广泛推崇的食用菌种植，大量菌棒不但需要木材作为原料，使用后如果处置不妥也将带来环境污染。在招商引资方面，一些东部地区淘汰的落后产能正在向西部贫困地区转移，也可能造成污染转移。

五是思想观念落后与贫困问题交织导致主动辍学。调研组在甘肃东乡和广河县扶贫车间访问的几位二十岁上下女工，上学年限基本都是3年或4年。思想观念落后交织着贫困问题是导致辍学的主要原因。尽管义务教育阶段贫困户几乎不需要额外花钱，但部分老乡认为女儿嫁出去就是别人家的人，而且传统上与外地人几乎不通婚，女孩也不外出打工，读3年或4年已经足够在家务农，姑娘长到十二三岁到出嫁的七八年间可以为家里干一些农活。东乡县干部还给调研组讲了一个案例：一位女孩很小就与人订亲，其上学的路上要经过未婚夫家，考虑到风俗婚前要避免与未婚夫碰面，女孩因此而辍学。当地为了减少辍学，几乎采取人盯人战术。每个干部都要负责其帮扶家庭的就学。如果发现有义务教育阶段儿童辍学，就要对家长下发催学通知单，拒不让子女上学的家长要参加教育学习班，再不行甚至要出动法律部门。为了改变村民"不让自家孩子上学关别人什么事？"的观念，甚至采取了现场开庭的办法，将拒不送子女上学的家长依法拘留一周。尽管如此，仍有极少数孩子辍学，跑到外面联系不上。

六是驻村工作队与本村干部能力提升的矛盾。驻村帮扶干部有资源、能力强，在村里没有利益瓜葛，并且在原单位有脱贫的考核压力，工作责任心也强。相比而言，本村两委干部能力和资源有限，且或多或少有一定的个人或家族利益。因此，群众有事更愿意找驻村干部解决，部分村干部也当起了局外人，管理能力和群众基础愈发弱化，不能发挥基层战斗堡垒作用。

七是帮扶干部短期奉献和长期发展问题。帮扶干部压力大、待遇低的现象较为普遍，但从精神面貌来看，脱贫攻坚阶段大家信心很满、干劲很足，体现出我党干部以人民群众为中心的优良作风，但也面临一些实际问题。一方面，长期驻村顾不上家。驻村干部要求一周至少5天4夜住村，一年不低于220天，加上周末经常碰到上级调研、考核、检查等工作，家里根本顾不上。一位原单位为乡司法所的干部有两个孩子，大的6岁，小的6个月，平均一个月左右才能回一次家。另一方面，驻村干部额外的个人支出占收入比例较大。通过与一位家住县城的驻村干部的交谈，我们了解到驻村工作的额外支出较大。这些额外支出包括但不限于开车的费用、在外就餐、偶尔直接捐助帮扶困难户等。这位驻村干部年工资约 6 万元，驻村工作仅开私家车的油费就要超过 1 万元，目前各单位的车改工作已经完成，但无职务的驻村干部们并没有获得车补。面对这些实际困难和巨大的工作压力，帮扶干部不抱怨、不计较，他们说，"胜利的曙光就在眼前"，但乡村振兴是一场持久战，如果要继续采取驻村帮扶的方式，驻村干部的个人奉献和长远发展问题不应轻视。

第四节 深度贫困地区脱贫攻坚和乡村振兴有机衔接的基本思路与政策措施

从脱贫攻坚进入乡村振兴，深度贫困地区的起点低、起步晚、任务重，为做好深度贫困地区脱贫攻坚与乡村振兴有机衔接工作，基于调研和思考，本书提出以下六个方面的政策建议。

第一，在一定时限内保持既有政策和工作机制的延续性。基层干部和群众普遍希望现有的扶贫政策能够延续 3～5 年。呼吁强烈的主要集中在两个方面。一是资金投入方面，在保证总量不减的情况下，更多地向深度贫困区转移，原有资金继续巩固贫困村贫困户的脱贫成果，新增的部分主要用于非贫困村非贫困户。在资金使用上，进一步加大地方整合和统筹的权限。二是一些好的工作机制要延续。不仅是村民，连驻村干部都普遍认为，驻村帮扶队、第一书记等工作机制还要保持一段时间。东乡县的一位帮扶干部说出的四个理由具有较好的代表性："驻村工作队还要至少延续 3 年左右，到那时候，一是进城的务工人员就业稳定了，二是养殖户的技术熟练了，三是本村的后备干部成长起来了，四是大家的思想观念转变过来了。"

第二，产业发展要特色引领，同时要协调好产业发展与生态保护的关系。一是以特色产业为引领，持续推进乡村产业发展，把培育壮大乡村特色产业作为贫困地区巩固脱贫成果、向产业兴旺目标迈进的关键举措和根本途径。要努力选好一个特色产业、建好一个特色市场、对好一个经营主体，形成具有良好产业基础和广阔发展前景的优势特色产业。要继续以供给侧结构性改革为动力，利用好产业转移这个契机，不断延长、加粗产业链条，推动第一、第二、第三产业深度融合，在做大产业蛋糕的同时，让贫困地区获取更多收益。要继续以金融支持为杠杆，向深度贫困地区乡村产业重点领域和薄弱环节倾斜，加强深度贫困地区金融政策与农村土地政策和新型经营主体支持政策的有效衔接，创新金融保险产品和服务，更好满足乡村振兴多样化融资需求。二是把好环保关，避免深度贫困地区重走先污染、后治理的老路。建议在区域产业结构调整、重大项目引进时，进行充分的环境影响评价，在深度贫困地区建立负面清单制度，污染重、不符合当地资源禀赋特色的产业坚决不能发展。同时，要加大对生态脆弱区的生态保护投入，以生态环保的名义增加中央财政转移支付，探索以植树造林碳汇交易、面源污染排污权交易等为载体的区域间横向生态转移支付。

第三，加强教育和宣传，营造乡村社会积极向上的文化氛围。一方面，确保教育普及率。除义务教育以外，在民族地区尤其要重视幼儿园教育，有些民族有自己的语言，为了让其尽早适应小学教育，要在幼儿园阶段让儿童接受汉语教育，否则对小学乃至后续的学习不利，进一步打击学习积极性。要特别保障女童的受教育权利，反对重男轻女等陋俗。另一方面，要加强宣传，倡导自力更生、勤劳致富，反对以贫困为荣，营造积极向上的社会氛围。

第四，强化"五级书记抓乡村振兴"是最坚强的组织保障。脱贫攻坚阶段，县委书记普遍认为，"虽然工作很苦、很累，但这些年确实关心农业多了，跑农村勤了，跟农民的关系近了。多亏了'五级书记一起抓'，这几年把'三农'的欠账补上了"。乡村振兴阶段，要确保靶心不偏、力气不减，就一定要强化"五级书记"责任，作为一把手工程来抓。下一步要细化乡村振兴的考核评价机制，在政绩考核中赋予乡村振兴更大权重。对于在脱贫攻坚中表现优异的各级干部，优先提拔重用。在乡村振兴的持久战中，要充分考虑一线干部在个人成长、经济付出和家庭关照等方面的问题，让"三农"干部带着组织的温度去关心和关怀农民群众。

第五，乡村人才振兴要引、育结合，内外兼修。一是以党建为引领，培养造就一支高素质、有担当的村务管理队伍，强化基层组织的战斗堡垒作用；二是以产业发展为纽带，培育一批懂技术、会经营的新型职业农民，成为乡村致富带头人；三是出台激励政策，吸引各行各业人才下乡、返乡创新创业。

第六，生态振兴要做好"三个转变"。一是在工作目标上，从关注人（主要是人的收入）向关注生态环境要素转变。生态扶贫主要是为贫困户创造收入来源，根本目标是增收，在发力点上，主要是基于已有的生态保护工作，在原有岗位设置上更多吸收贫困人口。二是在结果导向上，从生态和人居环境治理向发展生态产业转变，生态振兴主要着眼于保护和优化生态环境要素，为广大城乡居民创造生态宜居的生产生活和休闲环境。三是从工作范围和对象上，由点到面进行转变，范围上要包括水电路气房厕、山水林田湖草，对象上从精准到普惠。在扶贫攻坚阶段，水、电、路等基础设施已经建设得相对完备，尤其是贫困村，许多已经超过非贫困村。乡村振兴阶段这类基础设施建设的重点应补齐原来非贫困村的短板，并进一步向农村人居环境的各个要素延伸。

本章执笔人：金书秦、付饶、胡钰。调研组成员：王莉、金书秦、张斌、胡钰、付饶。

第四部分 数据分析

第十三章　脱贫攻坚与乡村振兴有效衔接的农户分析报告

——基于黑龙江、湖北、湖南三省四县 422 户农户调查数据

党和政府早已明确了到 2020 年消除现行标准下农村贫困的目标，2019 年和 2020 年是我国全面建成小康社会的决胜期，是打赢脱贫攻坚战和实施乡村振兴战略的交汇期。当前，既要巩固和扩大脱贫攻坚成果，又要做好脱贫攻坚与乡村振兴的有效衔接，健全稳定脱贫长效机制，增强贫困地区、贫困群众内生动力和自我发展能力。为了解农户的家庭生产经营情况、脱贫增收成效、对扶贫政策实施的评价等，课题组农业农村部农村经济研究中心调研组于 2019 年 3 月 1~5 日赴黑龙江省依安县和富裕县，中国农业科学院农业经济与发展研究所调研组于 3 月 7~12 日赴湖南省龙山县和湖北省来凤县开展农户入户调查，共获得有效农户样本 422 户。农户样本统计分析汇报如下。

第一节　农户样本分布情况

农户调查采用一对一入户问卷调查方式，按照建档立卡户和非建档立卡户各占 50%的比例选取样本。其中，建档立卡户包括未脱贫户和已脱贫户两类，非建档立卡户分为低收入农户和中高收入农户两类。低收入农户的判别依据是：各县农户样本按 2018 年家庭人均可支配收入从低到高排序，均分为 5 组（对应统计上的低收入组、中低收入组、中等收入组、中高收入组和高收入组），收入最低的两组样本（40%的农户样本）中的非建档立卡户就是本报告的低收入农户组。从农户类型看，在 422 户农户样本中，建档立卡户共 207 户，占 49.05%，其中未脱贫

户26户，已脱贫户181户；非建档立卡户共215户，占50.95%，其中低收入农户62户，中高收入农户153户。从区域分布看，黑龙江省农户219户，占51.90%；湖北省农户101户，占23.93%；湖南省农户102户，占24.17%。农户样本分布在黑龙江、湖北、湖南3省4县9乡镇27村，区域分布情况见表13.1。

表13.1 农户样本区域分布情况（单位：户）

省	市（州）	县	乡（镇）	建档立卡贫困户	非建档立卡户	小计
黑龙江	齐齐哈尔	依安	新兴	17	14	31
			新发	24	51	75
		富裕	忠厚	28	19	47
			龙安桥	0	10	10
			繁荣	27	29	56
湖北	恩施	来凤	三胡	32	19	51
			旧司	25	25	50
湖南	湘西	龙山	石牌	26	23	49
			洗洛	28	25	53
合计				207	215	422

第二节 农户收入调查情况

一、收入水平与分布

调查的422户农户样本的家庭人均可支配收入是14 950.41元，其中建档立卡户家庭人均可支配收入是11 426.28元，非建档立卡户家庭人均可支配收入是18 343.41元。表13.2显示，建档立卡户中，未脱贫户家庭人均可支配收入是9333.33元，已脱贫户家庭人均可支配收入是11 726.93元；非建档立卡户中，低收入农户家庭人均可支配收入是4811.42元，中高收入农户家庭人均可支配收入是23 826.96元。低收入农户的平均收入水平比未脱贫农户和已脱贫户都要低，这可能是低收入农户在精准识别时就已在贫困线边缘，但因未被识别为建档立卡户，其家庭增收速度要慢于建档立卡户，多种原因导致其跳出低收入陷阱的动能不足。由于低收入农户一般未能直接享受扶贫政策红利（如没有被纳入产业扶贫对象），一旦面临大额支出，这类农户很容易成为新的贫困户。

表13.2 四类农户样本的家庭人均可支配收入情况

农户类型	建档立卡户		非建档立卡户	
	未脱贫户	已脱贫户	低收入农户	中高收入农户
频数/户	26	181	62	153
频率/%	6.16	42.89	14.69	36.26
家庭人均可支配收入/元	9 333.33	11 726.93	4 811.42	23 826.96

由于农民收入的省际差异比较大，结合2018年各省执行的贫困线标准和各省农村居民人均可支配收入来考察农户样本的收入分布（表13.3）。2018年黑龙江省的收入贫困线是3550元，全省农村居民人均可支配收入是13 804元，该省219个农户样本中，人均可支配收入14 375.94元，中位数9681.67元，其中人均可支配收入低于3550元的农户占9.13%，在3550～13 804元的农户占59.36%，高于13 804元的农户占31.51%。

表13.3 农户样本家庭人均可支配收入分组统计情况

省份	平均值/元	中位数/元	<省贫困线标准		省贫困线标准到省农村居民人均可支配收入		>省农村居民人均可支配收入	
			频数/户	频率/%	频数/户	频率/%	频数/户	频率/%
黑龙江	14 375.94	9 681.67	20	9.13	130	59.36	69	31.51
湖北	13 576.95	11 857.14	5	4.95	66	65.35	30	29.70
湖南	17 543.83	13 162.83	3	2.94	52	50.98	47	46.08

2018年湖北省的收入贫困线是3655元，全省农村居民人均可支配收入14 978元，该省101个农户样本中，人均可支配收入13 576.95元，中位数11 857.14元，其中人均可支配收入低于3655元的农户占4.95%，在3655～14 978元的农户占65.35%，高于14 978元的农户占29.70%。

2018年湖南省的收入贫困线是3400元，全省农村居民人均可支配收入14 093元，该省102个农户样本中，人均可支配收入17 543.83元，中位数13 162.83元，其中人均可支配收入低于3400元的农户占2.94%，在3400～14 093元的农户占50.98%，高于14 093元的农户占46.08%。

二、收入来源与结构

从收入来源看，转移性收入是普惠性最广的收入渠道。在422户农户样本中，有400户农户在2018年获得各项政府补贴、子女赡养费等转移性收入，占94.79%；有312户农户有家庭经营收入，占73.93%；有248户农户有工资性收入，占58.77%；有149户农户有财产性收入，占35.31%；有57户农户有其他收入，占13.51%。

分组来看，表 13.4 显示，各个家庭收入来源渠道在未脱贫户、已脱贫户、低收入农户、中高收入农户中的农户比重排序是一致的，先后是转移性收入、家庭经营收入、工资性收入、财产性收入、其他收入。值得注意的是，各项收入来源渠道在低收入农户的普惠面都比未脱贫户、已脱贫户要低。在低收入农户样本中，有家庭经营收入的农户占 50%，有工资性收入的农户占 40.32%，有财产性收入的农户占 30.65%，有转移性收入的农户占 93.55%，其收入来源渠道窄的原因亟待进一步深入分析。

表13.4　农户样本家庭收入来源

家庭收入来源	未脱贫户=26 户		已脱贫户=181 户		低收入农户=62 户		中高收入农户=153 户	
	频数/户	频率/%	频数/户	频率/%	频数/户	频率/%	频数/户	频率/%
有家庭经营收入	20	76.92	137	75.69	31	50	124	81.05
有工资性收入	15	57.69	124	68.51	25	40.32	84	54.9
有财产性收入	10	38.46	79	43.65	19	30.65	41	26.8
有转移性收入	26	100	175	96.69	58	93.55	141	92.16
有其他收入	6	23.08	24	13.26	5	8.06	22	14.38

从收入结构看，家庭经营收入和工资性收入对四类农户的家庭收入仍表现出明显的双轮驱动效应。表 13.5 显示，未脱贫户、已脱贫户、低收入农户、中高收入农户的家庭经营收入占家庭人均可支配收入的比重依次为 33.04%、30.77%、23.23%和 48.01%，工资性收入在四类农户家庭收入中所占比重依次为 36.66%、41.24%、34.07%和 30.71%，两项收入合计所占比重依次为 69.70%、72.01%、57.30%和 78.72%。转移性收入在未脱贫户、已脱贫户、中高收入农户三组的家庭收入中均排在第三位，但在低收入农户组排在第二位，与该组农户的工资性收入占比相近。

表13.5　农户样本家庭收入结构

家庭收入结构	未脱贫户=26 户		已脱贫户=181 户		低收入农户=62 户		中高收入农户=153 户	
	金额/元	比重/%	金额/元	比重/%	金额/元	比重/%	金额/元	比重/%
家庭经营收入	3 083.42	33.04	3 608.23	30.77	1 117.46	23.23	11 438.20	48.01
工资性收入	3 421.41	36.66	4 836.39	41.24	1 639.25	34.07	7 318.00	30.71
财产性收入	601.11	6.44	784.43	6.69	522.20	10.85	907.77	3.81
转移性收入	2 012.55	21.56	2 277.90	19.42	1 526.24	31.72	3 799.76	15.95
其他收入	214.84	2.30	219.98	1.88	6.27	0.13	363.24	1.52
合计	9 333.33	100.00	11 726.93	100.00	4 811.42	100.00	23 826.97	100.00

比较四类农户各项收入的金额，发现低收入农户的各项收入金额在四类农户中都是最低的。将低收入农户与建档立卡户相比较，低收入农户的家庭经营收入

金额较低，可能的原因是这些农户缺少家庭经营能力，但低收入农户由于不是建档立卡户身份而被排斥在扶贫产业项目之外，其家庭经营收入反而更低。同样，农村地区的护林员、清洁岗等公益岗位本就供不应求且优先提供给建档立卡户，这会导致低收入农户不仅外出就业能力不足，还因缺少就近就业机会而难以增加工资性收入。低收入农户的转移性收入也低于建档立卡户，这可能是因为建档立卡户不仅与低收入农户一样有机会获得低保户收入、五保户收入等转移性收入，还有机会获得只针对建档立卡户的资产收益扶贫收入（这类收入实际上也是转移性收入）。因此，未来一段时期，如何让低收入农户获得平等的增收机会应是脱贫攻坚和乡村振兴有效衔接的政策调整着力点之一。

第三节　农户家庭基本情况

一、家庭人口规模

总体农户样本中，户均人口是3.43人，其中建档立卡户是户均3.52人，非建档立卡户是户均3.33人，二者并无显著性差异。分农户类型看，四类农户的家庭人口规模并没有较大差别。按省份分组，农户家庭人口规模的组内差异不明显，但组间差异较为明显。表13.6显示，湖北省农户组和湖南省农户组的家庭户均人口分别是3.98人、4.69人，而黑龙江省农户组的家庭户均人口是2.58人。调研中发现，黑龙江省依安县和富裕县的农户分户现象非常突出，很多家庭只剩下老两口，其中一个原因是老两口缺少劳动力、收入低而可以成为建档立卡户，如果跟收入较高的子女一起住则难以成为建档立卡户和享受各项扶贫红利。

表13.6　农户样本家庭人口规模（单位：人）

农户类型	三省汇总	黑龙江	湖北	湖南
全体农户	3.43	2.58	3.98	4.69
未脱贫户	3.85	2.25	4.40	4.06
已脱贫户	3.48	2.70	4.02	4.65
低收入农户	3.24	2.65	3.31	5.00
中高收入农户	3.37	2.45	4.13	4.92
A.建档立卡户	3.52	2.68	4.05	4.46
B.非建档立卡户	3.33	2.51	3.89	4.94
A和B均值之差	0.19	0.17	0.16	-0.48

注：各组建档立卡户和非建档立卡户的家庭人口规模均值之差均未通过10%的统计显著性检验

二、家庭平均年龄

表13.7显示，总体农户样本中，平均年龄是45.50岁，其中黑龙江省农户组的平均年龄是50.45岁，湖北省农户组的平均年龄是42.43岁，湖南省农户组的平均年龄是37.89岁。总体样本中，建档立卡户的平均年龄比非建档立卡户低2.43岁，但均值差异不具有统计显著性。省份分组样本中，黑龙江、湖北、湖南组的建档立卡户平均年龄都比非建档立卡户要低，但只有湖北组的两类农户平均年龄均值差异在10%的统计水平上具有显著性。因此，家庭平均年龄的高或低不应视为农户家庭贫困与否的显著特征，即高龄家庭不一定就是贫困家庭。

表13.7　农户样本家庭平均年龄（单位：岁）

农户类型	三省汇总	黑龙江	湖北	湖南
全体农户	45.50	50.45	42.43	37.89
未脱贫户	41.84	61.56	34.11	39.48
已脱贫户	44.61	49.73	40.96	37.00
低收入农户	50.93	55.29	52.63	35.64
中高收入农户	44.97	48.63	41.97	38.82
A.建档立卡户	44.26	50.22	40.36	37.78
B.非建档立卡户	46.69	50.64	45.12	38.02
A和B均值之差	−2.43	−0.42	−4.76*	−0.24

*表示均值之差在10%的统计水平上显著异于0

三、家庭受教育水平

表13.8显示，总体农户样本中，家庭平均受教育水平在小学和初中之间，说明农民的受教育水平总体偏低。不管是总体样本还是省份分组样本，未脱贫户的家庭平均受教育水平低于已脱贫户，低收入农户的家庭平均受教育水平低于中高收入农户。建档立卡户的家庭平均受教育水平低于非建档立卡户，且具有统计显著性。这说明家庭受教育水平差异背后的人力资本差异可能是农户家庭贫困与否的一个重要影响因素。

表13.8　农户样本家庭平均受教育水平

农户类型	三省汇总	黑龙江	湖北	湖南
全体农户	1.61	1.57	1.63	1.68

续表

农户类型	三省汇总	黑龙江	湖北	湖南
未脱贫户	1.29	1.44	1.26	1.27
已脱贫户	1.49	1.48	1.48	1.52
低收入农户	1.68	1.58	1.84	1.83
中高收入农户	1.79	1.67	1.86	2.00
A.建档立卡户	1.46	1.48	1.46	1.44
B.非建档立卡户	1.76	1.64	1.86	1.96
A 和 B 均值之差	−0.30***	−0.16*	−0.40***	−0.52***

***、*分别表示均值之差在1%、10%的统计水平上显著异于0

注：受教育水平数值化处理是 1=小学及以下、2=初中、3=高中或中专、4=大专及以上

四、家庭成员健康情况

总体农户样本中，健康成员所占比重是 71.09%，这一比重在未脱贫户中是 67.82%，在已脱贫户中是 61.00%，在低收入农户中是 65.21%，在中高收入农户中是 85.98%（表 13.9）。总体样本和省份分组样本都显示，建档立卡户的健康成员所占比重显著低于非建档立卡户。这也反映出因病、因残致贫有着广泛存在性。总体样本、黑龙江组和湖北组农户样本中，未脱贫户、已脱贫户、低收入农户、中高收入农户的家庭健康成员所占比重呈现出"U"形特征，可能的原因是：家庭成员健康状况较差的建档立卡户往往优先获得各类政策保障而先行脱贫，家庭成员健康状况较差的非建档立卡户因增收能力不强而滑入低收入陷阱。未来的社会兜底保障范围还需要进一步扩大。

表13.9 农户样本家庭成员健康情况（单位：%）

农户类型	三省汇总	黑龙江	湖北	湖南
全体农户	71.09	64.30	73.81	82.99
未脱贫户	67.82	68.75	78.33	64.51
已脱贫户	61.00	50.18	65.26	81.90
低收入农户	65.21	55.35	76.67	83.19
中高收入农户	85.98	83.05	86.21	92.77
A.建档立卡户	61.86	50.95	66.41	76.43
B.非建档立卡户	79.99	74.72	83.39	90.38
A 和 B 均值之差	−18.13***	−23.77***	−16.98***	−13.95***

***表示均值之差在1%的统计水平上显著异于0

五、家庭土地经营情况

建档立卡户中有 153 户仍实际经营土地,占 73.91%,有 64 户将自家土地流转出去,占 30.92%;非建档立卡户中有 163 户仍实际经营土地,占 75.81%,有 57 户将自家土地流转出去,占 26.51%。分农户类型看,中高收入农户中实际经营土地的农户比重最高,占 79.74%;其次是未脱贫户,占 76.92%;再次是已脱贫户,占 73.48%;最低的是低收入农户,占 66.13%(表 13.10)。流转出土地的农户比重最低的是中高收入农户,最高的是低收入农户。这一统计结果的政策含义是:对于家庭成员健康状况较好的中高收入农户需要鼓励其自主经营土地和发展产业,实现增收,对于家庭成员健康状况较差的已脱贫农户要继续帮助其流转土地,实现土地资产收益的增加,对于家庭成员健康状况居中的未脱贫农户和低收入农户需要综合施策,特别是非建档立卡户的低收入农户也应适当享受扶贫政策或给予专门扶持政策。

表13.10　2018年农户家庭土地经营情况

家庭收入来源	未脱贫户=26 户		已脱贫户=181 户		低收入农户=62 户		中高收入农户=153 户	
	频数/户	频率/%	频数/户	频率/%	频数/户	频率/%	频数/户	频率/%
家庭实际经营土地	20	76.92	133	73.48	41	66.13	122	79.74
流转出土地	9	34.62	55	30.39	22	35.48	35	22.88

第四节　"两不愁三保障"情况

一、"两不愁"情况

在 422 户农户样本中,99.53%的农户都能够吃得饱;77.25%的农户表示随时能吃肉;17.77%的农户表示隔三五天吃一次肉;2.84%的农户仅在逢年过节吃肉;2.13%的农户因生活习惯而不吃肉,不存在因吃不起而不吃肉的情况。其中,207 户建档立卡户中有 148 户表示随时能吃肉,占 71.50%,215 户非建档立卡户中有 178 户表示随时能吃肉,占 82.79%。在全部农户样本中,95.02%的农户饮用自来水,另有 3.55%的农户喝井水和 1.42%的农户喝山泉水。表 13.11 显示,建档立卡户中有 96.14%的农户饮用自来水,非建档立卡户的这一比重为 93.95%。绝大部分农户的家庭饮用水水质常年安全,占 98.10%。虽然多数农户饮用自来水,88.63%

的农户能够随时取水,但黑龙江省依安县有个别农户反映,他们村里的自来水在冬天是分时段供水的。99.05%的农户都有应季衣服、被子和鞋,能够保障全年穿得暖、有的换。

表13.11 农户样本吃肉和饮用自来水情况

项目	建档立卡户						非建档立卡户					
	未脱贫户		已脱贫户		合计		低收入农户		中高收入农户		合计	
	频数/户	频率/%	频数/户	频率/%	频数/户	频率/%	频数/户	频率/%	频数/户	频率/%	频数/户	频率/%
随时能吃肉	22	84.62	126	69.61	148	71.50	48	77.42	130	84.97	178	82.79
饮用自来水	24	92.31	175	96.69	199	96.14	52	88.87	150	98.04	202	93.95

二、住房安全情况

在422户农户样本中,大部分农户皆可保障住房安全,96.68%的农户有自有住房。其中,建档立卡户中有8户(占3.86%)没有自有住房,非建档立卡户中有6户(占2.79%)没有自有住房,但他们均能够长期稳定居住,主要是住在子女家、亲戚朋友家或者租房。从自有住房的数量看,建档立卡户中有94.47%的农户有1处住房,5.53%的农户有2处住房;非建档立卡户中有88.52%的农户有1处住房,10.53%的农户有2处住房,0.96%的农户有3处住房。在全部农户样本中,95.97%的农户居住在安全房里,3.08%的农户居住在局部安全房里,另有0.95%的农户居住在整栋危房里。表13.12显示,绝大部分的建档立卡户和非建档立卡户的住房安全都是有保障的。

表13.12 农户样本住房安全情况

住房安全情况	建档立卡户		非建档立卡户		全体样本	
	频数/户	频率/%	频数/户	频率/%	频数/户	频率/%
安全	198	95.65	207	96.28	405	95.97
局部安全	6	2.90	7	3.26	13	3.08
整栋危房	3	1.45	1	0.47	4	0.95

随着厕所革命在全国范围内不断推进,使用冲水式厕所的农户家庭越来越多,但南北方差异非常大,这主要是由气候和生活习惯等多种因素引起的。在全部农户样本中,有38.15%的家庭使用冲水式厕所,其中建档立卡户的这一比重为34.30%,非建档立卡户的这一比重为41.86%。分省份看,黑龙江农户样本组家庭使用冲水式厕所的比重是6.85%,而湖北、湖南农户样本组家庭的该比重分别为81.19%和62.75%(表13.13)。虽然总体样本中,建档立卡户和非建档立卡户之间

使用冲水式厕所的差异未能通过统计显著性检验，但两类农户在省内层面的差异具有统计显著性。可以说，建档立卡户家庭使用冲水式厕所的比重要明显低于非建档立卡户家庭。

表13.13　农户样本家庭使用冲水式厕所情况（单位：%）

农户类型	三省汇总	黑龙江	湖北	湖南
全体农户	38.15	6.85	81.19	62.75
A.建档立卡户	34.30	3.13	75.44	46.30
B.非建档立卡户	41.86	9.76	88.64	81.25
A 和 B 均值之差	−7.56	−6.63**	−13.20*	−34.95***

***、**、*分别表示均值之差在 1%、5%、10%的统计水平上显著异于 0

三、义务教育情况

在 422 户农户样本中，114 户有义务教育阶段在校生，其中 3 户存在适龄孩子辍学现象，占 2.63%，辍学原因主要是孩子不想上学。在 207 户建档立卡户中，59 户有义务教育阶段在校生，其中 1 户存在适龄孩子辍学现象。在这 59 户中，有 4 户回答未享受过教育补助政策，29 户享受了免费营养餐，46 户享受了减免学杂费，21 户享受了寄宿补贴，23 户享受了免书本费。在 55 户享受过各类教育补助政策的家庭中，有 49 户认为教育补助政策明显减轻了家庭负担，占比 89.09%。在 215 户非建档立卡户中，55 户有义务教育阶段在校生，其中 2 户存在适龄孩子辍学现象。在这 55 户中，有 19 户回答未享受过教育补助政策，21 户享受了免费营养餐，16 户享受了减免学杂费，2 户享受了寄宿补贴，15 户享受了免书本费。在享受过各类教育补助政策的家庭中，57.70%的家庭认为教育补助政策明显减轻了家庭负担。教育补助对减轻家庭负担不明显的主要原因是补助标准低。

四、基本医疗情况

在全部农户样本中，有 20.38%的农户有长期生病或需要人照看且无法劳动的成员，这一比重在建档立卡户中是 24.15%，在非建档立卡户中是 16.74%（表 13.14）。绝大部分农户都参加了新型农村合作医疗或城乡居民医疗保险，总体参保率在 99%以上。不管是建档立卡户还是非建档立卡户，家人一旦生了大病，多数家庭都会选择去县市大医院诊治，不到 1%的家庭因为看不起病而硬扛着。这说明样本农户的基本医疗保障情况较好。与两年前相比较，84.36%的农户认为医疗负担减轻了，其中建档立卡户医疗负担减轻的比重是 90.34%，非建档立卡户是 78.60%。

究其原因，92.55%的农户认为是报销政策好，6.83%的农户认为家人生病少了。认为家庭医疗负担未减轻的农户，其原因包括生病多或病情加重导致自家承担费用增加、药费涨价、部分药费未纳入报销范围等。

表13.14 农户样本家庭基本医疗保障情况

医疗保障情况	建档立卡户 频数/户	建档立卡户 频率/%	非建档立卡户 频数/户	非建档立卡户 频率/%	全体样本 频数/户	全体样本 频率/%
有长期生病或需要人照看且无法劳动的成员	50	24.15	36	16.74	86	20.38
有医疗保险	206	99.52	214	99.53	420	99.53
生大病去县市大医院诊治	192	92.75	204	94.88	396	93.84
家庭医疗负担有减轻	187	90.34	169	78.60	356	84.36

第五节 致贫原因和扶贫效果

一、致贫原因

在207户建档立卡户样本中，疾病是导致贫困的最主要原因，55.56%的贫困户存在因病致贫的情况。排在第二位是缺少资金，19.81%的贫困户存在因缺资金致贫。排在第三位是灾害，19.32%的贫困户存在因灾致贫。排在第四位是教育负担，11.59%的贫困户存在因学致贫（表13.15）。其余的致贫原因依次是因残、缺劳动力、缺技术、缺土地、缺水。分省份看，疾病在黑龙江、湖北、湖南三地都是最主要的致贫原因，此外，缺资金、因学、因残等也是较为重要的致贫原因。

表13.15 农户样本家庭致贫原因（单位：%）

省份	因病	因残	因学	因灾	缺土地	缺水	缺技术	缺劳动力	缺资金	其他
三省汇总	55.56	10.14	11.59	19.32	0.97	0.48	1.45	10.14	19.81	2.24
排序	1	5	4	3	9	10	8	5	2	7
黑龙江	42.71	9.38	11.46	41.67	0	0	1.04	5.21	8.33	2.08
排序	1	4	3	2	9	9	8	6	5	7
湖北	68.42	7.02	10.53	0	0	1.75	1.75	5.26	26.32	1.75
排序	1	4	3	9	9	6	6	5	2	6
湖南	64.81	14.81	12.96	0	3.7	0	1.85	24.07	33.33	3.7
排序	1	4	5	9	6	9	8	3	2	6

注：致贫原因是多选项

二、产业扶贫

产业扶贫是目前最重要的帮扶措施。在 207 户建档立卡户中,有 172 户享受了不同类型的产业帮扶措施,占 83.09%。在这 172 户享受过产业帮扶措施的农户中,有 143 户获得了资金或实物支持,自己独立发展种养殖业,或者以资金入股合作社发展产业并参与分工,占 83.14%;有 34 户获得过光伏产业扶贫,主要是参与了集体光伏产业扶贫项目,收益体现为光伏发电效益的分红,占 19.77%;有 13 户参与了生态扶贫项目,获得生态补偿,占 7.56%。部分农户同时享受了两项或多项产业扶贫措施。在 172 个已享受产业帮扶措施的建档立卡户中,有 160 户认为产业扶贫帮扶措施对家庭增收有明显帮助,占 93.02%。

三、就业扶贫

就业帮扶可直接增加贫困户的工资性收入。在 207 户建档立卡户中,共有 94 户享受了就业帮扶措施,占 45.41%。这 207 户建档立卡户中,有 85 户参加过政府组织的转移就业技能培训,占 41.06%;有 12 户曾通过政府帮助外出务工,占 5.80%;有 56 户的家庭成员在护林员、保洁员等公益岗位上工作,获得了稳定的本地就业机会,占 27.05%。在获得了就业帮扶措施的 94 户建档立卡户中,有 81 户认为就业帮扶对其家庭增收有明显帮助,占 86.17%。

四、金融扶贫

金融扶贫可缓解贫困户在发展产业过程中遇到的资金短缺问题。在 207 户建档立卡户中,有 43 户不知道什么是扶贫小额贷款,占 20.77%。在 164 户知道扶贫小额贷款的农户中,有 72 户获得过扶贫小额贷款,占 43.90%;他们平均获得贷款 29 555.56 元,其中 62 户享受全额贴息,占 86.11%,6 户获得部分贴息,占 8.33%,4 户没有获得贴息,占 5.56%。在获得扶贫小额贷款的 72 户中,从贷款用途看,有 66 户是用于发展产业,占 91.67%;有 2 户用于生活消费;有 4 户同时用于发展产业和生活消费。从贷款使用方式看,有 56 户是自贷自用,占 77.78%,主要用途是发展种植、养殖业和个体经营等;有 14 户在获得贷款后投入入股企业或合作社;有 2 户则用于其他方面。总体上看,有 64 户认为小额贷款明显提高了家庭收入,占借过小额贷款总户数的 88.89%,可见小额贷款政策效果得到了群众的广泛认可。有92户建档立卡户知道但未获得过扶贫小额贷款，其原因主要包括没有需求、超龄或无劳动能力而不符合条件、担心还不起、怕麻烦等。

五、干部帮扶

驻村工作队和帮扶责任人制度可直接了解贫困户的诉求并提供及时、有效的帮扶措施。在207户建档立卡户中，有204户知道村里有驻村工作队，占98.55%。在这204户中，有201户对驻村工作队的工作表示认可，占98.53%。这说明驻村工作队的覆盖率较高、认可度较好。在207户建档立卡户中，有195户家里有帮扶责任人。在这195户中，有193户对帮扶责任人的工作是认可的，占98.97%；有180户认为帮扶责任人对家里增收有明显帮助，占92.31%。这说明帮扶责任人的工作得到了大部分建档立卡户的认可，且这一帮扶制度是有效果的。

第六节 扶贫政策评价

一、扶贫政策知晓度

关于对当前扶贫政策的知晓情况，在422户农户样本中，45.73%的农户非常清楚，35.07%的农户比较清楚，8.77%的农户知晓情况一般，8.06%的农户比较不清楚，2.37%的农户非常不清楚（表13.16）。分农户类型看，建档立卡户对扶贫政策的知晓程度要高于非建档立卡户；已脱贫户对当前扶贫政策的知晓程度最高，其次是中高收入农户，再次是未脱贫户，最后是低收入农户。总体上看，扶贫政策在农村中的宣传工作做得比较好，农民对扶贫政策较为了解。

表13.16 农户样本扶贫政策知晓情况

农户类型	非常清楚/%	比较清楚/%	一般/%	比较不清楚/%	非常不清楚/%	分值
全体农户	45.73	35.07	8.77	8.06	2.37	4.14
未脱贫户	34.62	50.00	7.69	7.69	0.00	4.12
已脱贫户	48.62	34.81	7.73	8.84	0.00	4.23
低收入农户	32.26	41.94	11.29	4.84	9.68	3.82

续表

农户类型	非常清楚/%	比较清楚/%	一般/%	比较不清楚/%	非常不清楚/%	分值
中高收入农户	49.67	30.07	9.15	8.50	2.61	4.16
A.建档立卡户	46.86	36.71	7.73	8.70	0.00	4.22
B.非建档立卡户	44.65	33.49	9.77	7.44	4.65	4.06

注：分值化时，5=非常清楚、4=比较清楚、3=一般、2=比较不清楚、1=非常不清楚

二、扶贫政策透明性和公平性

关于对当前扶贫政策公开透明性的主观评价，在422户农户样本中，60.66%的农户认为非常透明，29.86%的农户认为比较透明，仅1.19%的农户认为不透明（表13.17）。分农户类型看，建档立卡户对扶贫政策的公开透明性评价要高于非建档立卡户；未脱贫户对当前扶贫政策的公开透明性评价最高，其次是已脱贫户，再次是中高收入农户，最后是低收入农户。总体上看，当前的扶贫政策在各类农户群体中都是比较透明的，这主要得益于政策宣传力度的加大和政策获取渠道的多元化。

表13.17 农户样本对扶贫政策公开透明性的评价

农户类型	非常透明/%	比较透明/%	一般/%	比较不透明/%	非常不透明/%	分值
全体农户	60.66	29.86	8.29	0.95	0.24	4.50
未脱贫户	76.92	19.23	3.85	0.00	0.00	4.73
已脱贫户	63.54	27.62	7.73	0.55	0.55	4.53
低收入农户	46.77	37.10	14.52	1.61	0.00	4.29
中高收入农户	60.13	31.37	7.19	1.31	0.00	4.50
A.建档立卡户	65.22	26.57	7.25	0.48	0.48	4.56
B.非建档立卡户	56.28	33.02	9.30	1.40	0.00	4.44

注：分值化时，5=非常透明、4=比较透明、3=一般、2=比较不透明、1=非常不透明

关于对当前扶贫政策执行公平性的主观评价，在422户农户样本中，60.43%的农户认为非常公平，30.57%的农户认为比较公平，仅2.37%的农户认为不公平（表13.18）。分农户类型看，建档立卡户对扶贫政策执行公平性的评价要高于非建档立卡户；未脱贫户对当前扶贫政策的执行公平性评价最高，其次是已脱贫户，再次是中高收入农户，最后是低收入农户。总体上看，当前扶贫政策在执行层面的公平性得到了绝大多数农户的认可。

表13.18　农户样本对扶贫政策执行公平性的评价

农户类型	非常公平/%	比较公平/%	一般/%	比较不公平/%	非常不公平/%	分值
全体农户	60.43	30.57	6.64	1.90	0.47	4.48
未脱贫户	80.77	19.23	0.00	0.00	0.00	4.81
已脱贫户	66.30	27.62	4.42	1.66	0.00	4.58
低收入农户	41.94	37.10	14.52	3.23	3.23	4.11
中高收入农户	57.52	33.33	7.19	1.96	0.00	4.46
A.建档立卡户	53.02	34.42	9.30	2.33	0.93	4.61
B.非建档立卡户	68.12	26.57	3.86	1.45	0.00	4.36

注：分值化时，5=非常公平、4=比较公平、3=一般、2=比较不公平、1=非常不公平

三、扶贫措施满意度

关于扶贫对象识别客观性的主观评价，在422户农户样本中，63.27%的农户认为非常客观，29.15%的农户认为比较客观，仅1.65%的农户认为不客观（表13.19）。分农户类型看，建档立卡户对扶贫对象识别客观性的评价要高于非建档立卡户；未脱贫户对扶贫对象识别客观性的评价最高，其次是已脱贫户，再次是中高收入农户，最后是低收入农户。这是因为扶贫对象识别不仅考虑了收入因素，还考虑了消费因素、家庭成员发展潜力等多个维度。因此，扶贫对象识别结果是令农民满意的。

表13.19　农户样本对扶贫对象识别客观性的评价

农户类型	非常客观/%	比较客观/%	一般/%	比较不客观/%	非常不客观/%	分值
全体农户	63.27	29.15	5.92	1.18	0.47	4.53
未脱贫户	69.23	30.77	0.00	0.00	0.00	4.69
已脱贫户	69.06	26.52	4.42	0.00	0.00	4.65
低收入农户	45.16	37.10	11.29	3.23	3.23	4.18
中高收入农户	62.75	28.76	6.54	1.96	0.00	4.52
A.建档立卡户	69.08	27.05	3.86	0.00	0.00	4.65
B.非建档立卡户	57.67	31.16	7.91	2.33	0.93	4.42

注：分值化时，5=非常客观、4=比较客观、3=一般、2=比较不客观、1=非常不客观

关于扶贫政策满意度的主观评价，在422户农户样本中，70.62%的农户非常满意，23.70%的农户比较满意，1.18%的农户比较不满意，没有人表现出非常不

满意（表13.20）。分农户类型看，建档立卡户对扶贫政策的满意度评价要高于非建档立卡户；未脱贫户对扶贫政策满意度的评价最高，其次是已脱贫户，再次是中高收入农户，最后是低收入农户。建档立卡户获得的扶贫红利最直接，也最多，因而他们对扶贫政策总体是满意的。

表13.20 农户样本的扶贫政策满意度评价

农户类型	非常满意/%	比较满意/%	一般/%	比较不满意/%	非常不满意/%	分值
全体农户	70.62	23.70	4.50	1.18	0.00	4.64
未脱贫户	88.46	11.54	0.00	0.00	0.00	4.88
已脱贫户	80.11	17.13	2.21	0.55	0.00	4.77
低收入农户	48.39	40.32	8.06	3.23	0.00	4.34
中高收入农户	65.36	26.80	6.54	1.31	0.00	4.56
A.建档立卡户	81.16	16.43	1.93	0.48	0.00	4.78
B.非建档立卡户	60.47	30.70	6.98	1.86	0.00	4.50

注：分值化时，5=非常满意、4=比较满意、3=一般、2=比较不满意、1=非常不满意

关于扶贫工作方式满意度的主观评价，在422户农户样本中，70.85%的农户非常满意，21.33%的农户比较满意，2.14%的农户不满意（表13.21）。分农户类型看，建档立卡户对扶贫工作方式的满意度评价要高于非建档立卡户；未脱贫户对扶贫工作方式满意度的评价最高，其次是已脱贫户，再次是中高收入农户，最后是低收入农户，对扶贫工作方式满意度评价的排序与扶贫政策满意度评价的排序相一致。

表13.21 农户样本对扶贫工作方式满意度评价

农户类型	非常满意/%	比较满意/%	一般/%	比较不满意/%	非常不满意/%	分值
全体农户	70.85	21.33	5.69	1.90	0.24	4.61
未脱贫户	84.62	11.54	0.00	3.85	0.00	4.77
已脱贫户	78.45	18.23	2.21	0.55	0.55	4.73
低收入农户	48.39	33.87	14.52	3.23	0.00	4.27
中高收入农户	68.63	21.57	7.19	2.61	0.00	4.56
A.建档立卡户	79.23	17.39	1.93	0.97	0.48	4.74
B.非建档立卡户	62.79	25.12	9.30	2.79	0.00	4.48

注：分值化时，5=非常满意、4=比较满意、3=一般、2=比较不满意、1=非常不满意

第七节　乡村振兴认识

一、行业依靠

产业兴旺是乡村振兴的关键。在 422 户农户样本中，有 281 户农户认为乡村振兴应依靠规模种养殖业，占 66.59%；有 130 户农户认为应依靠设施农业，占 30.81%；有 116 户农户认为应依靠传统种养殖业，占 27.49%；有 105 户农户认为应依靠乡村工业，占 24.88%；有 88 户农户认为应依靠乡村服务业，占 20.85%；有 21 户农户回答不知道应依靠哪些行业，占 4.98%（表 13.22）。在农户的思想认识中，农村发展离不开农业，离不开种地。

表13.22　农户样本对乡村振兴依靠行业的认识

项目	传统种养殖业	规模种养殖业	设施农业	乡村工业	乡村服务业	不知道
频数/户	116	281	130	105	88	21
频率/%	27.49	66.59	30.81	24.88	20.85	4.98
排序	3	1	2	4	5	6

注：可多选

二、资源依赖

乡村产业兴旺需要资源支撑。在 422 户农户样本中，有 299 户农户认为需要政策支持，占 70.85%；有 240 户农户认为需要科技支撑，占 56.87%；有 226 户农户认为需要资金支持，占 53.55%；有 218 户农户认为需要依赖土地，占 51.66%；有 119 户农户认为需要依赖劳动力，占 28.20%；有 19 户农户回答不知道应依赖哪些资源，占 4.50%（表 13.23）。调研中发现，农户认为乡村振兴是国家战略，关系国计民生和农民福祉，这么大的国家工程首要的是因地制宜给予农村政策。

表13.23　农户样本对乡村振兴依赖资源的认识

项目	土地	资金	劳动力	科技	政策	不知道
频数/户	218	226	119	240	299	19
频率/%	51.66	53.55	28.20	56.87	70.85	4.50
排序	4	3	5	2	1	6

注：可多选

三、主体领路

有了产业、有了资源,谁来参与乡村振兴行动?表 13.24 显示,在 422 户农户样本中,有 254 户农户认为乡村振兴的主体应该是本地农民,本地的事应由本地人去干,占 60.19%;有 208 户农户对返乡大学生寄予了厚望,期待大学生带着知识回乡反哺农村,占 49.29%;有 203 户农户认为应依靠政府机关、事业单位下海人员等,认为这类公职人员拥有政治资源,占 48.10%;有 195 户农户认为应该依靠返乡人员,占 46.21%;有 180 户农户认为应依靠外地企业家,认为外地企业家具有资金优势,可以到农村来办厂招工,从而带动农民在家门口就业,占 42.65%;有 35 户农户认为可以由退伍军人带领村民谋发展,占 8.29%。

表13.24 农户样本对乡村振兴参与主体的认识

项目	本地农民	返乡人员	政府机关、事业单位下海人员	返乡大学生	外地企业家	退伍军人	其他	不知道
频数/户	254	195	203	208	180	35	32	16
频率/%	60.19	46.21	48.10	49.29	42.65	8.29	7.58	3.79
排序	1	4	3	2	5	6	7	8

注:最多可选 3 项

第八节 村庄环境变化

本节从 17 个维度去考察村庄环境变化。表 13.25 显示 2015~2018 年,农户样本所在村庄的生产生活环境都改善了,其中改善较大的是道路交通条件、通信设施、扶贫救济措施、农村治安、村两委基层组织建设、卫生环境,改善最小的是农村公共厕所设施及环境。随着农村人居环境改善工程的推进,农村厕所革命不仅要改农户家庭厕所,农村公共厕所设施和环境改善更不应放松,特别是在北方使用旱厕的农村地区。但北方旱厕的整改,不仅要考虑环保和公共卫生问题,还要考虑当地气候条件和农民生活习惯等,改厕的方向应在环保共识和农民意愿之间寻求平衡。

表13.25　2015~2018年农户样本所在村庄的环境变化

村庄环境	明显改善/%	有所改善/%	没有改善/%	变差了/%	不清楚/%	分值	排序
农田基础设施	60.33	29.69	9.74	0.24	0.00	1.501	15
农村水利设施	61.76	27.79	9.74	0.71	0.00	1.506	14
电力设施	72.45	22.33	4.75	0.48	0.00	1.668	9
道路交通	78.62	19.71	1.43	0.24	0.00	1.767	1
通信设施	76.25	20.43	3.33	0.00	0.00	1.729	2
住房条件	72.68	21.62	5.70	0.00	0.00	1.670	8
上学条件	61.76	28.74	4.75	3.33	1.43	1.489	16
农村医疗条件	72.92	24.70	2.14	0.24	0.00	1.703	7
扶贫救济措施	74.82	22.80	2.14	0.00	0.24	1.724	3
卫生环境	74.58	21.85	3.56	0.00	0.00	1.710	6
公共厕所	40.86	28.98	28.03	0.00	2.14	1.107	17
生态保护	66.98	28.27	4.28	0.00	0.48	1.622	12
文化娱乐	65.80	28.98	5.23	0.00	0.00	1.606	13
农村治安	75.06	21.85	3.09	0.00	0.00	1.720	4
乡风文明建设	68.65	28.98	2.38	0.00	0.00	1.663	10
村民自治	67.22	31.12	1.43	0.00	0.24	1.656	11
村两委基层组织建设	72.68	26.37	0.48	0.00	0.48	1.717	5

注：分值化时，2=明显改善、1=有所改善、0=没有改善、-1=变差了、0=不清楚（选择"不清楚"的，视同认为没有改善）

第九节　小　　结

家庭经营收入和工资性收入在全部农户样本的家庭收入中仍表现出明显的双轮驱动效应，但低收入农户的家庭人均可支配收入不仅低于已脱贫户，还低于未脱贫户。简单来说，农户家庭人均可支配收入与家庭人口数量、家庭平均年龄之间并无规律性的联系，人多致贫、高龄致贫是缺乏现实基础的，但家庭受教育水平、家庭健康成员比重却是农户家庭贫困与否的重要影响因素。

"两不愁三保障"在农村地区的执行情况是比较好的。疾病是导致贫困的最主要原因，其次才是资金、教育、残疾等。在现有扶贫措施中，产业扶贫措施是受惠面最广的措施。产业扶贫、就业扶贫和金融扶贫措施都对贫困户家庭增收发挥了明显作用，这些扶贫措施得到了贫困户的广泛认可。驻村工作队和帮扶责任人的工作也得到了大部分建档立卡户的认可。

建档立卡户对扶贫政策的知晓程度、对扶贫政策的公开透明性和满意度评价等都要高于非建档立卡户。应当引起注意的是，收入最低的低收入户对扶贫政策的知晓程度最低，对扶贫政策实施的评价也最低。如何让低收入农户分享到脱贫攻坚政策红利和获得平等的增收机会应是脱贫攻坚与乡村振兴有效衔接的政策调整着力点之一。

在农户的认识中，乡村发展离不开农业，离不开种地，关键在于地怎么种。在农户眼里，乡村发展最需要的是国家政策支持，需要本地农民充分发挥主体作用。

本章执笔人：何安华。问卷设计人：何安华，宋洪远、陈洁等对问卷提出修改意见。调查数据来自农业农村部农村经济研究中心、黑龙江省富裕县和依安县调研组、中国农业科学院农业经济与发展研究所、湖南省龙山县和湖北省来凤县调研组；4县调研组成员承担了问卷调查的具体工作。

第五部分 案例研究

第十四章 案例报告

案例报告一 农民合作社参与产业扶贫行动
——以黑龙江省依安县春城马铃薯合作社为例

农民合作社是以农民为主体的合作经济组织。在三大类新型农业经营主体中，家庭农场因其以家庭经营为主、规模小、参与的农业产业链条短而与普通农户的合作关系较少；农业企业因其以追逐利润最大化为主要目标，"公司+农户"的合作方式容易侵害农民合理权益而饱受诟病；农民合作社则被视为农民因自身合作需求而内生的经济组织，能够较好地代表农民利益，具有天然的益贫性而成为推动农村产业扶贫的重要选择。在地方的产业扶贫实践中，发展规范的合作社被当地政府寄予了厚望，其产生的扶贫效应也证明合作社作为产业扶贫的一个重要载体确实是合适的。

一、春城马铃薯合作社的发展历程

依安县新发乡新里村春城马铃薯合作社（以下简称春城合作社）的理事长（同时也是牵头领办人）是胡春城，他从1995年起开始贩运大豆、马铃薯等农产品，历经15的积累和发展，成为当地小有名气的马铃薯贩销经纪人。2010年胡春城建立依安县鑫宇马铃薯购销有限公司。2011年8月，他牵头成立春城合作社，建社之初共有来自新里村的35户农户社员，常年经营土地约2000亩。2012年春城合作社社员增加至67户，经营土地7000亩。为了扩大经营规模和进一步实现马铃薯越冬储藏反季错峰销售增值，该合作社在2012年投资2600万元建设了容量为5万吨的春城马铃薯仓储物流中心。也正是在2012年，胡春城真正实现了从马铃薯经纪人向合作社理事长的转变。

2013年，春城合作社投资1960万元建成总占地100亩的脱毒种薯研发基地，并于2015年再次投入420万元组建了脱毒种薯研发中心。为了提高马铃薯耕种收的机械化作业水平，解决劳动力不足和人工成本快速上涨的问题，春城合作社于2014年组建起农机资产价值超过千万元的农机合作社（即春城合作社下设农机合作社），拥有大型农机具100余台（套），具备种植6万亩马铃薯的能力，该农机合作社不仅让春城合作社经营的土地全部实现机械化作业，还代耕本乡及周边乡镇土地2万多亩。为了进一步延伸产业链条，春城合作社决定进军马铃薯加工领域，在2014年出资兴建马铃薯休闲食品加工企业——拜泉新大地食品有限公司，在2015年收购马铃薯淀粉加工企业——黑龙江鹏程优薯农业科技有限公司。在这一年，春城合作社成为黑龙江省唯一一家业务覆盖马铃薯全产业链的合作社。

2016年起，为了响应依安县坚决打赢脱贫攻坚战的号召，春城合作社参与了县里的产业扶贫事业，通过贫困户社员土地折价入股、优价流转贫困户土地、带动贫困户种植马铃薯种薯并全程免费提供技术指导、优价回收原二种薯、资金入股分红、优先雇用贫困户劳动力等多种方式帮助贫困户增收脱贫，以实际行动支持依安县在全县范围内推行"一亩种薯"产业扶贫工程。

纵观春城合作社的发展历程，该社的社员人数从创社之初的35户增加至2014年底的305户，此后便关闭了社员入社通道，不再吸纳新的社员。经营土地从2011年的0.2万亩扩大到2013年的1.16万亩，再到2014年的2.7万亩，2015年以后达到5万亩以上。固定资产总额也从创社之初的1400万元增加到2017年底的2.3亿元。自2011年以来，春城合作社的发展是先有公司，再成立合作社，然后以合作社名义投资或兴建马铃薯产业链上下游的子公司或合作组织，目前已成长为集种薯研发、仓储物流、农机服务、生产基地、淀粉加工、薯条生产为一体的马铃薯全产业链的现代企业化管理的合作社，是一家典型的公司领办型合作社。

二、春城合作社的扶贫实践

经过数年的探索，依安县于2018年将"半亩园、一亩种薯、百只鹅、千袋菌+乡村自有特色产业"作为产业脱贫巩固工程。所谓"一亩种薯"，即在依安县全县范围内为每户贫困户种植一亩高产值的马铃薯种薯，有效增加贫困人口的收入，从而达到精准脱贫的目的。实际上，自2016年起，春城合作社就先后通过优价回收种薯、土地资产收益、资金入股分红、优先雇用贫困户劳动力等直接帮扶方式和推动区域马铃薯产业集聚升级、捐资改善农村基础设施等间接帮扶方式使当地贫困户获益匪浅。

（一）优价回收种薯，直接带动贫困户种植种薯并形成稳定的产业收入来源

对于有劳动能力的贫困户而言，最为彻底的"造血式"扶贫是带动他们直接参与产业经营，帮助他们培育出具有可预期收入的产业，最终让这类贫困户拥有持续的增收能力和较强的自生能力。2016年春季，春城合作社与红星乡部分贫困户所在村的村委会签订帮扶协议，由合作社为红旗村、红星村、东升村、兆祥村4个村的100户重点贫困户无偿提供价值1.5元/斤的原一优良种薯300斤/户；为互助村、友谊村、立新村、文化村、文和村5个村的279户一般贫困户无偿提供原一优良种薯100斤/户。对于行动不便的村民，春城合作社还将种薯免费送到贫困户的家里。到秋季贫困户收获原二种薯后，春城合作社对原二种薯以每斤高于市场价0.2元的价格回收，保底价为0.5元/斤。种薯种植期间，春城合作社为贫困户免费提供全程技术指导、跟踪服务，保证了贫困户的种植经营水平，提高了马铃薯作物单产。2017年春季，春城合作社继续带动红星乡的贫困户种植种薯，帮扶方式跟2016年一样。据红星乡兆祥村的贫困户高振廷估算，2017年他家种植的马铃薯亩产约6000斤，如果算上免费种薯的钱，当年他家就能增收近3000元。2016~2018年的三年时间里，春城合作社带动了520户贫困户种植种薯，共收购贫困户的马铃薯480吨，同时还为贫困户提供代储代销服务，并错峰销售增加收入。

（二）土地入股分红和优价流转，帮助无劳动能力贫困户变现土地资产收益

春城合作社通过两种方式帮助贫困户增加土地资产收益。一是以地折价入股分红方式。在春城合作社的305户社员中，有出资成员14人，均为理事，参与合作社的经营管理工作。余下291个社员均为农户社员，其中贫困户26户，该类社员不参与春城合作社的具体经营，他们以土地折价入股合作社，以地租作为股金参与分红，土地收益实行"流转租金+二次分红"分配。2018年土地入股社员的土地流转租金约为466元/亩，等到年终结算时，春城合作社除向土地入股社员支付流转租金外，还将当年土地经营净利润的30%按土地面积向社员进行二次分红。2018年土地二次分红款为50元/亩。等到年终结算时，当年净利润的30%再按土地面积向社员进行分红。为了支持依安县脱贫攻坚工作，春城合作社向土地入股贫困户社员适当倾斜，流转租金跟普通社员一样，主要参考土地流转市场行情，但土地二次分红对贫困户社员多支付100元/亩，即2018年贫困户社员的土地收益

达到 616 元/亩。2016~2018 年，与非贫困户社员相比，26 户贫困户社员的 400.76 亩土地仅分红一项就可户均增收 1541 元。

二是土地优价流转方式。2017 年春季，春城合作社在新屯乡建立马铃薯种薯基地 2000 亩，以每亩 400 元的价格流转连片土地，各种政策补贴归原土地承包户，秋季按照原土地承包户的要求深松后返垄，并帮助原土地承包户协调换地倒茬。2018 年为了能够让百姓通过马铃薯产业实现脱贫，春城合作社依托依安县北部的太东乡、红星乡、阳春乡、新发乡 4 个马铃薯主产乡镇建设马铃薯种薯基地 5000 亩。在吸纳土地流转上，凡是涉及贫困户的地块，都以每亩高于市场价 100 元的价格支付流转租金，助力贫困户流转土地，实现增收脱贫。

（三）资金入股保底分红，实现全县贫困户"一亩种薯"资金分红全覆盖

除了土地入股外，春城合作社在 2018 年以代耕代种"一亩种薯"的形式对全县建档立卡贫困户实施为期三年的众筹马铃薯种薯产业扶贫行动。具体而言是：以依安县全县 14 个乡镇 11 003 户建档立卡贫困户 25 358 人为众筹资金对象，于 2018 年 4 月 10 日前接纳全县贫困人口固定众筹资金 500 元/人，承诺当年 9 月 15 日前进行保底分红，不低于 350 元/人。贫困户不要求退还股金的，2019 年仍执行入股 500 元、分红不低于 350 元的做法。当贫困户拿不出众筹资金时，由该户的脱贫帮扶责任人先行垫付。实际上，2018 年春城合作社向贫困人口支付了众筹资金分红 350 元/人。

为了推动"一亩种薯"扶贫项目，依安县政府对春城合作社进行了资金奖补。2018 年春城合作社在依安县新发乡、阳春乡、太东乡、上游乡、红星乡种植马铃薯种薯 11 003 亩，通过贫困户众筹分红模式带动全县 14 个乡镇贫困户 11 003 户（其中，依安镇 174 户、依龙镇 2008 户、双阳镇 860 户、三兴镇 350 户、中心镇 1129 户、新兴镇 1780 户、富饶乡 678 户、解放乡 749 户、阳春乡 672 户、新发乡 566 户、太东乡 565 户、先锋乡 403 户、新屯乡 462 户、红星乡 607 户），扶贫资金补助按照 1 亩/户、600 元/亩的标准发放，该社共获得补助资金 660.18 万元。粗略估算，2018 年春城合作社参与"一亩种薯"项目共获得众筹资金 1267.9 万元，当年分红总额为 887.53 万元，扣除 660.18 万元扶贫补助资金后，合作社实际承担分红款 227.35 万元。因贫困户大多不会要求退回众筹入股资金，该笔众筹资金自动延期至次年使用并参与分红，那么合作社使用众筹资金的资金成本率是 17.93%（227.35 元/1267.9 元×100%），虽略高于同期银行贷款利率，但对合作社仍有着较大吸引力。

（四）优先用工安排，增加有富余劳动力贫困户的工资性收入

在用工安排方面，春城合作社始终优先雇用有劳动能力的贫困户，并支付高出市场价 10~20 元的日工资。2017 年春城合作社在新屯乡流转 2000 亩地种植马铃薯种薯，农活用工向新屯乡的贫困户倾斜，如捡土豆的人平均日工资超过 200 元（每斤 2 分钱），农机操作的人月工资不低于 4000 元。2019 年该社 26 户贫困户社员中，有劳动能力的 7 户贫困户都在合作社务工增收。2017 年还是贫困户的新发乡千宁村村民张某说："我在这儿的工作是负责马铃薯的脱毒快繁，平时也干些防病、筛选的工作，一个月能有 3000 元的收入，现在家里摘掉了贫困户的帽子，日子也过得更有滋味了。"2018 年春城合作社全年的农活雇工支出在 600 万元左右，让农户和贫困户在家门口就可以务工增收。

（五）设立扶贫基金和参与村庄公共事业，为贫困户改善脱贫增收的社会环境

2016 年底，春城合作社从盈余中提取 40 万元建立春城产业扶贫基金，其中 30 万元对新发乡 6 个行政村 555 户贫困户进行产业扶贫全覆盖，为贫困户种植种薯提供每户不少于 500 元的资金扶持，可使贫困户人均增收 201.38~826 元。2017 年春城合作社还从承包种植马铃薯的土地收入中每亩地拿出 20 元钱共计 34 万元，作为新发乡 4 个贫困村的专项扶贫基金，分配给 178 户贫困户。由于春城合作社不再吸纳新社员，土地流转又基本是在 5 个马铃薯种植集聚乡镇内，其他乡镇的贫困户既不能直接加入合作社，也无法获得合作社的土地流转收益，但是这些贫困户能从贫困地区整体发展中受益。例如，春城合作社开展马铃薯全产业链业务，在一定程度上服务和支撑了依安县的马铃薯产业发展，全县 30 万亩的优质马铃薯种植面积，可使依安县形成自己的特色农产品品牌，进而让众多马铃薯种植户间接受益。此外，春城合作社还参与村庄的公益事业。例如，2017 年秋天，该合作社给安乐村第 6 屯修建砂石路，花费 15 万元，有效改善了安乐村村民的交通出行条件。

三、对合作社参与产业扶贫的思考

合作社因具有天然的益贫性，理应成为推动产业扶贫的重要载体。但同时应注意到，不少合作社开展的规范化建设是严重滞后的，甚至有关假合作社的声音不绝于耳。即使春城合作社已被评为国家级示范社，但其内部管理实际上仍未能

严格遵循传统的合作社原则。因此，进一步思考参与产业扶贫的合作社的发展问题依然是非常必要的。

（一）应客观看待贫困地区合作社的不规范运作问题

看待贫困地区农民合作社的发展，应注重其在产业扶贫中的贡献，而不应过度拘泥于合作社是否管理规范，是否严格按合作社法或章程规定的一人一票制，只要加入合作社的贫困户确实能从合作社中受益，入社比不入社要好，那么合作社在产业扶贫中就是能够发挥作用的。因为初创合作社尚未稳定生存基础就已举步维艰，无法可持续发展和长远惠及贫困户，所以当合作社发展壮大到一定规模后，才是对合作社进行规范化引导的适宜时机。

（二）开放运行和封闭管理都是合作社的自适反应

春城合作社在 2011 年创社之初有社员 35 户，2012 年增加到 67 户，2014 年发展到 305 户，此后便关闭了社员入社通道，不再吸纳新社员。可以说，春城合作社在社员数量控制方面经历了从开放运行向封闭管理的转变。在开放运行阶段，合作社迫切需要发展一批土地入股社员，并以这些社员的土地作为种薯研发、种植基地，社员身份和入股方式不仅维持了种植基地的稳定，也降低了合作社一次性支付巨额土地流转租金的负担。而当合作社的种植基地扩大到一定规模后（如春城合作社当前的入股土地在 10 000 余亩）就不再继续扩张，毕竟合作社的经营管理能力也是有限的，也会担心种植基地规模与管理能力不匹配而控制不好种薯的质量。此时，春城合作社的种植基地已具备一定规模，也已完成资本积累，有财力去连片流转土地，也有财力去大量外购马铃薯开展储加销业务，彻底进入了资本运营阶段。为了保障出资社员的权益，对内封闭管理并按股分红，对外购买生产要素（土地、劳动力、众筹资金等）并支付对价，在操作层面反而更加清晰和容易。因此，开放运行和封闭管理都是合作社在不同发展阶段下的自适行为。

（三）合作社参与产业扶贫的关键是要选对产业

春城合作社进入的是技术门槛较高的脱毒马铃薯种薯繁育领域，种苗在大田上种植获得的收益较高。2017 年，种薯售价达到 1.5 元/斤，2018 年虽降为 1 元/斤，但仍获利颇丰，而且脱毒马铃薯种薯市场需求旺盛，多是先签订单后种植，有效解决了种薯产后滞销问题。该合作社的种薯主要销往四川、河南、湖北、湖南等地。也正是因为产业有前景，产品有销路，春城合作社才能够负担得起全县

2万多个贫困人口每人500元众筹资金分红350元的资金使用成本,毕竟此项众筹资金的资金成本率高达17.93%。因此,不是随便一个农业产业都能成为扶贫产业,合作社进入某个扶贫产业必然要求该产业有较高的投资回报率,也要求所选产业具有一定的可持续性,否则合作社的社员就会自行退社,合作社带动非社员农户发展产业的作用将大大弱化。

(四)合作社参与产业扶贫既是经济理性选择也是社会责任体现

政府扶贫资源主要包括项目资金、优惠政策、技术培训等。对合作社来说,最重要的扶贫资源是项目资金,且其获得政府扶贫资源的渠道要么是通过市场竞争,要么是通过社会关系渠道。一旦获得政府扶贫资源,那么该合作社就比其他未获得扶贫资源的合作社有着更低的产业进入门槛,这是因为竞争性政策奖补会降低市场主体的市场进入壁垒。毫无疑问,参与产业扶贫的合作社更容易获得扶贫资源,因而合作社参与产业扶贫是一种经济理性行为。同时,扶贫资源又是依据合作社的益贫效果去分配的,这必然要求合作社"扶真贫,真扶贫",同时要求合作社带动贫困户通过发展产业实现"造血"脱贫,因而扶贫资源的市场配置机制实际上对合作社的社会责任具有甄别效应,尤其可通过多次博弈使得具有较强社会责任的合作社在产业扶贫角逐中出现"良币驱逐劣币"的现象。

执笔人:何安华。

案例报告二 开荒人家庭农场:返乡创业发展鲜食玉米产业

开荒人家庭农场成立于2017年,农场负责人李发军1997年开始从事建筑行业,当年组成了600人的包工队,凭借诚信经营,积累起了人生的第一桶金。此后多年,他在黑龙江省内外从事建筑业,并投资发电厂工程建设,20多年时间其建筑公司产值逐渐上升到1亿元以上。2017年他在一次旅途中了解到,鲜食玉米在杭州、广州、深圳等南方城市,以及韩国、俄罗斯等国深受居民欢迎,具有很大的市场消费潜力,而国内生产供应不足,很多贸易商都在争夺鲜食玉米的货源。他通过加入鲜食玉米微信群,进一步掌握了鲜食玉米的生产技术与销售市场信息。通过学习,他判断黑龙江域内积温比较高,非常适合种植鲜食玉米,投身这一产业大有可为。于是在2016年,李发军下定决心,返乡发展鲜食玉米产业。2017

年过年期间,他回家探亲和乡镇领导聊到这个事,了解到地方政府有北菜南销补贴,当年春天在政府的支持下,流转土地2000亩,成立家庭农场,开始进行鲜食玉米集中连片种植。

开荒人家庭农场响应县政府脱贫攻坚的号召,通过统一供种、统一指导生产、统一收购的方式,帮助县域内贫困农户及部分非贫困农户种植鲜食玉米。家庭农场采取分等不拒收,按照1等玉米4毛,2等3毛,3等以下价格面议方式,从贫困户手中统一采购玉米。李发军算了一笔账,2018年一个玉米棒市场上可以卖1.25元,刨去加工储运成本0.4元,平均收购价格0.4元,每个玉米棒可获利0.45元。按照每户平均可生产 2000~2500 个玉米棒,一年一季生产可带动贫困农户增收800~1000元。2018年8月27日,开荒人家庭农场第一年收获了400万个鲜食玉米棒,当年9月1日,便被一个南方贸易商全部收购,并且该贸易商许诺每年可以包销1000万个。这一稳定的销售渠道,大大增强了李发军继续大力投入发展鲜食玉米产业的信心,"这样的话,明年我便能不靠政府补贴,并且每个玉米棒可再提高3分钱的收购价格,为老百姓让利"。至2019年,开荒人家庭农场种植规模扩大到了6000亩,自筹资金1700万元。李发军的开荒人家庭农场搭上了依安县"半亩园"项目的"顺风车","半亩园"黏玉米种植项目目前已经覆盖了全县1739个贫困家庭。贫困户普遍反映,"半亩园"是个好项目,劳动强度小,产品附加值高,彻底将农民房前屋后的闲田给盘活了。通过项目推进和效果示范,截至2019年已经有三个村的耕地流转入开荒人家庭农场,实现了整村推进生产种植。

谈到农业创业的经验,李发军谈了三个方面的体会。第一,要把握好政策机遇。近年来,地方政府优先支持农业产业化、农业产业扶贫项目,他趁此时机返乡创业,在土地选址、政策支持方面获得了很多来自政府的帮助。乡村振兴战略与政策为产业顺利落地生根营造了很好的外部创业环境。第二,要用活、用好互联网技术获取商业信息。李发军从创业之初便加入了中国鲜食玉米微信群,里面有全国 70%~80%的鲜食玉米企业和育种研发主体。通过这一渠道,他了解到全国鲜食玉米的产能分布状况,对于生产经营状况做到了心中有数。李发军说,当前信息技术发展较快,形成了很多社会性的商业组织形式,如这种鲜食玉米微信群,它们有力地促进了市场主体自主交流与产销对接,对企业来说是个好事情,建议国家大力支持。第三,要鼓励工商业资本下乡发展农业。农业前期投资大、风险高,商业银行缺乏信贷意愿;贫困县财力有限,补贴资金支持往往少且不稳定,因此发展农业有必要依靠财力雄厚的工商业资本进入。李发军认为,只有"自筹资金、市场经营",才能"不靠财政、惠及乡民"。

执笔人:孙昊。

案例报告三　东方瑞雪糖业有限责任公司参与脱贫攻坚

东方瑞雪糖业有限责任公司（以下简称瑞雪糖业）主营业务为制糖业与糖业贸易。2018年企业实现销售收入12亿元，产糖能力为10万吨，甜菜加工能力在100万吨以上。该企业是国企改制企业，前身是1984年建厂的依安县国有糖厂。2000年国企改制变成民营控股企业；2012年外资进入转变成了外商独资企业；2015年外资撤出，民营资本重新进入，瑞雪糖业成了民营独资企业。可以说，瑞雪糖业由国企转为民企，由民企转为外企，由外企再转为民企，国企改制变迁发展的历程在东北很具有典型性。甜菜是依安县的传统种植业，靠近制糖原料产地是企业选址于此的主要动机。目前，依安县对甜菜产业进行了规划，全县有30万亩稳定的甜菜种植区域，完全可以支撑瑞雪糖业百万吨的生产能力，依安县将成为黑龙江省甜菜生产第一县。

在企业参与精准扶贫上，瑞雪糖业的做法有以下几个方面。一是教育扶贫。企业出资帮助贫困生入学，毕业后在企业里给他们安排就业。目前企业资助的贫困学生共计20多名。二是产业扶贫。通过订单农业，以及"公司+农户+金融+保险"的形式，引导贫困农户进行甜菜生产。企业给贫困户进行统一供种包销，并对农户进行贷款担保，切实以糖料种植带动农户扶贫增收。三是金融扶贫。金融扶贫的方式主要有两个方面：其一是扶贫资金贷款与利差返还。扶贫资金的利率低于商业银行贷款利率，这样，企业以高于扶贫贷款利率、低于商业银行贷款的利率，借贷扶贫资金，投入经营，产生的效益以利息形式返还，在解决企业融资难问题的同时，实现扶贫资金保值、增值。其二是扶贫资金资产化。通过将扶贫资金物化为生产资料与固定资产，出租获得收益。例如，为了促进糖产业全程机械化，县政府从扶贫资金中拿出1000万元购买农机具，按照8%的利率出租给瑞雪糖业使用，农机具的所有权为国有财产，企业拥有使用权，产生的租赁收益用于精准扶贫投入。2017年扶贫资金购买的农机设备产生的租赁收益在200万元以上。

企业发展面临的主要困难可归纳为五个方面。一是民营企业融资难。尽管企业经营效益不错，但从2015年开始，比过去严苛的借贷要求使瑞雪糖业难以从黑龙江省的银行贷到资金。国有商业银行对民营企业的待遇与央企、国企待遇不同，民营企业的商业贷款利率要略高于国企、央企，这也制约了民营企业的生存发展。

二是甜菜制糖产业的政策支持不足。甜菜制糖产业在依安县是传统农业优势产业，对农民而言，甜菜种植技术成熟、有加工业企业收购、产品市场价格高，从成本收益上看，比种玉米、大豆都划算，也是地方财政收入的重要来源。但是，黑龙江不属于甜菜制糖产业主产区，企业享受不到国家出台的糖业扶持政策；而相邻的内蒙古自治区，由于属于甜菜制糖主产区，其所辖的县区与依安县相邻，种甜菜、办糖厂便可享受国家补贴，这使依安县糖产业面临不公平的竞争。

三是大豆支持政策扭曲了市场机制作用，对甜菜产业造成了冲击。本地大豆与甜菜种植期重叠，是相互替代的作物。现行大豆补贴政策片面按照播种面积补贴，不与产量和质量相挂钩，这刺激了很多农户粗放经营，以套取补贴为目标种植大豆。黑龙江省大豆种植补贴为320元，若加上轮作补贴，播种之后就可以拿到补贴520元，用老百姓话说"躺着都赚钱"。农户一窝蜂去种大豆，扰乱了当地农产品生产的传统结构，甜菜、马铃薯作物的产业种植面积均大幅度缩减。而在正常情况下，甜菜的市场效益远高于大豆。

四是农业产业支持政策不够稳定、持续。例如，前几年上级号召大家养奶牛，贷款刚下来，结果政策变了，出于环保要求不让建厂，结果是土地被收回，奶牛也被卖了，银行催还款，形成的债务负担落在了企业头上。种植业中玉米、大豆、甜菜、马铃薯，养殖业中猪、牛、羊等产业的发展往往存在替代影响关系，某一个或几个产业的政策忽左忽右，就会对其他产业效益造成不确定影响。尤其是小宗农作物产业的生产经营，往往某项刺激政策一年就可以使一个地区兴起一个产业，若第二年政策有变，产业也可能走向衰弱。不稳定的政策支持会扰乱市场的正常秩序，一些本来出发点很好的产业支持政策，却成为企业所要面临的不确定因素。

五是农业基础设施比较弱。甜菜种植的水资源利用强度较大，本地水资源虽然总体丰富，但农田水利设施建设水平较低，无法满足农户生产需要，制约了当地甜菜产量品质的提高。究其原因在于地方财政力量不足，乡村两级没有能力修复和维护水利基础设施。建议上级政府加大对贫困地区的财政薄弱县农田水利设施维护升级方面资金项目专项支持的力度，夯实贫困地区农业产业发展的硬件基础。

执笔人：孙昊。

案例报告四 "小车间"里的"大扶贫":贫困地区乡村振兴的新载体

扶贫车间以"企业+车间+贫困户"的模式,使贫困人口就地就近转移就业,实现了赚钱、顾家、务农"三不误",是基层干部群众在脱贫攻坚时期探索出来的一种新型精准扶贫模式。小小的扶贫车间蕴含着实现就业增收、促进性别平等、消除代际贫困等深刻的"大扶贫"思想,犹如20世纪80年代初期异军突起的乡镇企业,扶贫车间正成为贫困地区乡村振兴的重要产业载体,将对贫困乡村的长期发展产生深远影响。当前全国各地都在大规模建设扶贫车间,其可持续发展问题尤其值得关注。

一、扶贫车间在全国各地蓬勃发展

全国扶贫看甘肃,甘肃扶贫看临夏,临夏扶贫看东乡。2019年3月18日,我们来到了甘肃省临夏州东乡县龙泉镇苏黑村的一个服装加工厂。在这个加工厂门口,醒目的标语写着"扶贫车间"。走进大门,不到100平方米的厂房里,40多个妇女正在热火朝天地加工绿色工装,每一台缝纫机都在"喀喀喀"地快速运转。陪同人员告诉我们,最外面一排是熟练工,采取计件工资,平均一个月能赚3000元左右,里面两排都是新手,处于学习培训阶段,采取计时工资模式,平均一个月能赚1500多元,等熟练上手后就可以转为熟练工。这个扶贫车间是2018年10月才建成的,帮助当地贫困妇女实现了家门口就业,扶贫效果非常明显,一个月的工资就能抵一年种地的收入。

发源于山东菏泽的扶贫车间模式,自2017年被纳入中央政治局第三十九次集体学习的12个精准扶贫典型案例之一以来,在全国范围内迅速得到推广。北至黑龙江,南到广东,西北的甘肃、陕西,西南的云南、贵州,到处都能看到各种形式的扶贫车间。到2017年底,山东全省建成各类扶贫车间6126处,吸纳就业人员43.7万人,其中建档立卡贫困人口12.6万人;全国有扶贫开发任务的中西部22个省区共建成扶贫车间2万多个,吸纳贫困人口15万人。2018年初人力资源和社会保障部与国务院扶贫办联合发布的《人力资源社会保障部 国务院扶贫办关于做好2018年就业扶贫工作的通知》,要求各地区进一步因地制宜地推广就业扶贫车间模式。截至 2018 年底，全国已建成扶贫车间 3 万多个，实现就业 200 多万人，其中贫困人口达到 100 万人。

甘肃东乡县自 2018 年引进扶贫车间模式以来，受到了扶贫干部群众的一致认可，扶贫车间模式成为深度贫困地区打赢脱贫攻坚战的重要扶贫方式。当年建成运营的扶贫车间就有 18 处，目前正在筹建的有 40 多处。进一步结合易地扶贫搬迁工作，东乡县积极引进服装、雨具加工等劳动密集型扶贫企业，力争"群众搬到哪里扶贫车间就建到哪里，哪里人口集中扶贫车间就建到哪里"，确保易地搬迁群众能够稳定就业、持续增收。

二、扶贫车间的扶贫贡献巨大

习近平总书记曾深刻地指出，"一人就业，全家脱贫，增加就业是最有效最直接的脱贫方式"[①]。利用乡镇、村集体、农户的闲置土地资源，根据贫困人口年龄偏大、文化技能偏低、需要照料家里等特殊情况，在贫困村发展扶贫车间，既带动了一批贫困人口在家门口就业增收，又缓解了劳动密集型企业的用工难题，促进了当地产业结构调整，还发展壮大了贫困村集体经济，在很大程度上解决了留守老人、留守儿童等社会问题，为 50 多岁的第一代进城务工人员返乡就业创造了条件，实现了多方多赢。

事实上，除了增加就业、提高收入这一直接效果外，扶贫车间还将对当地乡村的长远发展产生深刻影响，将成为新时期贫困地区乡村振兴的重要产业载体。在每年的政府工作报告中，李克强总理都强调要优先保障就业。稳定就业是社会稳定的基石，更是实现可持续脱贫的根本之策。经济基础决定上层建筑，只要就业有保障，社会、文化、环境等各方面的情况都将随之发生变化。东乡族社会存在着"男尊女卑""女人不可以外出打工"等传统习俗，扶贫车间的建立正在逐渐改变这些传统观念。

大量社会研究结果表明，母亲是影响下一代成长的关键性因素，母亲对于孩子的健康、教育影响非常明显。妇女经济地位的提升将显著提高其在家庭中的整体地位，从而使妇女在家庭事务中获得更多的话语权和决定权，并逐步影响家庭的生育观念，更加重视对女孩的教育和培养。小小的扶贫车间里，蕴含着稳定持续脱贫、促进性别平等、消除代际贫困等深刻的"大扶贫"思想，这将推进东乡县人民更快地融入现代社会。

---

① 《习近平谈扶贫开发工作：引导社会扶贫重心下沉》，http://cpc.people.com.cn/xuexi/n1/2018/0921/c385476-30306848.html[2018-09-21]。

三、扶贫车间要注意发展的可持续性问题

但是扶贫车间这种模式是否具有可持续性呢？将劳动密集型产业由城市延伸到农村，虽然发挥了农村土地和劳动力成本低的优势，但与此同时，农村劳动力的教育文化水平低，生产效率也低，产品损耗更大，总体就业数量和就业时间都难以有效保证，而且交通运输成本也更高，这种模式的可持续性值得深思。

扶贫车间的可持续性问题，让作者想起了在黑龙江富裕县调研时遇到的另一种类型的扶贫车间，即安置在家里的扶贫车间。富裕县的广阔湿地上有大片大片的芦苇，将芦苇秆加工成芦苇席之后可以远销日本，日本一直保留着在窗户上挂芦苇席的传统。起初，富裕县在村里的村委会建立了集中式的扶贫车间，在家的劳动力有时间就可以去村委会干活，时间自由，不影响家里的正常事务。但是，大家逐渐发现，这样的工作其实完全可以在自己家里做，将芦苇秆拉回家，有一台小型的切割和穿线机，就能随时干了，可以把闲余时间更加充分利用起来，而且机器的成本并不高，技术要求也很低，基本不会出现机器故障。这种形式的扶贫车间，很像南方地区的家庭式作坊，通过细化产业分工，在家进行简单生产，在县域、乡镇范围内构建产业集群，形成特有的竞争优势。

因此，各种扶贫模式的可持续性本身并不固定，可以在发展过程中不断优化调整。只要根据发展形势变化，因地制宜，不断挖掘各自的独特优势，可持续性就会逐渐增强。调研时我们还了解到，黑龙江部分地区还有生产剪纸作品、民族特色服饰等手工艺产品的扶贫车间。既可以在车间集中完成作品，也可以单独在家完成，既有"企业+贫困户"模式，也有"合作社+村集体+贫困户"等模式，实现了脱贫攻坚与乡村文化振兴的有机结合，具有更强的可持续性。

当然，即使一些扶贫车间的市场竞争力不强，营利性较弱，从扶贫的角度来看，依然是一种可持续的扶贫方式。近年来，诺贝尔和平奖获得者、乡村银行的缔造者穆罕默德·尤努斯一直在探索建立社会型企业，即以承担社会责任而不是以营利为目标的企业，但是成功的案例并不多。在中国的大地上，在打赢脱贫攻坚战的集结号下，各种类型的扶贫车间正在迅速崛起，讲述着一个个全新的脱贫故事，这不能不说是一种奇迹。

四、提升扶贫车间可持续发展能力的几点建议

扶贫车间是脱贫攻坚时期基层探索的创新性扶贫模式，长期发展潜力巨大，是贫困地区未来实施乡村振兴战略的有效产业载体，要聚焦贫困地区的独特资源

禀赋优势，不断优化提升扶贫车间的可持续性。

第一，扶贫车间的产业选择不仅要聚焦劳动密集型产业，更要依托当地城市的产业结构特征，构建产业集聚优势。乡村扶贫车间本质上是城市产业链的延伸，如果城市没有相关产业基础，不能形成产业竞争优势，那么贫困乡村建立的扶贫车间就是一个孤岛，长期来看面临的市场风险和竞争压力将日益加大。只有依托城市产业结构，充分发挥农村的劳动力、土地等成本优势，打造城乡优势互补、良性互动的格局，才能增强整体产业的核心竞争力。

第二，在农村地区发展非农产业，要发挥农村生态和文化资源优势，避免造成新的环境污染。良好的生态环境是农村地区的独特资源优势，在发展扶贫车间的过程中，要警惕城市污染产业向农村转移，坚决防止电镀等小五金企业、印染喷涂等小化工企业向农村蔓延。要更多地选择具有当地特色的民族服饰、手工艺品加工等独特产业，实现产业扶贫与文化振兴的有机衔接。要充分利用农村现有的房屋、土地等闲置资源，降低扶贫车间建设成本，实现现有资源的最大化利用。

第三，建设扶贫车间需要政府引导，但更需要市场主体的自发参与。扶贫车间的可持续发展，关键要靠能人带动，要积极培育致富带头人。在发展扶贫车间的过程中，既要注重在当地贫困人口中培育业务能手，更要从返乡人员、退伍军人、村两委干部等人群中挖掘具有管理经验的人才，不断创新、优化扶贫车间模式，探索出能够带领大家共同致富的利益分配机制和产业更新演进方式。

执笔人：张斌。

案例报告五　巧用资源禀赋，大力发展生态产业

一、芦苇变身生态产业远销日本

富裕县芦苇资源丰富，其扎龙国家级自然保护区乌裕尔河下游流域每年有大量自然生长的湿地芦苇。当地湿地管理和保护部门一般要在冬季收割旧芦苇，清理水网环境，以免芦苇自生自灭，腐烂后污染水环境。另外，收割旧芦苇，可以避免芦苇生长过分密集，导致高大、成材的芦苇逐年减少，不利于鸟类栖息。过去，由于芦苇产业发展滞后，收集芦苇的人工成本高，冬季芦苇收集一直是个难题。

针对芦苇多的情况，富裕县发展芦苇制作苇帘的生态产业，用芦苇加工建材、造纸和进行秸秆发电，以及开发芦根的药用价值，达到资源变产业的目的。由政

府统一购置机器,根据农村留守老人和留守妇女多的情况,优先让贫困老人就业,老人在家就可以生产作业,带动了贫困户增收。

走访中的张大爷一边踩着做苇帘的机器一边和我们说:"我老伴做得快,我得大约15分钟做完一个,一个能卖1块4,她腿脚不好,别的也干不了,没事儿的时候就做一会苇帘儿,一天能赚个30多块呢,他们送来了机器,还管收做好的苇帘儿,我们不出门,就能赚到吃饭的钱!"目前,富裕县的苇帘儿已经出口日本,成为当地一项富民产业。

二、积极探索秸秆资源化利用

富裕县盛产玉米,但在玉米高产的背后,是近年来突出的大量秸秆的处理和资源化利用难题。由于处理难度大,随意遗弃和露天焚烧的现象严重,不仅浪费资源,对环境也造成严重的污染。富裕县秸秆理论资源量146.7万吨,秸秆可收集量120.01万吨,其中玉米秸秆100万吨。富裕县积极探索秸秆资源化利用,与公司签订协议,采取"户打包,公司负责资源化运营"的探索模式,以期将秸秆全面资源化运用。目前已探索出几种利用方式:一是肥料化消化秸秆28.19万吨,其中,翻埋还田22.4万吨,碎混还田3.6万吨,秸秆沤肥2.19万吨;二是饲料化消化秸秆15.28万吨,其中,青贮10.08万吨,黄贮5.2万吨;三是燃料化消化秸秆29.73万吨,其中,秸秆压块9.73万吨,农户直燃20万吨。通过多种方式,秸秆综合利用量已达73.2万吨,综合利用率61%。

如今,在富裕县的田间地头,废弃秸秆被割下来、捆绑好并排列整齐,等待被车运走,通过这种方式可以将废弃的资源变成有用的固化燃料。农户李女士赞不绝口"以往秸秆都不知道怎么处理,现在有机器来帮我们割下打包、离地,马上开春儿了,我们该翻地了,这接下来的农活也就省劲儿了"。

《富裕县乡村振兴战略实施方案(2018—2022年)》中明确提出将加强农村户用能源推广应用,引导农民以秸秆兑换固化燃料,促进秸秆利用。到2020年末,建设年生产能力2500吨的生物质固化站29个,建成生物质热电联产项目2个,年利用秸秆60万吨,全县主要农作物秸秆综合利用率将达到65%以上。

在试点固化燃料过程中,富裕县首先利用固化燃料解决了贫困村的公共浴池日常燃料问题。乡干部介绍说:"我们乡贫困村的公共浴池全部使用固化燃料,一天用6包。"在刚建好的固化燃料生产车间,乡干部说:"车间建成后不仅可以解决秸秆利用问题,而且能带动附近贫困户就业,带动增收。"

针对没有规模化生产引发的成本较高、固化燃料热度不稳定和没有得到农户的全面认可等问题,富裕县的干部正在积极努力地探索中。如何将资源禀赋变成生态产业，要算一笔经济账的同时更要算一笔生态账。

执笔人：付饶。

案例报告六　村党委书记谈脱贫攻坚的经验和问题

安乐村是依安县的贫困村。该村所辖七个自然村，合计 554 户、2500 余人。其中 1345 人常年外出务工，即使是常住户，很多人也不居住在村子里，大多数居民住在县城。常年在村居住的农户共有 360 余户，合计 1000 多人。2014 年安乐村被定为贫困村，2015 年建档立卡贫困户 303 户、502 人，2018 年贫困户共有 216 户、466 人。贫困人口的平均年龄在 50 岁以上，最小的也有 40 多岁，年老、疾病和残疾是致贫的主要原因。

村党委书记名叫王孝洲，已经 69 岁（调研时间为 2018 年）。他没有儿女，有过继来的儿子，但并不在一起居住。从 20 世纪 70 年代初开始，王孝洲在生产大队中担任民兵连长。1979 年，他开始担任生产大队队长。1983 年撤队并村，王孝洲担任了安乐村村支部书记，一直至今。到 2018 年，王孝洲已经连续四届被村民选举为村支部书记兼任村民委员会主任，20 多年党政一肩挑。

该村群众对于扶贫工作的满意度很高，普遍认为脱贫攻坚有利于改善贫困居民的生活。王孝洲从村书记的角度谈依安县的基层扶贫工作能够取得成绩的经验主要包括三个方面。第一，县委、县政府对扶贫工作高度重视。安乐村是县委书记李拥军所包的村庄，他在这个村直接联系 5 户贫困户。他率先垂范，按照县委扶贫的章程规定，坚持每周亲自走访贫困户 2 次，起到了示范带动作用。在上任不到 7 个月的时间里，李书记走遍了全县 149 个贫困村。王孝洲感慨道，"我做了 36 年村支部书记，接触过县委书记十多人，李书记的干部作风是最扎实的。过去有的县委书记上任三四年没有见过面。李书记带头关心群众，对县、乡、村干部起到了感染、激励与带动作用"，"这届县领导班子在扶贫工作方面很有超前的意识，上级还没部署，他们就想到了如何推进，所以在扶贫方面能够取得好的效果"。

第二，产业扶贫发展项目精准、给力。村里的产业扶贫项目涉及了半亩园、一亩种薯、千袋菌、光伏发电等。这些产业项目均取得了较好的经济成效，帮助贫困农户改善了生活条件。例如，一亩种薯项目，若贫困户第一年投入 500 元，此后每年便可拿到350元的收益，可以起到长期扶贫的作用。以光伏发电项目为例，村里依托扶贫项目建设了两个光伏基站，每年可发电6万千瓦，带动100户贫困户实现增收。这个项目由县政府招商引进，投资30万元，收益一年达到30万元。现在收益绕过村集体，直接发放到贫困户手中，主要面向无劳动力的重病、重残、老年贫困户，每年每户可以获得2000元。在发展鹅产业过程中，贫困户没有地方放养鹅群，于是县里引导村里的大户牵头，成立了养殖合作社，贫困户委托合作社集中起来养殖，这样村里的产业依托扶贫工作陆续建立起来。

第三，帮扶联系人制度作用突出。县里要求每位机关干部帮扶5户贫困户，帮扶出资无上限。村里216个贫困户，共有40多个县机关干部帮扶。这些干部主要来自县直机关、文体广电局、学校、卫生院。扶贫章程规定，每个帮扶干部一个月入户至少4次，这一举措迅速拉近干群距离，改善了干群关系，深受群众欢迎。为发展村里产业，县委帮扶干部每个人平均垫资5000元，交给村里集中发展鹅产业，然而县里干部平均工资，科员、正科级的平均工资也就3000~5000元。这些资金交给村集体，由村集体出面以股份合作的形式，投资到村里的养殖合作社促进产业发展，形成的分红收益帮助贫困户持续脱贫，取得了良好的扶贫效果。

扶贫工作面临的问题在于贫困户享受的政策相对较多，很多普通户觉得不公平。贫困户生病了，可以去依安县人民医院、中医院住院，而且15天以下每天可以补助30元的伙食费，30~50天每天可以获得50元补助。普通农户参与民政部门的大病救助加新型农村合作医疗，大病报销比例70%，而贫困户可以全额报销。因此，很多非贫困户认为公共服务应该面向全社会，不应该对贫困户过度倾斜。

此外，贫困户的评选也存在一些不合理之处。为保障贫困户的权益，实现精准识别，包村干部下乡走访时特意要询问是否有干部偏亲向友的情况。事实上，由于所有贫困户的评选要通过村民大会进行选择、表决，选出的贫困户要进行公示，贫困户作假问题并不存在。贫困户评选的问题在于，农民家庭分户生活之后，老两口确实生活困难，即使子女经济条件优越，在现有制度安排下，老两口也是有资格被评上贫困户的。但如果家里子女中有干部，即使父母生活再困难，也不能评选为贫困户。很多群众笑谈现在官员不好当了，"如果子女做生意，父母有可能评为贫困户，但如果子女是干部，父母肯定不能被评为贫困户"。

此外，评选上的贫困村虽然平均收入低于贫困线，但往往不是县里最穷、最差的村庄。在扶贫工作中，被评上的贫困村可能并不是绝对贫穷，而是有一定产业发展潜力，村庄风气较好，村两委班子较为得力的村庄。以安乐村为例，该村两委班子较为团结得力，长期以来一直是依安县的良好村庄。1985年安乐村居民就喝上了自来水，1997年村里全部通了电话和有线电视信号，2011年全村修建起18.8公里的村庄道路，硬化路面500米，实现了三通三有。但在21世纪以来，由于村庄里大量青壮年劳动力长期外出或迁出定居，留守人口以老弱为主，缺乏劳动能力，村庄发展才日趋乏力。2013~2014年，安乐村遭受灾害，种粮农民的收入出现大幅下滑，导致村庄陷入贫困。

谈到乡村振兴，王孝洲认为村干部是否得力，村集体经济是否强大，是能否实现乡村振兴的关键因素。他认为，一个村庄发展得如何取决于村支部书记和村两委班子是否有能力带领村民致富。在村干部团结得力的前提下，要努力增强村集体的收入能力。现在大多数村庄都没收入来源，老百姓没钱，村集体也没钱。取消农业税与提留之后，土地完全承包到户，村集体失去了稳定的收入来源。如果村庄没有产业资源，就只能坐等上级政策项目与转移支付，大大限制了基础设施建设升级与公共服务提供的能力。例如，目前全省推进改厕工程，省财政补贴六成，县财政补贴两成，农户自付一成。但是县财政能力差，配套跟不上，老百姓也拿不出钱，所以尽管是好事情，但很难推进。

执笔人：孙昊。

案例报告七　干群协力，众筹创业扶贫

脱贫攻坚，产业是关键。依安县是中国的"白鹅之乡"，在脱贫攻坚战役打响之后，依安县新兴镇在"产业全覆盖，交叉覆盖，多层覆盖，确保盖满、盖严、盖实、盖出明显效益"的宗旨下，结合实际，创新举措，坚持把"众筹创业"作为关键，发展白鹅产业，推动产业扶贫。以"村集体领办，贫困户众筹，帮扶人助力，镇政府监督"的模式，实现了当年创业、当年见效、年底分红，解决了"没钱也能干事、卧床也能分红、资金多次利用"的难题，开创了产业扶贫新局面。

一、实地调研，选好产业

为实现产业全覆盖，2017年5月，依安县新兴镇党委和政府成立了由包村镇领导、驻村工作队、第一书记和村干部组成的25个工作组，对全镇16个行政村的所有贫困户挨家挨户进行走访，反复征求意见和收益估算。立足本地实际，充分发挥"白鹅之乡"的优势，最终确认养鹅有基础、有潜力、有效益。

从产业基础来看，陶瓷、食品和生化是当前依安县的支柱产业。其中，白鹅是食品产业中具有地区比较优势的传统产业，也是依安县未来产业规划中的重点农业产业，目前年生产量140万~150万只，其发展目标是打造中国鹅城。

从养殖白鹅的效益来看，养一只鹅的投入在30元左右，收益在20元以上，收益回报率可达67%以上。如果养鹅6万只，其效益就在100万元以上，可使全镇所有贫困户从中受益。从延长产业链的角度，围绕白鹅产业，新兴镇还可以进行种蛋孵化，发展种鹅产业。每只种鹅一年可孵化种蛋50～60枚，每枚种蛋的价格在5元左右，每只种鹅的纯效益在100元以上，1万只种鹅纯收益就在100万元以上，可使全镇贫困户全部受益。此外，白鹅的养殖周期较短，资金在一年内可以实现多次利用。在鹅产业资金的利用上，新兴镇可以实现"筹1次用4次"的良好效果，即"育肥鹅—种鹅孵化—育肥鹅—种公鹅繁育—种鹅孵化"。因此，鹅产业被正式确定为该镇的主抓产业。

二、众筹创业，形成合力

养鹅效益虽然很好，但投入也很大，每只鹅饲料成本30元，6万只鹅的总投入就是180万元。新兴镇共有1739个贫困户，3521名贫困人口，如果要实现全覆盖，需要破解"钱从哪里来"的难题。尤其对于贫困户中的老弱病残、卧床不起等无劳动能力的特殊人群，如何对他们实现产业全部覆盖？对于这些人群，如果扶持一个项目或者一个产业，即使他们自身有意愿也无能力。最终，新兴镇主要采取"众筹分利"的模式整合资金和资源，引导贫困户参与鹅产业发展。众筹创业确定为破解资金瓶颈的有效途径。

"村集体领办，贫困户众筹，帮扶人助力，镇政府监督"是众筹扶贫创业的主要模式，不仅解决了资金问题，同时进一步解决了贫困户不会养殖、不懂技术、没有场地、缺少人手等问题，从而推动鹅产业发展。一是明确资金构成。众筹资金主要包括贫困户的入股资金和村集体、村干部、帮扶人、企业和社会爱心人士的帮扶资金。二是建立联结机制。以村为单位，通过签订协议书、合作经营等方式，对有能力的贫困户采取自愿出资入股的方式，对确实没有经济来源的贫困户由村集体、村干部、帮扶人、企业和社会爱心人士帮助投资入股，一个生产周期结束后，项目产生的红利分给贫困户，本金还给资助人。众筹的目的就是要激发贫困户的内生动力，使其主动脱贫，避免贫困户过分依赖、坐享其成。出资入股资金最多不超过3000元，最少不低于100元，数额自定。合作社通过总账、现金账和分类账，将入股资金逐一折股量化到贫困户名下，多投多得、少投少得。三是确定分红机制。根据出资比例和产业扶贫初衷，新兴镇研究确定了投资方、贫困户和村集体利润盈余分配机制，按照4∶4∶2的比例进行，即投资方占项目盈余利润的40%，贫困户占40%，贫困户所在村集体占20%。确定思路后，新兴镇政府积极与当地元丰禽屠宰企业联合、与各村建档立卡贫困户联动，由勤俭村发起，吸纳其他15个村的贫困户参与其中，注册成立了新希望畜牧养殖合作社。

在一周之内，全镇共筹集鹅产业资金202万元，养殖大鹅60 000多只。

三、干部出力，群众受益

选好产业，筹好资金，还要解决谁来做、在哪里做的问题。针对贫困群众存在的无劳动能力、无创业场地、无养殖技能等问题，新兴镇最终确定乡镇干部和村两委干部为白鹅产业扶贫的主力军，其中依安县新兴镇原副镇长赵清君同志（依安县摘帽后，被提拔为正科级干部）脱产主抓白鹅产业。用新兴镇原书记王玉国（依安县摘帽后，被提拔为副处级干部）的话说，"白鹅产业的成功，靠的不是胆子大，而是过细的工作"。白鹅养殖非常辛苦，赵清君克服了重重困难，在白鹅非常小的时候，晚上12点之前没有睡过觉。在白鹅稍微大一点儿的时候，在自家车上睡了一个月。白鹅再大一点儿，可以将其放在草垫子上的时候，草垫子上蚊子特别多，他就直接睡在草垫子上。此外，白鹅的集中养殖，非常容易产生规模性问题。尤其是鹅雏小的时候，因为气温低，小鹅雏喜欢凑一堆儿，特别容易压折，最多的一次压死200多只。负责人和值班的同志每天都是5点起床，6点进棚，下午5点出棚，每天工作11个小时，一直不停地走动巡查。此外，轮流夜间执勤，平均每晚走28 000步。为实现白鹅产业扶贫的顺利开展，新兴镇制定监督考核机制，以每晚28 000步为基准，每天都要查步数是否达到。达到28 000步后，如果鹅雏仍发生压折死亡情况，则夜间执勤干部可以免责。

在负责干部的努力下，新兴镇白鹅扶贫产业获得了成功，并实现了资金多次利用。第一次利用是在2017年的7月，新兴镇用众筹资金养鹅60 000多只；第二次利用是在2017年9月中旬，新兴镇又购买种鹅10 000只，进行种鹅饲养和种蛋孵化；第三次是在2018年的5月末，再养育肥鹅60 000只；第四次利用是在2018年的7月初，再从天津空运种公鹅鹅雏10 000只，进行种公鹅繁育，真正实现"一次众筹、4次利用、4次分红"的良好效果。通过众筹资金的"常年使用、无缝对接、交叉运行"，让资金的利用达到极致，让产业效益达到最高，让贫困户分红实现最多。2018年新兴镇鹅产业纯收益达400万元以上，一年分红共143万元，真正实现产业全覆盖、交叉覆盖、多层覆盖，使全镇所有贫困户均可增收2000元以上。

众筹养鹅既锻炼了干部，使干部作风更加务实，"用干部的辛勤指数，换群众的幸福指数和满意指数"。同时，贫困户在自己资金匮乏的情况下，还愿意把钱交给集体做产业，实际上也反映了群众对干部的信任，党群、干群关系进一步融洽，党在农村的基层政权更加巩固。

执笔人：李竣。

案例报告八　新模式探索农村人居环境治理

改善农村人居环境作为解决城乡发展不平衡、农村发展不充分的重要方面，是城乡一体化的抓手和农村步入小康社会的基础性保障。2018年《中共中央 国务院关于实施乡村振兴战略的意见》明确提出到2050年，乡村全面振兴，农业强、农村美、农民富全面实现。黑龙江省齐齐哈尔市富裕县在农村人居环境治理上做了大量工作，结合东北地区气候环境的特殊性，探索了改厕、污水处理和垃圾处理的地区经验。

一、塔哈镇吉斯堡村探索改厕工作

习近平指出，厕所问题不是小事情，是城乡文明建设的重要方面，不但景区、城市要抓，农村也要抓，要把这项工作作为乡村振兴战略的一项具体工作来推进，努力补齐这块影响群众生活品质的短板[①]。针对"厕所革命"，富裕县塔哈镇吉斯堡村作为全县改厕试点村，在充分学习和借鉴外地成功经验基础上，按照农村改厕"试点先行、逐年全面推开"的要求，科学规划设计，全面推进改厕工作。

（一）结合当地实际，有效落实"小厕所、大民生"

吉斯堡村结合当地地处高寒地区自然条件的实际，探索出合适的改厕路径。

第一，因户制宜，室内与室外相结合。针对各户实际，房屋结构好、面积大、布局合理和家里有老人、儿童的改造室内卫生间；室内面积小、房屋结构差、布局不合理和不具备室内改造条件的改造室外卫生间。

第二，季节区分，冻期与非冻期相结合。室外设计"双蹲位、冻期和非冻期交替使用"的结构，即结冻期使用蹲便，粪便暂时堆积到临时收集器，化冻后通过粪管自然滑入化粪池内；非结冻期使用坐便，水冲至化粪池内。经过密闭厌氧发酵、液化、氨化、生物拮抗等作用，达到杀虫、灭菌、控蚊蝇效果，实现无害化。

第三，资金保证，三方投入相结合。采取县里出大头、乡镇补部分、农户拿一点的三方投资方式，对改造农户进行补助，达到县里拿得起、乡镇可负担，农

[①]《习近平：坚持不懈推进"厕所革命"努力补齐影响群众生活品质短板》，http://www.xinhuanet.com/politics/2017-11/27/c_1122016619.htm[2017-11-27]。

（二）示范引领和试点宣传相结合，效果突出

截至2018年底，吉斯堡村现有住房295座，长期居住249户，目前已改造厕所223户，其中，室内109户，室外114户，另有4户室内待建，24户室外待建，改厕率达到84.4%以上。通过试点引领，非试点村每村改造5个室内厕所，全镇计划改厕307户，让更多群众直观了解改厕的好处，为将来全面推进改厕工作打牢基础。

由于农村生活中几千年形成的习惯和北方农村分散居住的特殊现状，"如厕难""旱厕难改"一直以来都是群众反映强烈的突出问题，也是乡村振兴中"生态宜居"的短板。吉斯堡村的改厕试点成了探索"美丽乡村"的北方典范。

二、大哈柏村污水处理厂探索农村污水处理

根据北方居住分散的特殊性，富裕县采取"分户收集、集中处理"的模式，处理农民生活污水，逐步解决农村乱泼乱倒、污水横流的顽疾，制订出台了《富裕县城市黑臭水体整治实施方案》。探索农村污水处理途径，新建日处理50吨的小型污水处理厂1座，投入运营后可收集处理塔哈全镇村屯，探索出将污水运送到小型污水处理厂统一处理的模式。

大哈柏村小型污水处理项目占地面积1283.5平方米，建筑面积300平方米，总投资约150万元。该项目结合全镇12个行政村户厕改造工作进行规划建设，可为全镇所有村屯改厕农户提供粪污集中专业化处理，实现粪污的"专业抽取、集中处理、达标排放、循环利用"。

大哈柏村污水处理厂日处理能力50吨，可以服务12村共3万人。污水处理厂采用A2/O+MBR膜+消毒处理工艺，具体流程为：生活污水通过吸污车运到该厂卸到化粪池，污水经厌氧沉淀后进入调节池，进行水质和水量的调节，调节后的污水经泵提升进入MBR膜污水处理一体化设备。①在水解池，将污水中大分子难降解的物质水解为小分子易降解的物质，提高污水可生化性；②在A/O池易氧菌将蛋白质、脂肪等污染物进行氨化游离出氨，并通过风机供氧利用附着在填料上的微生物净化水质；③在MBR膜池，通过中空纤维膜的截留，过滤出清水；④在消毒池中经过二氧化氯消毒后达标排放。系统产生的污泥排入化粪池，排泄的物质定期由吸污车外运处理。产生的臭气采用封闭式结构，并经管道收集输送至废气装置，通过活性炭进行除臭净化排放。

三、龙安桥镇探索生活垃圾运转模式

（一）龙安桥镇生活垃圾运转基础情况

龙安桥镇辖区面积210平方公里，辖6个行政村、14个自然屯。2019年户籍6166户、13 919人，其中，常驻3598户、8839人，每天产生垃圾量0.4吨左右。龙安桥镇是垃圾转运试点乡镇，县财政投入170万元，改建2078平方米垃圾中转站一处，配备4吨垃圾压缩车1台、1吨勾臂车2个、20吨垃圾压缩机2台、2立方米配套箱28个，240升垃圾桶705个，设置环境保洁员219名，垃圾收集员9名。

（二）"四三二一"农村生活垃圾治理模式

龙安桥垃圾转运站于2018年11月中旬开始运行，探索建立了"四三二一"的农村生活垃圾治理模式。建立了"户分类、村收集、乡（镇）转运、县处理"四个环境生活垃圾处理体系。建立了"三个一点"分流减量回收体系，通过生活垃圾"用一点、埋一点、卖一点"的办法，将生活垃圾分流、减量，使生活垃圾得到有效处理。建立"两个干净"环境卫生保洁体系，重点对村内公共区域和农户室内外卫生进行清理。建立一套工作制度，包括中转站管理制度、龙安桥镇环境卫生管理制度、垃圾收集员和环境保洁员奖惩制度。

（三）运行成本和社会效益

中转站20吨垃圾压缩机10天左右转运一次、2立方米配套箱7~10天转运一次、240升垃圾桶10~15天转运一次，每月中转站垃圾治理工作的投入在3.5万元左右（包括人、车、电等费用）。目前，体制整体运行良好、村容村貌焕然一新、环境卫生明显改善、广大村民卫生意识显著提高，除带动龙安桥镇的6个村、3647户，还辐射带动塔哈镇的东塔哈村、吉斯堡村、大哈柏村3个村共1090户。

四、启示和建议

农村人居环境整治是建设美丽宜居乡村、实施乡村振兴战略的一项重要任务，事关全面建成小康社会、广大农民根本福祉和农村社会文明和谐。但是这项工作极其具有地方特色，基于此，形成如下思考和建议。

第一，人居环境治理是多元主体参与共治的体系，地方和乡镇积极参与等因素对于农村环境治理体系的运行具有极其关键性的作用。我国农村人居环境治理的特征鲜明：一是系统工程庞大，几亿人口分布在 200 多万个自然村。二是地区差异大，各地气候、地貌、文化及经济状况千差万别。应发挥基层政府的力量，在具体的执行过程中，因地制宜，形成区域性的治理规划和治理体系。鼓励县及乡镇党委探索、实践基层治理的新模式。让基层政府自行组织起来解决自身遇到的公共事务的问题，并发挥农贤、党员在村镇的示范带头作用。

第二，加大向农村人居环境治理的资金投入力度，可设立中长期的人居环境治理基金。人居环境治理基金类似专项资金补贴，补贴比例取决于地方财政，向欠发达地区加大补贴力度，定向对经济较为落后地区提供资金支持，并定期核查审计资金使用情况。以政府引导和监督为原则，在人居环境治理基金的设计、发行和运作等过程中，需要明确政府机构的地位与作用，平衡好各利益主体之间的关系。

第三，为了明确考核目标，并设立标杆，可以建立县级农村人居环境治理绩效考核指标制度。通过绩效标杆的建立，使被评估者看到与其他个体的差距，更加努力改进管理，同时通过评估系统，将评估结果公开给利益相关者，促进相关方相互监督。建立农村人居环境治理指标体系，如农村生活污水处理率、农村村民居住满意指数等，发挥基层政府的优势，建立指标评价体系，将指标任务与领导干部考核挂钩。同时加强信息公开，通过社会媒体和公民监督，保证其在运作过程中发现问题能够立即修正，在合乎规范的条件下维持运作，让更多的村庄成为美丽宜居乡村。

执笔人：付饶。

案例报告九　"五星新农家"评选，推动形成文明风尚

围绕"卫生整洁、文明风尚、孝老爱亲、诚信守法、自强致富"，依安县在全县 15 个乡镇连续开展了两届"五星新农家"评选活动。通过广泛宣传、活化载体、选树典型，以身边的事教育身边的人，弘扬正能量，营造了"人人争星、户户光荣"的良好氛围，提振了群众脱贫致富的精气神，激发了群众内生动力，督促群众改变不良习惯，干净整洁、友爱互助、尊老爱幼、诚实守信、勤劳致富的美德

蔚然成风，有效促进了广大农民整体素质的提升和农村面貌的改变，形成了淳朴民风、良好家风、和谐村风、文明乡风。

一、巧妙设计标准，营造人人参与、户户争星的氛围

与乡村振兴的要求相衔接，科学设计评选标准，贴近村民实际生活，让老百姓明确努力的方向，从而有参与的动力。例如，"卫生整洁星"设计为三个档次，能够将自家房屋里收拾干净为三等；能够将屋里屋外、房前屋后都收拾干净为二等；如果能够将门前公共区域也收拾得很干净则为一等。在"孝老爱亲星"的评选上，将子女上交的赡养费纳入评选标准，根据上交的数额合理确定星级，避免了有些老人隐瞒子女给的赡养费而依靠政府救济的做法，同时将赡养费公之于众，使其成为村民日常讨论的话题，从而形成尊老、敬老、爱老、养老的舆论环境，新兴镇原党委书记说："到夏天，外面温度三十来度，村里六七十岁的老头、老太太都出来讨论，谁家获得几颗星，星级的获得代表的是一种荣誉。"如果发生儿媳和公公、婆婆吵架的事情，则不会评上星级，从而激励形成善待老人、和睦相处的家庭氛围。

二、多措并举，积极宣传、动员

为了调动村民参与的积极性，县、乡、村、户四级联动，采取多种措施，动员广大农户投身到评选活动中来，营造"懒惰致贫可耻、奋斗创造幸福，向贫困宣战、向幸福出发"的浓厚氛围。县政府将"五星新农家"宣传语编成三句半录入到小广播中；各乡镇主干道显要位置设立大型广告牌；每个中心屯悬挂固定条幅；向每个农户散发宣传单；每个农户家张贴《致广大农民朋友的一封信》。驻村工作队和村两委积极入户进行宣传动员，通过农户申请、入户考核、村民小组民主评议、村领导小组综合评定、在村内各屯公示并报乡党委核查审定。有的乡镇每周、每月、每季度都进行评比，评选对象除了普通户、贫困户外，还包括做出突出贡献的退伍老兵、考入重点中学和大学的学生，以鼓舞群众报效祖国、回报家乡。

三、选树典型，命名表彰，激发群众昂扬斗志

中心镇丰收村村民吕洪梅获得"自强致富星"荣誉称号，她和丈夫唐斌用金黄色的黏豆包开辟出一条发家致富的小康之路，并带领村里上了年纪、无法从事重体力劳动的 14 户贫困户共同增收，"现在党的政策好了，我们农民只要勤劳肯

干，就不愁挣不到钱，我也希望更多的贫困家庭加入我们，不等、不靠，摆脱贫困，过上幸福的小日子"，这是他们发自肺腑的感言。"卫生整洁星"代表刘桂兰，在家庭环境建设上堪称楷模，做到了院落整洁有序、物品摆放整齐、室内整洁清新、厨厕干净利落，她将获得的精美瓷盘奖品端端正正地挂在家中最醒目的位置，以时刻提醒自己做好示范表率，不断传承下去。已近古稀之年的吴春阳获得"文明风尚星"，义务捡拾白色垃圾20年，他说："我们也许做不成伟大的事，但我们可以用自己的小爱去做些有益邻里、互助互爱的事情。""孝老爱亲星"田凤玲，数十年如一日照顾年迈的奶婆、体弱多病的公婆、智力受到重创的丈夫，还有正在上学的儿子，她说："我相信只要我肯干，日子一定会越来越好，我的家一定会越来越幸福。""诚信守法星"获得者崔生江夫妇，在村中经营小超市10多年来从不缺斤短两，他们说："过去用木杆秤，现在用电子秤，无论哪种秤，老百姓心里那杆秤始终没变，要缺斤短两等于把自己的饭碗砸了。"

四、开辟阵地，加大宣传力度，发挥榜样引领作用

在县文艺中心隆重举办命名表彰大会，讲述获奖代表的感人事迹，为获奖代表致颁奖词，县领导亲自颁发奖杯，以表彰先进，鼓舞士气。将"五星新农家"评选出的先进事迹装订成册，分发到各乡镇和各村屯，传播新观念、新思路、好经验。充分发挥电视台、政务网、微信公众号作用，加大对勤劳致富、赡养老人、诚实守信的群众典型的宣传力度，让群众感受到来自身边的正能量，推动贫困群众由"怕苦怕累""思想落后"向"勤劳致富""积极上进"转变，倡导好人有好报、勤劳致富受尊重的价值理念，提升自我发展能力，增强脱贫致富信心和决心，营造脱贫攻坚的良好氛围。为获得"五星新农家"称号的农户挂牌，增强其荣誉感，同时激励其时刻提醒自己，发挥表率作用。

五、探索创新奖惩机制，弘扬正气，抵制歪风

团县委探索设立爱心扶贫超市，动员社会爱心人士积极捐赠物品，并专门制定了针对当选"五星新农家"贫困户到超市兑换物品的制度。新兴镇探索以众筹的方式，给予受表彰的贫困户一定的物质奖励。中心镇设立公示墙，将表现突出的家庭照片和事迹，张贴到墙上，起到公示和宣传的双重作用。设立诚信黑名单制度，将失信人员列入黑名单，所有重点工作都与诚信挂钩，充分利用村民委员会是自治组织这一性质进行管理。

执笔人：郭金秀。

案例报告十 贫困村与非贫困村差距显著——富裕县龙安桥镇非贫困村小河东村调研小记

一、龙安桥镇非贫困村小河东村概况

小河东村地处乌裕尔河东岸，东南与繁荣种畜场接壤，东北与龙安桥村接壤，西隔乌裕尔河与塔哈乡周山村、范家村相望，距县城55公里。全村面积40平方公里，年无霜期125天，结冻期为160天左右，冻层深度1.9米，年有效积温2600℃，年平均气温2.5℃，属大陆性季风气候，土质属于重沙壤土。冬季长且寒冷，夏季短且降雨较为集中，春季季风严重，风沙大，十年九春旱。年均降水量460毫米，特别是近几年干旱更为严重，乌裕尔河主河道已经阶段性断流，春季进入枯水期影响农业生产。全村只有一眼机井，农民种地非常困难，春种春播严重拖后。村内耕地多为两岗夹一坡，沿河地块低洼、盐碱较重，pH值在9~10，含氟量较高，致使农业单产不高，总产不稳。小河东村为非贫困村，户籍人口605户1266人；贫困户91户184人，目前全部脱贫。

二、贫困村与非贫困村的区别

调研中我们发现，像小河东村这样的非贫困村与我们之前见到的贫困村差距很大，主要体现在以下几方面。

（1）非贫困村得到的外界关心少，受重视度赶不上贫困村。齐齐哈尔富裕县龙安桥镇小河东村的老人陶雪芳激动地说："终于把你们盼来了，我们有什么心里话可以和你们说一说。"

（2）部分非贫困村基础设施较差，村民饮水困难。老人王日详感慨："我们还是喝井里的水，有时候旱了，压不出来，有时候为了保庄稼用水，我们一个月都没有水。"老人潘树艳说："我们这里十年九春旱，土地重盐碱，若逢刮大风，对面不见脸。"看到老人穿得十分破烂，调研人员就问"您有换季的衣服穿吗？"陶雪芳回答："现在不用买衣服，我们都捡别人穿剩下的，我身上这件，就穿了有20年了。"

（3）老人依靠自身，家庭致富难。低保户李树新说，"我今年73岁了，家里有个90多岁的老爹,老伴儿有脑袋病,我不敢离开家里,但是我得种地啊,不种地怎么生活呢?孩子们指望不上,我一共两个孩子,大女儿有个儿子,供着上大学,小儿子还有儿子,供着上中学,补课费就很贵,没人给我钱,没管我要钱就不错了!"

腿有残疾的低保户老人崔勋有大爷迟迟不肯离开调研的房间,他眼中含着泪说:"很久没人和我说话了,我这样看着你们就很好,我再待一会再走,能和你们待一会儿,我就知足了。"

三、几点体会和建议

第一,与贫困村相比,非贫困村基础设施不完备,道路、自来水、农村环境治理等都有差距,对非贫困村村民的基本生活条件产生了很大影响。

第二,地方政府由于考核等压力,精干队伍大多派驻到贫困村,非贫困村村民普遍反映,并不知道驻村工作队的具体工作。

第三,低保户和贫困户之间的差别集中在医疗费用报销比例上。例如,县政府针对贫困户患有小病、常年用药、负担较重,未达到市级门诊慢性病报销标准的实际,确定了10种农村常见的小病,纳入县级慢性病补贴范围,给予400~600元不等的定额补贴,而这部分优惠政策低保户没有享受。政府兜底政策不同让低保户等临贫户成了被照顾最少的人群。

摆脱贫困是乡村振兴的基本前提,非贫困村中的低保户是现阶段应该被重点关注的群体。建议下一步将资金和人力的支持重点转到乡村振兴,且部分基础设施投资可用于非贫困村,确保贫困村与非贫困村均衡发展。要在非贫困村推动农田水利和高标准农田等工程建设,不断夯实非贫困村农业基础设施。全面实施村庄水、路、电、气、网等基础设施建设工程,健全村庄基础设施监管长效机制,明确各方管护责任。

执笔人:付饶。

案例报告十一 依安县实施"四领四创"巩固脱贫攻坚成果

依安县曾经是大兴安岭南麓片区的一个省定贫困县,2018年6月,经第三方评估，该县54个贫困村全部出列，经黑龙江省政府批准脱贫退出，实现了脱贫摘帽目标。为更好地巩固脱贫攻坚成效，依安县充分发挥基层党组织和广大党员在脱贫攻坚中的示范带头作用，实施了党建促扶贫"四领四创"工程，即"党委领航创产业、支部领路创品业、党员领头创实业、新型经营主体与经纪人领跑创家业"的"四领四创"工程，把党委、支部、党员和新型经营主体与经纪人结成"创业联合体"，让党组织"打头阵"、让党员"当先锋"、让新型经营主体与经纪人当生力军，整合资源要素，扩大辐射范围，进而实现"少数带多数，先富带后富"，"党员带农户"，促使各个层次同频共振、同向发力，达到增加村集体和贫困户收入、促进脱贫攻坚和乡村振兴的"双增双促"目标，把党建工作的组织优势和资源优势转化为促进脱贫攻坚的经济优势和发展优势，不断拓宽村集体经济发展路径，确保贫困户脱贫不返贫。依安县已经营造出"围绕经济抓党建，抓好党建促发展"的浓厚氛围。

一、谋准路子，党委领航创产业

乡（镇）党委根据县里的产业规划要求，努力构建"一乡一业""一乡多业"的产业发展格局。一是选准产业。本着短小精悍的原则，根据本乡（镇）的资源禀赋和自然条件选准产业，通过采取外出学习考察、聘请专家论证、征求不同层面人员意见等方式，凝聚智慧，形成共识，做到宜农则农、宜畜则畜、宜商则商，持续培育出立得住、叫得响、收益好的产业，绝不能搞劳民伤财的"政绩产业"、有华无实的"形象产业"。二是用准政策。依安县2017年就提出了"半亩园、一亩种薯、百只鹅、千袋菌"的产业发展思路，各个乡（镇）立足实际，通过采取引进客商建、合作经营投、签订订单销等方式，真正把优势产业做大做强、把乡（镇）产业做实做好。每个乡（镇）至少培育1个有代表性的产业，有稳定经营性收入村至少增加10%。三是用活资源。各乡（镇）要充分用好用活现有资源，充分尊重农民群众的种养加习惯，最大限度地把闲置的土地资源和赋闲的劳务资源向产业发展上集聚。同时，鼓励引导基层党组织和党员参与创业创新，县里将专门设立以奖代补资金，对于产业项目稳定、发展有潜力、增收效果明显的，分别奖励参与创业的党组织及党员3万元、1万元。

二、出好点子，支部领路创品业

村级支部是村集体创业的主导者，也是村民创收的领路人，村里主动运用"支部+"思维模式，走特色品牌、合作经营和专业发展的路径，真正做到支部引领创业、党员参与创业和群众跟随创业。一是走特色品牌之路。以推进全县 100 个种养加特色村为目标，各乡（镇）党委要组织所辖村逐村研究发展特色品牌产业的有利条件是什么、制约因素是什么，逐村梳理，划片归类，主攻特色种植和养殖品种，确保每个乡（镇）至少有 40% 的村都有自己的特色品牌。二是走合作经营之路。村支部创业增收，单纯依靠自身力量很难实现大发展、快发展。各乡（镇）要鼓励引导村级支部组建产加销一体社、联合社和股份合作组织，或把本村的能人、强人和致富带头人组合起来"抱团创产业"，实现资源要素配置效益最大化，加快贫困户增收致富步伐。三是走专业发展之路。坚持因村制宜、因产业制宜的原则，各乡（镇）要采取"以点带面"的方式，组织引导具备创业条件的村向蔬菜生产、瓜菜种植、菌类栽培和禽类养殖等专业化产业用劲发力、久久为功。2019 年底前，每个乡（镇）要至少培育出 1 个产业发展专业村。

三、扛起担子，党员领头创实业

党员不仅是群众中的先进分子，而且是联系群众的桥梁和纽带。各乡（镇）充分发挥这一优秀群体的先锋模范作用，鼓励支持不同行业、不同领域的党员带头创业，并在资金、物资、技术等方面给予适当的扶持与帮助。2019 年底前，每个村至少培养 1 名党员创业先进典型，各乡（镇）要至少建立 1 处党员创业示范基地。一是让有正事的党员领头创业。无论是大产业还是小项目，都需要资金投入、政策扶持和相关附属条件的配置。因此，乡（镇）村两级党组织要对领头创业的党员精挑细选、严格把关，切实把讲政治、有正义感、甘于为民做事的党员推到创业的领军位置上来，使创办的产业党组织满意、党员信服，确保集体和个人利益不受损失。二是让能干事的党员领头创业。要摒弃只顾眼前利益的传统思想，更加注重产业项目的质量与效益。乡（镇）村两级党组织要教育并引导埋头苦干、不事张扬、钻心经营的党员去创办实体经济，坚持循序渐进发展，从小到大、从弱到强，逐渐把身边的贫困户吸纳其中，实现增收。三是让干实事的党员领头创业。只有干在实处，才能走到前列。乡（镇）村两级党组织给干实事的党员提供施展作为的空间与舞台，多给予扶持与关注，鼓励、引导他们与群众悉心结交，与市场勇于拼争，切实找准贫困户持续、稳定增收的好产业。

四、做出样子，新型经营主体与经纪人领跑创家业

新型经营主体和经纪人是党建促扶贫工作不可或缺的机动力量，经营范围广、市场信息灵、增收效果明显，是广大贫困群众创造殷实家业、过上幸福生活的现

实依靠。各乡（镇）要认真兜清新型经营主体与经纪人的底数和从业特点，编好组、分好类，围绕创办杂粮收购、牲畜贩运、瓜菜销售等家业，带领贫困户增收致富。2019年底前，全县已培育各类经纪人1000人，以此带动产品流通和经济发展。一是做出"用眼睛看行情"的样子。要通过采取座谈、访谈和交谈等方式，从新型经营主体与经纪人那里及时捕捉行情信息，做到什么产业赚钱就发展什么产业，趋利避害，好中选优。要建立健全信息共享共用和发展互联互动机制，使更多的贫困户向新型经营主体与经纪人靠拢，与新型经营主体及经纪人合作实现增收致富。二是做出"用耳朵听信息"的样子。要鼓励引导新型经营主体与经纪人多方探听农产品供销信息和效益对比，创造条件多让他们跟企业洽谈、跟商超对接、跟专家交流，用精准化的信息指导精细化的产业项目，使产业项目沿着信息化轨道前行。三是做出"用腿跑市场"的样子。要采取组团式的方式，组织引导有代表性的新型经营主体与经纪人走出家门、走向市场，把握农产品供销走势，织密营销联系网络，使有形的产业项目和无形的市场需求精准对接，不断拓宽贫困户增收渠道。

执笔人：龙文军、姜伟。

案例报告十二　甘肃省临夏州深化产业扶贫的做法

甘肃省临夏州属于国家确定的深度贫困地区中的"三区三州"之一。临夏州自然资源匮乏、生态环境脆弱、基础设施落后，稳定脱贫的难度非常大，是当前全国脱贫攻坚的重要战场之一。2018年以来，临夏州深化产业扶贫，多措并举脱贫攻坚，取得了一定进展，在实践中总结了一些有效的做法，形成了一些可行的工作思路，这些做法和思路对于其他深度贫困地区脱贫攻坚具有一定的启示和参考意义。

一、统筹各类资金，加大扶贫投入

为了深化产业扶贫，甘肃省2018年专门发出《甘肃省人民政府办公厅关于进一步加大资金投入扶持产业发展确保打赢脱贫攻坚战的通知》（甘政办发〔2018〕103号），明确了加大产业扶贫投入的具体方式，要求通过加大财政专项扶贫投入、统筹整合涉农资金、引导金融和社会资金支持脱贫攻坚等方式，全力保障脱贫攻坚的资金投入。

东乡县2018年财政专项扶贫资金投入增加到5.6亿元，比上年增加了2亿元，其中产业扶贫资金比例达到75%，比上年提高了45个百分点。广河县专门编制《2018年财政涉农资金统筹整合使用实施方案》，从县财政局、扶贫办、民族宗教事务管理局和农牧局等8个涉农部门共计整合资金2.4亿元，特别是县级基本财力保障奖补资金增量、重点生态功能区转移支付增量集中用于脱贫攻坚重点项目。这些资金强有力地保障了脱贫攻坚工作的深入开展。

东乡县和广河县的两县领导都感到，目前对资金整合和投入的高度重视带有应急性，还需要加快构建财政涉农资金统筹整合的长效机制，完善农业农村投入优先保障制度。要适应新一轮机构改革总体部署，深入推动相关涉农资金源头整合，进一步理顺资金项目管理职责，加快实现项目资金归口管理和统筹使用。要提前谋划，创新投融资机制，加快形成财政优先保障、金融重点倾斜、社会积极参与的多元投入格局，以确保脱贫摘帽之后乡村振兴战略的顺利实施。

二、调整资金投向，精准聚焦到户

《甘肃省人民政府办公厅关于进一步加大资金投入扶持产业发展确保打赢脱贫攻坚战的通知》专门明确了脱贫攻坚资金投放比例，确保帮扶资金到人到户，即所有中央、省、市、县安排的财政专项扶贫资金和70%以上的整合涉农资金都要安排用于建档立卡贫困户到户到人扶持项目，其中70%以上的到户资金，原则上要用于"一户一策"工作梳理出来的种养业和光伏扶贫等产业增收项目。

2018年东乡县产业扶贫资金的具体分配情况是：扶贫办负责82万元用于业务培训，财政局负责1920万元用于精准贷款贴息，剩余的4亿元都由农业农村局负责，用于产业富民增收工程、壮大集体经济等项目。其中，产业富民增收工程也被称为"155"工程。由贫困户提出申请，帮扶责任人与贫困户签订种养业增收协议，每户先期安排产业发展启动资金1万元，用于购买扶贫羊、扶贫牛等扶贫物资，当年脱贫后每户奖补生产资金0.5万元，第二年"扶上马、送一程"，再补助持续稳定发展资金0.5万元。2019年在"155"工程实施的基础上重点开展了牛羊产业达标提升工作，对羊饲养量达到30只以上（其中能繁母羊20只）或者牛饲养量达到5头以上（其中能繁母牛3只）的贫困户，给予奖补资金6000元。

这种针对千家万户的"造血性"帮扶，切实帮助贫困家庭建立和壮大了牛羊养殖产业，提高了农户的自我发展能力，为长期稳定脱贫奠定了重要基础。东乡县赵家乡李坪村 80%以上的贫困户依靠每户 5 万元的精准贷款及 1 万~2 万只牛羊产业达标项目发展牛羊养殖，实现了脱贫摘帽。未来，随着养殖规模的扩大，要特别加强饲草料的供给和动物疫病的防控，满足饲草料需求，降低疫病发生率，确保养殖产业的持续发展。

三、扶持新型经营主体，全方位促进产业发展

近年来，临夏州加大合作社的整顿力度，取消"空社"，扶持带动作用强的合作社。广河县有个养殖户名叫马由不，2013 年修建了家庭养羊场，从外地收小羊，育肥后销售，存栏仅 80 头。近年来，扶贫政策带动村里及周边农户养殖量明显增加，可以提供 300~400 只小羊。对此，政府鼓励和支持马由不与一些农户联合成立了品优生态养殖农民合作社，扩建养殖场，存栏量增加到 700 余只，年出栏量扩大到 3000 只，利润上百万元。同时，引导其参与到县养殖协会中，一起建设屠宰加工厂，延伸产业链，提高附加值。合作社也以实际行动参与扶贫，自愿拿出资金，以高于市场价格收购贫困户种植的青贮，雇工优先考虑贫困户，工资也略高。这种合作社切实发挥了示范联合农户共同发展的作用，应该进一步扶持引导。

临夏州还按要求积极引进省内外大型龙头企业，推进产业扶贫项目落地。大岭前进农牧有限公司是东乡县引进的省内龙头企业。公司主营良种肉牛繁育、养殖、购销，按照"公司+专业合作社+农户+基地"的模式运营，吸收东乡县 24 个贫困村 2000 户贫困户入股，公司对入股资金支付红利。此外，养殖场完全建成后预计可以提供 30 个工作岗位，饲草需求也能够促进农户的种植结构调整，增加收入来源。

然而，这里面有两个问题要引起重视。一是引进企业的成本高昂。东乡县付出了大量的人力、物力，才在山地间开垦出一块平地，养殖场得以建成。二是企业发展存在不确定性，脱贫成效不明朗。饲草料、水、道路运输等基础条件薄弱，使得企业的生存发展面临严峻挑战。目前给入股农户的分红比例虽然比较高，但是只约定了一年，以后要一年一签，未来农户的收入得不到明确保障。因此，这类项目应该全方位考察，稳妥实施。

四、兼顾非贫困户，推进从点到面的整体发展

临夏州在精准帮扶建档立卡贫困户的同时，也积极创设一些政策措施，兼顾

已经脱贫的农户及非贫困户的发展。老百姓们对这些政策非常欢迎，邻里矛盾少了，社会氛围更加和谐，产业基础更加扎实。

东乡县在牛羊达标提升工程中，对认定达标的非建档立卡户，政府积极衔接金融部门，通过妇女小额贷款、创业贷款、产业贷款等方式解决3万元/户贴息贷款；同时，通过提高保费自付比例（贫困户10%、非贫困户20%）的方式，将达标非贫困户也纳入养殖保险补贴对象。广河县向2014~2017年已经脱贫但未享受精准扶贫贷款的农户户均落实以奖代补产业扶持资金0.5万元，实现"脱贫不脱政策"，巩固脱贫效果，减少返贫；采取"四个均衡发展模式"，对贫困户强扶持，对非贫困户重引导，从而促进全县牛羊产业的发展壮大，并为下一步的产业振兴打下了重要基础。这种做法值得进一步探索和借鉴。

执笔人：王莉。

案例报告十三　品牌助力深度贫困地区脱贫攻坚

我国的深度贫困地区多地处边陲或高原腹地，一方面，这些地区总体上自然资源贫乏，尤其是气温、降水、土壤条件等大宗农作物生长所需的要素较缺乏；另一方面，这些区域多拥有独特的物种资源、传统农耕文化资源、区域特色自然资源。将这些特色资源加以开发利用、扶持发展成为有竞争力的产业，可以帮助老百姓实现就地脱贫，是落实"发展生产脱一批"的重要支撑内容，而培育农产品区域品牌则是扶持发展特色产业的重要抓手之一。近期，我们在"三区三州"深度贫困地区之甘肃临夏州东乡县的调研中发现，东乡县充分凝聚社会、企业力量，共同打造地方品牌，呈现了政府政策引领、龙头企业市场支持，共同壮大地方特色产业的良好局面，有效加快了东乡县脱贫进程。

一、"东乡贡羊"品牌扶贫效果显著

东乡县是我国深度贫困县之一，地处黄土高原丘陵地带，境内群山起伏，十年九旱，长期以来发展基础薄弱，是脱贫攻坚的坚中之坚，素有"全国扶贫看甘肃，甘肃扶贫看临夏，临夏扶贫看东乡"的说法。独特的自然环境和养殖传统造就了东乡县上佳的羊肉品质。但由于销售渠道不畅，没有形成品牌效益，东乡羊肉只能低价销售，肉羊产业受市场价格波动影响较大，抗风险能力较低。在调研中，龙泉镇苏黑村的村民反映，市场行情好的时候，养一只羊能赚 100 元，价格不好的时候养一只羊要赔 70~80 元，收益不稳定导致贫困户开展养殖生产的动力不足，不敢扩大养殖规模。为了打消农户的顾虑，发展地方优势产业，东乡县政府充分挖掘当地养羊的历史沿革、品质特点、产地环境等产品特色，扩大畜牧养殖业规模，引进建立东乡县伊东羊业科技开发有限公司，共同打造"东乡贡羊"品牌，实现普惠式的产品溢价，保障贫困户养殖收益，取得了良好的成效。一是产业稳定发展，通过打造"东乡贡羊"，流转土地 330 亩，建设年存栏 5 万只良种肉羊繁育基地。二是群众收入明显增加，向贫困户发放种羊 12 000 余只，带动合作社 10 个，带动 1000 多户贫困农户实现稳定脱贫。三是扩大了产业链条，收购玉米秸秆 1400 吨、完成青贮 15 000 立方米，同时研发羊相关产业，如羊胎素化妆品、保健品等，增加羊产业附加值。

二、东乡县农产品区域品牌培育路径

"东乡贡羊"品牌打造模式采用"政府+企业+合作社+农户"的形式，充分发挥了政府的引领保障作用，借鉴企业在市场经济中的经营经验，利用当地群众养羊的传统优势，成功地打出了农产品区域品牌培育组合拳。

（1）挖掘区域优势，选好产业。东乡人爱养羊、会养羊，养羊的传统悠久流长，在明嘉靖《河州志》中有"贡汤羊 87 只"的记载，东乡羊是当时进贡朝廷的贡品。东乡县境内沟壑纵横，人均耕地面积一亩多，且分散细碎，种植业发展潜力较低。对于贫困户来说，提升产业收入见效最快的途径就是发展养殖业，因此选择具有群众基础的养羊产业作为主攻品牌产业具有很强的区域优势。

（2）激发社会资本潜力，实现利益联结。东乡县政府引进建立东乡县伊东羊业科技开发有限公司，认定为扶贫龙头企业，共同打造"东乡贡羊"品牌。企业按照"统一肉羊品种、统一供给饲料、统一养殖技术、统一市场销售"的发展模式，向建档立卡贫困户发放种羊、向非贫困户以低于市场的价格出售种羊，农户按照统一培训的养殖方法饲养。等羊长成后，企业以高于市场的价格收购农户饲养的羊，充分地保障贫困户获得稳定收益，并逐步带动周边养殖户规模化养殖。企业充分发挥资源、路径、市场经验等方面的优势，全力开展"东乡贡羊"品牌宣传、市场拓展，提高肉羊产品的销售价值，实现企业盈利。在调研中，伊东羊业科技开发有限公司董事长尹建敏介绍说，"养羊是农户的事业，市场是企业的事业，把养羊交给农户，把市场交给我们，才能实现产值提升"。

（3）政府引导，做好政策保障。在品牌打造的过程中，东乡县政府主要做好了三方面的保障。一是对贫困户的资金保障。为了调动广大群众的养殖积极性，县政府实施了牛羊产业发展达标提升工程，对贫困户进行"自筹+奖补"扶持。在提供 2 万元产业扶贫资金的基础上，羊存栏达 30 只（其中能繁母羊 20只）的贫困户，政府再给予奖补资金 6000 元；养殖达标的贫困户再购买成年种公羊，政府给予保护价格与奖补，要求原则上不超过 5000 元，其中，群众自筹 2000 元，超出部分由政府奖补；政府为牛羊养殖统一上保险，农户承担 10%～20%的参保费（即贫困户 10%，非贫困户 20%）。二是对企业的政策保障。东乡县政府积极引进龙头企业合作进行品牌建设，给予企业税收优惠、补贴等支持政策，协助企业流转土地，推动规划建设，协调动员贫困户参与养羊产业生产。三是提供平台保障。目前东乡县政府积极开展"东乡贡羊"地理标志产品商标注册和地理标志产品保护申报工作，在更高的平台打响"东乡贡羊"品牌，促进产业增效、农民增收。

（4）拓展市场，提升品牌形象。在县政府和企业的共同努力下，"东乡贡羊"在很多市场平台上崭露头角，获得了一定的市场知名度。例如，与阿里巴巴、京东商城开展战略合作，通过电商平台在全国范围内销售；在全国多地设立"东乡贡羊"专卖店，全面投入市场；在农业农村部主办的"三区三州"产销对接活动中，将"东乡贡羊"作为东乡县的区域品牌进行推介、展销。

三、农产品区域品牌培育与脱贫攻坚相互促进

农产品区域品牌培育能够有效促进区域减贫。一是培育品牌能够充分挖掘优势农业资源，当一个产业上升到品牌打造的程度，其打造的过程将会更加严谨。例如，东乡县培育"东乡贡羊"品牌过程中，从优化选种开始，全环节都经过了细致的研究和考证后才会进行推广实施，全面细化了产业结构，提升了产品质量。二是培育品牌能够促进规模化发展，品牌是区域的、是地方的、是百姓的，品牌的培育能够充分增强农民参与生产的信心与自豪感，能够推动产业集聚化、规模化发展。三是培育品牌能够带动新的产业链，如青贮种植、农产品加工、物流、商贸、包装等相关产业，不仅可以为当地经济发展提供新动能，增强区域内生发展动力，而且可以提供更多的就业机会，促进当地农民转移就业，从而带动农民增收致富。

脱贫攻坚对农产品区域品牌培育也具有促进作用。一是品牌培育的环境优化了。伴随着脱贫攻坚的实施，贫困地区的基础设施，如道路、宽带、物流的改善，为品牌发展提供了优渥的土壤。二是贫困地区对品牌所带来的脱贫效益提出了更加迫切的需求。精准扶贫进入到攻坚阶段，贫困地区面临着严峻的脱贫压力，利

用品牌效益实现农产品溢价,是实现农民增收的有效抓手,贫困地区的农产品品牌趁着政策优惠、社会接受度较高的便利条件迅速孕育,遍地开花。

四、思考与启示

培育农产品区域品牌是有效促进区域农产品产业发展、实现脱贫攻坚的有效途径,但是培育一个优秀的农产品区域品牌需要"天时地利人和",往往不是一蹴而就的事情,需要充分的历史挖掘、政策保障、机制联结。在扶贫攻坚这一重要历史时期,尤其在深度贫困地区,甚至以非常规举措决战脱贫,政府和社会多方力量通力合作,农产品区域品牌培育正当其时。

(1)选准项目是关键。东乡县结合本地养殖历史、自然气候、环境优势和农村劳动力等特点,选择发展具有历史积淀的传统养羊产业,正好契合了当下的农村状况。另外,从市场前景看,随着消费升级,绿色、有机农产品市场前景看好,对于优质农产品的需求旺盛。

(2)政策措施是基石。政策引导、产业扶持是品牌发展的基石。东乡县在推动打造贡羊品牌的同时,始终把农民的利益放在第一位,给予了贫困户和非贫困户各个环节的奖补和价格保障。切实解决了贫困户脱贫启动资金短缺的问题及后顾之忧,降低了养殖风险,推动了养殖产业发展壮大。

(3)利益联结是动力。培育农产品区域品牌,需要以利益作为纽带才能为其提供可持续发展的动力。按照"三变"改革思路,周围农户除了可以和企业进行肉羊的买卖以外,还可以将土地、资金入股,获得"保底收益+按股分红",或者以务工的形式参与企业生产获得劳务报酬;农户或者合作社参与到企业上下游产业链合作中,如青贮饲料、黄贮饲料、有机肥收购等相关产业,形成利益联结机制,提升品牌产业的生命力。

(4)社会力量是强劲动能。在"东乡贡羊"品牌打造中,伊东羊业科技开发有限公司发挥着重要的作用,但是参与到这项扶贫工作中以来,企业一直在用工业的利润来对其进行反哺,项目才得以维持。在我国脱贫攻坚这场浩大的战役中,像该公司一样的企业力量一直发挥着重要的作用。2015年《中共中央 国务院关于打赢脱贫攻坚战的决定》中明确提出,健全社会力量参与机制,广泛动员全社会力量,合力推进脱贫攻坚。吸纳具有社会责任感的企业加入扶贫队伍中,能够将资本市场"活水"引入贫困地区,因此摸清企业的帮扶意愿和贫困户的脱贫需求,结合各地实际情况,推动企业和贫困户良好对接,能够为精准扶贫注入新鲜的血液和强劲的动能。

执笔人:胡钰。

案例报告十四　确保易地搬迁脱贫成效的做法和挑战

目前我国剩余的贫困人口大多集中在深度贫困地区，多是生态环境脆弱、自然灾害频发、基础设施条件严重滞后的地区。实施易地搬迁是这些地区脱贫攻坚的重要举措之一。但是，目前往往只是"搬得出"，还不能完全做到"稳得住"和"能致富"。近期，我们对"三区三州"深度贫困地区之甘肃临夏州开展了实地调研。调研发现，临夏州近年来积极探索易地搬迁精准扶贫模式，积累了一些地方经验，但也面临严峻挑战。需要深度贫困地区高度重视，采取切实有效的政策措施，集中攻关，确保深度贫困地区和贫困群众同全国人民一道进入全面小康社会。

一、搬迁与产业并举

截至2018年底，临夏州已有易地扶贫搬迁建档立卡贫困户7772户、37 663人，搬迁入住5271户、25 168人。其中，东乡县在2016~2018年三年内实施易地搬迁5390户、2.8万多人，占全县贫困人口的1/3。通过搬迁，与产业、就业、医疗、教育同步发展，确保易地搬迁的脱贫成效。

（一）养殖暖棚解决农户就业难题

广河县政府将三甲集镇康家村设定为易地搬迁群众集中生活区域，并新建占地46亩、圈舍56座配套服务设施完善的养殖小区。村民反映"我是南山村的，他们有的是小岔沟村、黑山村的，政府易地搬迁政策，让我们改善了住宅，都住上了楼房，原来的地方太远了，也回不去，多亏政府给我们建设了养殖暖棚，我们在这儿养羊好！"魏家坪联户养殖小区项目共投资565万元，建筑面积10 416平方米，共建成牛羊圈舍54座，其中养牛牛棚11座、养羊羊棚43座。目前，广河县三甲集镇康家村易地扶贫搬迁养殖小区共有贫困户56户，其中建档立卡贫困户35户，年出栏育肥牛800头，总增效益100万元；年出栏育肥羊3万只，总增效益360万元，入驻农户户均可获利5万元以上，最高8万元，人均增收1万元。未来，广河县计划再投资2300万元，实施魏家坪养殖场二期项目，总占地87亩，建成后预期可带动247户贫困户发展畜牧养殖。

（二）扶贫车间帮助妇女增收

为解决易地搬迁妇女就业问题，提高收入水平，两县政府大力推进建设扶贫车间，包括八宝茶包装、油炸和干鲜食品制作，以及服装布鞋、羊毛衫、雨具、地毯加工等，使得村民安居与乐业同步发展。农户经过政府培训后，计件参与工作，有的可以实现年人均收入近3万元，解决了许多东乡族女性受教育程度低，不能像男性一样外出打工，没有收入的问题。调研中，马女士边踩着做衣服的缝纫机边说"我早上做好全家的饭，把娃娃送到幼儿园，到扶贫车间上班，下班时把娃娃接回家，家也顾了，钱也赚了"。有了扶贫车间，贫困家庭的妇女在家门口当起了上班族。扶贫车间为搬迁群众能够搬得出、稳得住、能致富创造了条件。

（三）社区服务增加工作岗位

在易地搬迁后续问题的巩固发展中，广河县建设的易地搬迁小区集幼儿园、小学、卫生院于一体，既解决了老人的看病难问题，又满足了深度贫困地区适龄儿童就学需求。同时，政府多种形式的帮扶政策增加了村民的就业机会。调研中，在易地搬迁小区中偶遇打扫卫生的马大姐："我来看孙子，搬到这里了，有幼儿园了，我就在小区做清洁工作，一个月给我500元，生活费够了。"48岁的马叔叔自从腿瘸了之后，家里的重担就落在老伴儿身上，老伴儿在易地搬迁小区开起了小超市，解决了全家人的生计问题。幼儿园食堂、卫生服务站、便民市场等使得贫困户迅速适应新生活的同时，有了更多的就业机会。

二、实现全面脱贫仍面临挑战

易地搬迁解决了部分搬迁的贫困户生活生计问题，但是仍然存在部分村民"住老房怕塌，住新房怕饿"等现象，实现全面脱贫仍然面临诸多挑战。

（一）部分贫困人口不愿离开原居住地

深度贫困地区的很多农户生产技术单一，经济基础薄弱，思想观念也相对落后，主要从事粗放农业生产，对土地存在严重依赖，不敢离开土地，总觉得离开了土地，没有了依靠，生产无着落，生活无保障。此外，一些搬迁地存在与原居住地较远、配套产业发展不足、生活成本高等问题，影响了搬迁积极性。如何帮助这些留下的贫困人口脱贫，是个大问题。

（二）配套产业的可持续发展能力薄弱

易地扶贫中的一些产业大多没有经过市场的检验，相应的技术服务、疫病防治、产后加工、营销网络等配套建设也相对滞后，未来的发展能力还有待提高。加上深度贫困地区的农户整体文化素质低，缺乏科学的生产经营技术和经验，短期内难有实质性的提高，因此对配套产业发展的人力支撑作用有限。如果配套产业不能够持续发展，那么搬迁户的脱贫效果就会大打折扣。

（三）村民自我生存能力的"造血功能"欠缺

一方面，深度贫困地区的部分农户思想比较陈旧，无一技之长，不愿到外面去打工，缺乏接触新事物、新知识、新技术的机会；另一方面，当地劳务技能培训问题的搁置严重。由于贫困地区财力紧张，劳务技能培训存在资金到位不及时、培训执行进度缓慢、培训对象不准确、扶贫培训资金使用不合理等问题，使劳务技能培训实际还处于搁置状态或者效果不佳，农户生产经营技能得不到提升。无论对迁入区或者迁出区，这样的人力资源状况都将影响到全面脱贫和未来发展。

（四）未搬迁农户和迁出地区的发展前景堪忧

易地搬迁是精准扶持政策的一种，搬迁补助往往也只提供给精准贫困户，甚至是第一批认定的贫困户，因此一些农户得不到补助，难以搬迁，只能留在原村。这些村子基本公共设施得不到改善，生产生活质量不升反降。一位第二批认定的精准扶贫户委屈地说，"我没有资格报名参加易地搬迁，依然住在大山深处。两个孩子到了上学年龄，但是学校离我家还有 4 公里的路程，路途遥远，上学非常困难"。政府部门相关工作人员认为这是下一步实施乡村振兴的一大难题。

三、思考与建议

易地搬迁是资源禀赋低、生存条件匮乏、自然灾害和疾病多发区的贫困人口实现脱贫的一大"法宝"。但是，要注意搬迁只是手段，脱贫才是目的。需要完善并出台相关政策措施，巩固易地搬迁的脱贫成效，并与乡村振兴更好衔接。

（一）按照乡村振兴战略，通盘考虑易地搬迁规划

易地搬迁不仅会给农户的生产生活带来重大改变，而且与村落的未来发展密

切相关,是一项复杂的系统工程。必须立足于生产生活资源条件,按照城镇化进程和乡村振兴战略,对搬迁地和迁出区的发展进行长远规划,再制订具体的搬迁实施方案。

(二)改进工作方式,提升移民搬迁率

坚持城区以消化存量房、集镇以移民新村的安置方式,扎实推进工作。加大政策宣传力度,通过多渠道、多途径的宣传,让广大群众真正认识到易地搬迁是改变他们生产生活环境的有效途径,提高群众搬迁的积极性。要强化服务,严格按照有关规定,及时为搬迁户办理房产相关证件,让他们放心入住,并增加财产性收入。为搬迁意愿强烈但又拿不到补助的一般农户提供购房、创业等贴息贷款支持。探索有偿退出的农村空置房屋和土地安置易地搬迁农户的机制。

(三)多措并举,建立和巩固配套产业

全面落实扶持产业的政策,通过租金减免等优惠政策,吸引龙头企业、合作社入驻搬迁区,利用集中的廉价劳动力优势,发展适宜的产业,并加快配套设施的建设。充分运用"技能工程"等政策,加强对搬迁群众的技能培训,全面提高搬迁群众的就业、创业能力。利用大型集中安置点的房屋资源,建立易地扶贫搬迁群众创业孵化基地,为搬迁户提供更多就业岗位。

(四)因地制宜,合理规划迁出区的发展

高度重视迁出地的长远发展。对于迁出人口比例较大的地区,应该进一步引导和支持农户迁出,同时整合房屋、土地等资源,提高利用效率。对于迁出人口比例较小的地区,应该加强生态补偿和生态修复,推进生态环境的改善,同时挖掘生态特色资源,发展绿色产业,以特色产业带动这些地区的乡村振兴。

执笔人:付饶、王莉。

案例报告十五 辍学不止,穷根难除

"全国脱贫看甘肃,甘肃脱贫看临夏,临夏脱贫看东乡",当地的顺口溜很直观地体现出临夏州和东乡县的贫困程度。对于深度贫困地区的孩子来说,教育可

能是帮助他们走出深山、改变命运的最便捷方式。此次调研，通过对处在受教育不同阶段的案例进行直接或间接的观察和访问，发现从幼儿园到高中阶段，教育的每个环节都有可能出现"掉链子"的情况，深度贫困地区的孩子要想成长为一名大学生，实属不易。

该上幼儿园的年龄，有的孩子却在扶贫车间玩手机。对于民族地区而言，幼儿教育不扎实，就为"学习不好—辍学—走不出大山"的魔咒埋下了种子。我们在甘肃东乡县和广河县扶贫车间，碰到的大多是20岁左右的女工，在不同的车间我们都碰到女工带孩子在车间干活的情况。孩子正是上幼儿园的年龄，但是家长为了省事就带到车间，家长干活，孩子在一边玩手机。而缺乏幼儿教育对孩子后续学习的影响巨大。东乡族有自己的语言（没有文字），孩子不尽早到幼儿园接受汉语教育，进入小学后就可能出现学习跟不上的情况，从一开始就学习不好，无论是家长还是孩子都会出现负面情绪，觉得反正也学不会，还不如早点出来打工。

绝大多数孩子能够上满小学，重男轻女观念会导致一些女孩辍学。小学期间，儿童劳动能力较差，还需要照看，送到学校或许是家长最好的选择。这几年由于脱贫攻坚对于农村义务教育的考核严格，贫困地区下大力气防止辍学。东乡县干部介绍，每年暑假，都有大量的孩子被家长派去青海摘枸杞，为了确保这些孩子能够如期回来上学，乡里专门包大巴去把学生接回来，否则有的就可能留在那边非法打工。在这样的强力干预下，很多孩子都能完成小学教育，但也有例外，尤其是女童。当地干部举了一个案例：一位女孩很小就与人定亲，根据当地习俗，婚前夫妻双方要尽量避免碰面，而女孩上学要经过未婚夫家，女孩因此辍学。我们在扶贫车间里碰到的女工，也有好几位只上过三四年级，如果不是家门口建起了扶贫车间，她们除了留在家里照顾老人、孩子，很难有其他能够获得收入的工作机会。

初中阶段是辍学风险最高的时期。一方面，上初中后学校离家较远，虽然义务教育不需要交学费，但需要一些其他开支；另一方面，孩子长到十二三岁，有一定的体力基础，无论是在家搭把手还是出去打工，都能直接获得一定的收益。特别是女孩，部分老乡认为女儿嫁出去就是别人家的人，而且传统上与外地人几乎不通婚，女孩也不外出打工，读三四年书已经足够在家务农，姑娘成长到十二三岁到出嫁的七八年间可以为家里干一些农活。当地为了减少辍学，几乎采取人盯人战术。每个干部都要负责其帮扶家庭儿童的就学。如果发现有义务教育阶段儿童辍学，就要对家长下发催学通知单，拒不让子女上学的家长要参加教育学习班，再不行甚至要出动公检法部门。为了改变村民"不让自家孩子上学关别人什么事？"的观念，甚至采取了现场开庭的办法，将拒不送子女上学的家长依法拘留一周。

尽管如此，仍有极少数孩子辍学，跑到外面联系不上。在东乡县走访时，我们了解到这样一个家庭，在问及家庭成员情况时，父母说大儿子去北京了，两年杳无音信。有大儿子的电话号码，最开始还能打通，后来孩子看到是甘肃的号码就不接了。我要来他的电话号码，用我的电话拨通了。我打开免提问道"你是×××吗？"对方说："是，有什么事？"我说："我现在在你家里，你妈妈非常想念你，现在我把电话给你妈，你跟她说几句话。"他母亲在免提中听到久别两年的儿子的声音，激动得快哭出来了，拿着我的电话用方言说了起来。然而，电话那头的儿子听了几句，就把电话挂断了。他母亲很失望，尽管如此，她还是很感谢我，因为总算听到孩子的声音了，知道他在外面安然无事。我很是不解，后来问村干部这家人的情况。村干部告诉我，这里的家长都不太愿意子女出去，哪怕是男孩子也一样。这家的父亲希望大儿子赶紧娶个媳妇，好好在家待着，但是孩子不同意，父子关系恶化，大儿子就离家出走了。

少数人幸运地上到了高中，却未能如愿上大学。能读到高中的孩子凤毛麟角。在东乡县龙泉镇苏黑村访谈时碰到一个19岁的小姑娘，在她家里我们看到贴满墙的奖状。她的成绩一直很好，她幸运地读到了高中，但又不幸地在高二辍学了。我们问她还想不想继续读书考大学，她很腼腆地说"想，但是家里条件不允许"。后来侧面了解到，像她这样能够读到高中的女孩，已经是万幸了，她辍学的主要原因还是因为马上要嫁人了。

无论对于个人、家庭，还是地区，教育都是实现持续发展的根本。对于这些孩子和家庭而言，辍学的理由有千万条，最终都可归因于贫困，结果又让他们重新陷入贫困。从以上案例来看，深度贫困地区（尤其是民族地区）除了常规的九年义务教育，还应该"瞻前顾后"，向前要延长到幼儿教育，向后要鼓励高中和大学教育，还要特别保障女童的受教育权利，反对重男轻女等陋俗。

执笔人：金书秦。

案例报告十六　老年脱贫户在乡村振兴中缺少参与感、存在感

刘文华是富裕县忠厚乡日生村的贫困户，他和老伴都54岁，一儿一女已经分家出去了，女儿外嫁，儿子大学毕业在外工作，过年回来一次，儿子的收入基本只够养活其一家三口，平常都是老人自己照顾自己。他们成为贫困户的原因是当时供孩子上学的压力大，连着供了两个大学生，三年制的，每人每年的学费在1.5万元左右，给两个孩子上大学花了十几万元。除了因学致贫，两个老人还有慢性病，刘文华有高血压，老伴有冠心病，均需要常年吃药，2018年两人吃药花了8000

元，因为是门诊开药，没有住院，所以报销得很少。有病住院的话，县医院报销70%，乡镇卫生院报销90%，但是卫生院条件不好，只能治感冒、消炎，村医更不行。对于他们这个家庭来说，医药费压力将会越来越大。

这户贫困户家里，"两不愁三保障"得到很好落实，他们对自来水、住房安全的保障非常满意，2016年获得了1.2万元的危房改造资金，自己花钱把暖气装上了，房子收拾得非常干净、整洁，甚至不像贫困户的家。厕所还没有改，仍然是室外旱厕，因为房子不大，没有地方装冲水厕所。

两人种着自己的20亩地，还租了20亩地，全部都种玉米。2018年发生了旱灾，加上村里发展旱作水稻，连续抽取地下水，水位下降，少灌溉了一次水，造成玉米减产，受灾比例达到30%，这种状况在村里其他户也存在，村里的自来水都没抽上来，各家各户的小井都没有水。2018年2万元的扶贫小额贷款到期，三年无息，获得贷款不需要抵押担保，到期必须要还。这笔钱用于扩大玉米生产，由于粮食价格下行，也没有挣到钱，最终不赔不赚，贷款还上了。所以他们说扶贫贷款是好政策，但是并没有挣到钱，只是有助于资金周转。

以上两个案例的共同特点是产业扶贫、就业扶贫的帮扶效果都不太好，因为老人学习不了新技术、新知识了，县里光伏扶贫产业给的每月108元分红最实用，农户什么也不用干，就可直接补贴到贫困户。其次是医疗保障补助，大病得到了保障，以后生了大病花销也不是很大。老人不知道如何响应乡村振兴政策，因为种地不挣钱，村里也没有产业，新发展的药材产业风险很大。由于村里人少，很少有人去小卖部买东西。"90后"出去后，只留下了老人。以后农村的发展方向是土地归合作社，老人干不动了，很多年轻人都到外面打工了。现在留在村里的年轻人都是上有老、下有小走不出去，没办法才留在村里的。

刘文华对于扶贫队和帮扶人的工作是认可的，扶贫人员帮助他们打扫卫生、弄柴火、干杂活，对他们给予了一定的帮助，但是老人属于不易带动的劳动力，致富效果有限。

执笔人：张静宜。

案例报告十七　乡村振兴缺动力、少技能

尹秀珍是富裕县繁荣乡永丰村人，女，53岁（调研年份为2018年），因学致贫，供小儿子上大学，四年花了十几万元，他现在在大庆玉米深加工企业就业，每月3000元工资。男户主57岁，有心脏病，常年吃药。大儿子初中毕业后就在

家种地，是一名党员，早就成家分户过了。

尹秀珍种了40亩自家地，种地之余到附近水稻田打零工，每天100元。最愁的是给小儿子买房子，得要40多万元，现在家里老人多病，而且病越来越多，岁数大了也不能送医院，一年下来1万元也攒不下来。危房改造得了2万元补贴，房子很新，又干净，装了双层窗户。

尹秀珍说玉米产量不高，换种子也不行，还种了村里提倡的中草药，种的是还魂草，也不知道能不能长起来，也不让打农药，种子1200元一斤，买了400元种子，据大儿子说得养上三五年。

尹秀珍参加了扶贫的技能培训，但是没有显著效果。她参加了保姆培训，但是不识字，也不喜欢干看孩子的活儿，她说不愿出去打工当保姆，一是嫌当保姆麻烦，二是家里有老人需要照顾。由于不了解防疫知识，也不敢养羊。她反映打零工的钱特别难挣。帮扶的人也来家里帮忙干活。对于未来发展，她觉得维持脱贫成果挺困难的，因为干不了重活、技术活、外出活，也接受不了新事物。

执笔人：张静宜。

案例报告十八　刚脱贫又逢家庭重大变故

高本兰是富裕县繁荣乡永丰村人，丈夫48岁，本来有盖房的手艺，虽然这几年村里盖房的不多了，但是好劳力潜力大，可惜因为过年喝酒猝死了，高本兰难掩悲伤，既没有文化，也没有劳动技能，刚刚脱贫随即陷入困境。当初评为贫困户是因学致贫。大女儿26岁，在哈尔滨上的大学，学的是市场管理专业，三年制大专，仅学费就花了10多万元，毕业后在店里帮人卖货，一个月挣2000元。小女儿17岁，正在本地上初三，学费和生活费一个月就要1000多元。丈夫去世后，她陆续变卖了家里的大牲畜，因为照看不了，也需要钱办葬礼，2头驴卖了10 000多元，据说是半价赔钱，卖了1头大牛，不值钱，卖了6000元。丧葬费花了1万多元，份子钱收了5000多元。

高本兰种了40亩地，全部是苞米。赶上旱灾只有700斤的产量，往年都有800斤的产量。培训方面，参加过1次水稻田种养殖的课。没有申请小额贷款，前几年养鹅、养鸡把本钱都赔进去了。到附近水稻田打零工，每天100元，但因为得了腿疼的病（地方病），就干不了了。她说，45岁以后不好找活干了，以后的指望也没有了。由于不懂防疫知识，村里的养殖户都赔了。2017年扶贫工作人员帮忙在小院里种上了药材，她说看着快旱死了，不打药，不薅草，草长得有大腿那么高，不知道能不能成活。

她家前两年享受了危房改造政策，家里还配套弄了外保温，花了7000元。房子条件看起来为中上水平，但物品摆放凌乱。访问时是下午4点，但中午的碗筷都没有收拾。在主要劳动力缺失的情况下，返贫压力很大，因为孩子和老人方面的负担在增加，而高本兰则不能出门打工，在家也没有长期、稳定的收入来源。父母虽有弟弟一起赡养，但是一个有精神病，一个有慢性病，压力也不小。由于家里没有男人，父亲搬过来一起住，躺在炕上，一直没有起来。父亲有脑梗、心脏病，都70多岁了，目前吃药一年花去7000~8000元。面对这种处境，高本兰说："你看，家里现在这样，要是扶贫（政策）没了就更完了。"

执笔人：张静宜。

案例报告十九　贫困村边缘户的不平衡心理

刘德兰，1950年出生，是富裕县繁荣乡永丰村人，也是当地孝老爱亲的模范，照顾瘫痪在床的老伴多年，前几年送走了老伴儿，三个孩子，儿子常年在外，在龙山村开馒头店，那边客流大。小女儿在山东开服装厂，大女儿在家贩羊，也算是经营了一点事业。三个孩子事业发展较好，又孝顺。所以刘德兰虽然没有收入，身体也不好，但是村里不认为她是贫困户，这让她觉得不公平。

刘德兰有骨刺、关节炎，一盒药130元，一个月得用2盒，一年吃药得花3000元。交了260元的医疗保险（新型农村合作医疗），但不能报销买药钱。自己名下的土地共20亩，流转给了儿子，自己没有劳动能力、没有收入，每年可以获得6000元的卖地钱（土地流转费），以及2000元的财政补贴，这样收入就超过贫困线了，所以成了非贫困户，这让她觉得很难接受，因为很多贫苦户的情况比她好，只是地没有承包出去。她家的房子年久失修，家里破败、混乱，比贫困户还要差，据她本人讲，房子破了不修补，是因为没有钱、没有劳动力。

执笔人：张静宜。

案例报告二十　养羊大户发展有难处

富裕县繁荣乡永丰村的王小燕是养羊大户，属于非贫困户，家里有个孩子念高三，自有土地 30 亩，另转包了 30 亩，每亩地租金 350 元。她以前去山东卖过干货，是秋后农闲的三个月去的，但现在为照顾孩子高考，暂时不会出去。

种地方面，年年想得都很好，但就是结果不合意。地里种苞米不出产量，2019 年年景不行，产量往年一亩 850 斤，2019 年只有 700 斤，苞米看着长得好，但就是不出籽粒，不知道是什么原因。因为减产，所以 2019 年不挣钱。好的地一亩有 30~80 元的收入，还不如把地承包给别人（合作社），还能得 100 元分红，自己种的话，干了很多活，但最后不赔不挣。2017 年苞米亩产 1000 斤左右，但是 2019 年家家都不行。她家有阳光保险，每亩保费 5~6 元，2013 年遭灾的时候，每亩获得赔偿 18~19 元，然而 2019 年没有获得赔偿。

她家养了 80 多只羊，都是母羊，卖羊羔，不卖大羊，价格不合适的时候自己也到市场上当经纪人，羊吃地里的秸秆，正好够吃，把地里的秸秆拉来就行，自己有个粉草机。养羊的防疫成本很高，要上 4 遍药，每只疫苗成本达到 30 元，但羊还是老生病，她说她家的羊还算是病害少的，但是也有死的，不知道该找谁给看看。2018 年雨水多，羊羔因为细菌的滋生，经常生病，死了很多。

王小燕家的生活用水来自村里修的自来水管网，早上 6 点一个小时来水，接到缸里，晚上还有一个小时来水。听别人说水质不行，自己花 1300 元购买安装了过滤芯。厕所是旱厕，没有改造。她家小孩上学开销大，一个月吃喝就得 1500 元，到高三花钱就更多了，老师给印的卷子一大沓，印好多，都得自己花钱。她说，婆婆、妈妈都需要照顾，虽然现在生的都是小病、慢性病，但是老人岁数越来越大，医疗负担只会加重，现在的贫困户有大病报销保障，而自家却没有这个保障。

她说："妇女贷款也是听别人说的，没有咱们的份，我试图申请过贷款，但是担保不好弄。光靠种地也不行，得干点啥，但是有很多难处，所以也不好干。有致富愿望，但是机会不多，合作社也没能加入，不知道该怎么办。"

执笔人：张静宜。

案例报告二十一　养殖示范户杨艾有卜的期盼

1963 年出生的杨艾有卜是东乡县龙泉镇苏黑村人，一家老小五人共同住在梁峁上的房子里，家里有 6.7 亩旱地。户主杨艾有卜患有胃癌，不能从事重体力劳动，影响外出务工。儿子正在读初中一年级，女儿辍学帮助家里，家里缺少主要劳动力，不能从事劳动生产，收入受限。

这几年，政府脱贫帮扶彻底改变了杨艾有卜一家的生活状况。2016年他家得到精准扶贫的5万元产业贷款，2017年获得低保收入10 770元，发放良种羊1只，补助羊圈修建费6000元，家里养殖母牛5只，山羊10只，绵羊9只。2018年种植收入1500元，养殖收入2000元，务工收入6000元，低保收入17 400元，家庭总收入26 900元，人均纯收入5380元。在政府的帮助下，2019年脱贫指日可待。

近几年，龙泉镇苏黑村变化显著，清澈、干净的自来水已经流进苏黑村家家户户，几十公里的水泥路也修通了。杨艾有卜一边接着自来水一边说："现在用水比原来方便多了，人和牛喝水的问题都解决了"，他指着院里堆放的一包包蓝绿色的饲料包说："政府给打的包，这是粮改饲的料，一年用的量基本就够了。"

看着家里日子越过越好，杨大爷也有困惑："因为我得了病，贷款就没有全部批下来，希望政府延长我贷款的年限，让我3年还完，虽然政策改了以后，我看病自己花钱不多，但是仍然希望政府给我办理慢病卡。"

走进杨艾有卜家里，从满墙的奖状可以看出他的三个孩子学习都很好。然而，多才多艺的二女儿杨秀梅高中二年级读完就辍学了，"你想读书吗？""我听家里的，家里不让读就不读了"。在家帮助家人干农活并准备结婚的具体情况使得她不得不辍学。表面上看，传统思想使得东乡族的姑娘20岁左右就结婚生子、照顾家庭，但从深层看，反映出对高等教育的淡漠、就近就业的担忧和对孩子未来可能会产生代际影响等社会问题。

在深度贫困地区，乡村振兴的首要任务是脱贫攻坚，虽然各级政府正在努力积极探索，但仍然有很多错综复杂的现实问题需要思考和解决。

执笔人：付饶。

案例报告二十二　"互联网+电商公司+贫困妇女"：女硕士返乡创业

"色泽鲜艳、香脆酥甜的花馃馃是东乡族传统食品，'马半半'是我们东乡扶贫电商企业的代表"，东乡县组织部部长唐欢热情地向我们介绍。

27岁的东乡族姑娘马娟在西安建筑科技大学硕士毕业后返乡创业和未婚夫创立了品牌"马半半"，以"互联网+电商公司+贫困妇女"的模式进行东乡花馃馃的研发、生产和销售。以前只有过节时才吃得上的花馃馃，现在想吃就能吃，而且马娟还将其卖到全国各地。

"马半半"既切合市场需求，又解决了东乡山区贫困妇女就业难题。"马半半"花馃馃项目同时被引入东乡县政府的扶贫车间。产品上线后供不应求，年销售预计700多万元。

在东乡，除了"马半半"，还有其他的"扶贫工厂"模式，包括八宝茶包装、油炸和干鲜食品制作，以及服装布鞋、羊毛衫、雨具、地毯加工等。有了扶贫车间，贫困家庭的妇女在家门口当起了上班族。接受培训后，车间采取计件工资制，有的年人均收入近3万元，解决了许多东乡族女性受教育程度低，不能像男性一样外出打工，没有收入的问题。

执笔人：付饶。